W0187577

Birgit Mosser-Schuöcker

Mit Beiträgen von
Gerhard Jelinek

DIE LETZTEN ZEUGEN

Birgit Mosser-Schuöcker
Mit Beiträgen von Gerhard Jelinek

DIE LETZTEN ZEUGEN

Vom Kaiserreich zum »Anschluss«

AMALTHEA

Bildnachweis
Hannah Linhard (S. 29, 36, 39, 45, 123, 161),
Johannes Jelinek (S. 145), Esther Pruckner (S. 179, 231, 262)

Besuchen Sie uns im Internet unter:
www.amalthea.at

© 2014 by Amalthea Signum Verlag, Wien
Alle Rechte vorbehalten
Umschlaggestaltung: Silvia Wahrstätter, vielseitig.co.at
Umschlagfoto (Die Kärntnerstraße, Wien, auf Höhe Hausnr. 15, 1932):
© Imagno/ÖNB
Herstellung und Satz: VerlagsService Dr. Helmut Neuberger & Karl
Schaumann GmbH, Heimstetten
Gesetzt aus der 10,75/16 Punkt Cambria
Printed in the EU
ISBN 978-3-85002-827-1

Inhalt

Vorwort

von Gerhard Jelinek

Es gibt sie noch: die letzten Zeugen. Menschen, die aus persönlichem Erleben eine oft dramatische Geschichte ihrer Zeit erzählen können. Sie sind im Wortsinn »Zeitzeugen«. Sie erinnern sich in langen Gesprächen an die Wendepunkte unserer gemeinsamen Geschichte.

Ihr Zeugnis erweckt historische Jahreszahlen zum Leben.

Sie kommen aus den unterschiedlichsten sozialen Schichten und haben die gemeinsame Geschichte aus verschiedenen Blickwinkeln erlebt, vielfach auch erlitten.

Österreichs Vergangenheit fällt in der Rückschau in zwei gegensätzliche Teile auseinander. Nach dem Untergang der Habsburgermonarchie bleibt das – weit überwiegend deutschsprachige – Alpengebiet des k. u. k. Staates als »Republik Deutschösterreich«. Dem französischen Politiker Georges Clemenceau wird das verächtliche Diktum »Der Rest ist Österreich« zugeschrieben. Er soll den Satz bei den Friedensverhandlungen im Pariser Vorort St. Germain gesagt haben. Er trifft jedenfalls den Kern. Von der europäischen Großmacht Österreich-Ungarn verbleiben nach dem verlorenen Ersten Weltkrieg gerade mal ein Achtel des Staatsgebiets und rund 6,4 Millionen Menschen in Österreich. Viele Zeitgenossen empfinden den Spruch des Siegers Clemenceau als schmerzhaft treffend. Er drückt auch die deprimierende Erkenntnis eines überwiegenden Teils der Bevölkerung aus: Was als Republik weiter existieren sollte, ist nur ein vorläufiges Konstrukt. Im Staat »Deutschösterreich« sehen fast alle Bürger der neuen Republik ihr Heil im Anschluss an ein neues, demokratisches Deutsches Reich. Wegen seiner wirtschaftlichen Abhängigkeit von den nun selbstständig gewordenen Kronländern geben nur wenige Österreicher ihrer neuen Heimat Überlebenschancen. Der Anschluss an das Deutsche Reich liegt nahe, er scheint die einzige Perspektive der deutschsprachigen Bevölkerung in der am Boden liegenden einstigen Habsburgermonarchie.

Der Zusammenbruch des Habsburger-Imperiums nach dem verlorenen Ersten Weltkrieg scheint für die deutschsprachige Bevölkerung auf dem heutigen Staatsgebiet Österreichs das Ende zu bedeuten. Die meisten Nationen der Monarchie, die mehr als vier Jahre lang gemeinsam gegen äußere Feinde gekämpft haben, finden sich nach dem Waffenstillstand im November 1918 auf der Seite der Sieger. Sie sagen sich vom Kaiserhaus los und pochen auf das Postulat von US-Präsident Woodrow Wilson: Dieser hat im Jänner 1918 in einer Rede vor beiden Häusern des US-Kongresses ein politisches Programm für die Zeit nach dem Ende des Krieges formuliert. Das Schicksal der Monarchie wird in eineinhalb Zeilen als »Punkt Zehn« abgehandelt: »Den Völkern Österreich-Ungarns, deren Platz unter den Nationen wir geschützt und gesichert zu sehen wünschen, sollte die freieste Gelegenheit zu autonomer Entwicklung zugestanden werden.«

Damit hat der amerikanische Präsident das »Selbstbestimmungsrecht der Völker« formuliert und so der übernationalen Monarchie im Zentrum des europäischen Kontinents den

Todesstoß versetzt. Die »freieste Gelegenheit zur autonomen Entwicklung« gilt bei den Verhandlungen in St. Germain keineswegs für alle Völker. »Deutschösterreich« wird die Selbstbestimmung verwehrt. Das Land und seine Menschen werden zur Unabhängigkeit gezwungen. Ein Anschluss des Monarchie-Restes an das ebenfalls besiegte Deutschland wird untersagt. Die französischen Sieger wollen eine Gebietsvergrößerung des Deutschen Reichs nach der militärischen Niederlage verhindern. Auch die Beifügung »Deutsch« zum Namen Österreich wird verboten.

Die »letzten Zeugen« in diesem Buch erinnern sich nicht an die staatspolitischen Vorgänge, sie spüren aber noch heute – fast hundert Jahre danach – die Stimmung jener Tage: wenn sich Kaisersohn Otto (von) Habsburg an die Dunkelheit im kaiserlichen Schloss Schönbrunn erinnert, das Machtvakuum der Novembertage 1918 am Verschwinden der Gardesoldaten festmacht, oder wenn er das hoffnungslose Bemühen seines Vaters, des letzten Kaisers Karl I., zumindest ein kleines Stück Macht zu retten, als kindliches Abenteuer in den Auen rund um das kaiserliche Jagdschloss Eckartsau erlebt, ebenso die lange Zugfahrt durch Österreich ins Schweizer Exil. Am Grenzbahnhof kreuzen einander die Lebenswege der kaiserlichen Familie beim Abschied aus dem einstigen Erbland und die des Schriftstellers Stefan Zweig, der in umgekehrter Richtung aus der Schweiz ins heimatliche Wien fährt und ein anderes Land entdecken muss – »einen verstümmelten Rumpf, aus allen Adern blutend«.

Heinrich Treichl, auch er einer der »letzten Zeugen«, spürt den Empfindungen seiner großbürgerlichen Familie nach, die bei aller Kritik an den Unterlassungen des greisen Kaisers Franz Joseph I. doch stets treu zum »Hause Habsburg« stand und die jene neue Republik niemals als Heimat empfinden konnte, obwohl sie dem neuen Staat loyal zu dienen glaubte. »Das eigentliche Österreich gibt es nicht mehr.« So bringt Heinrich Treichl die Empfindungen seiner Eltern im Winter 1918 auf den Punkt.

Die Klagenfurterin Felizitas Wester verbindet den Einmarsch serbischer Freischärler in Klagenfurt mit dem Taubenfutter ihrer Großmutter. Die 102-jährige Kärntnerin hat als Kind den Widerstand der deutschsprachigen Kärntner Bevölkerung gegen die Annexionsversuche von Teilen Kärntens an das neue Königreich der Südslawen erlebt. Auch sie ist eine der letzten Zeuginnen von politischen und militärischen Ereignissen, die nur noch unscharf aus dem Nebel der Geschichte des vorigen Jahrhunderts auftauchen. Dabei hat der »Kärntner Abwehrkampf« und seine politische Instrumentalisierung über Jahrzehnte die Kärntner Politik geprägt und im Streit um die Aufstellung zweisprachiger Ortstafeln bis ins dritte Jahrtausend gewirkt.

Die persönlichen Erlebnisse einer Generation wurden tradiert und immer wieder weitergegeben. Erst heute, fast hundert Jahre nach den Geschehnissen, scheint eine nüchterne Betrachtung der Geschichte möglich.

Doch die von der Zeit verschlossenen Wunden können immer wieder aufbrechen. Tief sitzt der Stachel empfundenen Unrechts. Dorothea Haider, 95-jährige Mutter des verunglückten Kärntner Landeshauptmanns Jörg Haider, wurde 1918 in Südtirol geboren. Sie berichtet vom Schock, als italienische Truppen Südtirol besetzen, erzählt von ihrer Mutter, die im Ersten Weltkrieg beim Roten Kreuz im Lazarett von Bruneck Kriegsopfer gepflegt hat, und erinnert sich an den Vater, der als Regimentsarzt von Belluno nach Südtirol versetzt worden ist.

Das Ende einer Welt, der Verlust der Sicherheit, das Fehlen eines über Generationen erlernten Orientierungsrahmens macht die Generation der »letzten Zeugen« anfällig für radikale Strömungen. Dazu kommt die Umkehrung sozialer Positionen. Die Inflation macht Wohlhabende arm, spült Kriegsgewinnler nach oben. Über Generationen angesparte Vermögen zerrinnen wie Sand. Geld ist das Papier nicht wert, auf dem es gedruckt ist. Die glänzende Metropole Wien ist verkommen. Seit Kriegsbeginn schon ist nichts neu gebaut worden, nun werden Häuser und Wohnungen nicht renoviert, verfallen private und öffentliche Einrichtungen. Ein Volk lebt von der Substanz. Die Menschen tragen abgeschabte alte Kleider. Wien wird vom Gestank des Mülls und von Fliegenschwärmen geplagt. Es gibt keine Taschentücher. Es wird gehustet, gespuckt und gerotzt.

Die Krise trifft die Proletarier in den Vorstädten, mehr noch aber den einstigen Mittelstand. Denn während die Löhne der Arbeiter, so sie Arbeit haben, an die Teuerung gekoppelt sind, verlieren die Beamtengehälter rasend an Wert. Auch die Mieten bleiben weitgehend auf Kriegsniveau und so können viele bürgerliche Familien nur durch das Untervermieten von Räumen in ihren Wohnungen überleben.

Der Jurist und spätere Bankier Treichl erlebt in der Folge die bittere, auch persönliche Niederlage seines Vaters, dessen von ihm geleitetes Bankhaus Biedermann im Strudel der Finanzkrise 1929 untergeht. Parallelen zu heutigen Krisen möge der Leser nicht ziehen. Doch: Mit der größenwahnsinnigen Expansion der einst biederen – und grundsoliden – Bodencredit-Anstalt und ihrem Scheitern verstärkt sich die schwere Depression der österreichischen Wirtschaft im weltweiten Kontext, die vom Börsenkrach an der Wallstreet ausgegangen ist. Die bankrotte »Bodencredit« muss auf massiven politischen Druck der damaligen Bundesregierung vom Bankverein der Creditanstalt, die im Mehrheitsbesitz der Familie Rothschild steht, aufgefangen werden. Die »Rothschild«-Bank mit ihren weitverzweigten Beteiligungen an den österreichischen Industrieunternehmen und ihrer starken Position in den ehemaligen Kronländern und am Balkan kann die Last nicht tragen und bricht zusammen. 1931 muss die Republik Haftungen für die Einlagen und Anleihen der Creditanstalt übernehmen. Mit einem Volumen von rund einer Milliarde Schilling beträgt diese Haftung damals fast 70 Prozent des Jahresbudgets. Österreichs Regierung ist damit praktisch handlungsunfähig und kann kaum auf die dramatische Arbeitslosigkeit reagieren. Politisch führt dieses Unvermögen zu einer weiteren Radikalisierung und Militarisierung der Gesellschaft.

Die kurzen zwanzig Jahre zwischen dem Kriegsende und dem März 1938 werden durch wenige Jahreszahlen buchstäblich gebrandmarkt.

1927 revoltieren Arbeiter gegen das Urteil im Prozess gegen die Todesschützen von Schattendorf und zünden dabei den Justizpalast an. In der burgenländischen Gemeinde Schattendorf haben sogenannte »Frontkämpfer« auf Mitglieder des Republikanischen Schutzbundes gefeuert und dabei einen 34-jährigen Eisenbahner und einen achtjährigen Volksschüler getötet. Schattendorf und der Brand des Justizpalastes werden zum ersten gewalttätigen Fanal der jungen Ersten Republik. Der Arbeiterprotest lässt sich von der sozialdemokratischen

Parteiführung um Otto Bauer und Karl Seitz nicht mehr kontrollieren und führt zu Gewaltaktionen, die von der Polizei mit scharfer Munition bekämpft werden. Wiens Innenstadt wird am 15. Juli Schauplatz von stundenlangen Straßenschlachten. Mehr als hundert Menschen sterben an diesem Tag. Der Justizpalast-Brand verschärft die Gegensätze zwischen den Bürgerlichen und der »Linken« im Land. Die österreichische Gesellschaft ist bis in die Grundfesten gespalten. Was die eine Seite als »friedliche Demonstration« wertet, sieht die andere Seite als das blindwütige Zerstören des Mobs. Geburt, Sozialisierung entscheiden über den historischen Standpunkt. Gewalt als Mittel der Politik ist zum Alltag geworden. Das Ende der Republik zeichnet sich knapp neun Jahre nach ihrer Gründung bereits ab.

1933 beseitigt die christlichsoziale Regierung unter Bundeskanzler Dollfuß die demokratischen Institutionen und beginnt mit der Ausschaltung der Sozialdemokratie und der Nationalsozialisten, die seit 1932 bei regionalen Wahlen Erfolge verbuchen. Für den jungen sozialdemokratischen Arbeiter Fritz Propst agiert und reagiert seine Partei in jenen Tagen zu vorsichtig, zu lasch. »Meine Freunde und ich waren schon schwer enttäuscht. Es wäre nötig gewesen, schon bei der Auflösung des Parlaments einen Generalstreik auszulösen. Damals waren die Arbeiter noch kampfbereit.« Der junge Sozialdemokrat radikalisiert sich. Er wird zum Kommunisten und will so den Faschismus bekämpfen.

Der unkoordinierte Aufstandsversuch des sozialdemokratischen Schutzbunds endet im »kalten Februar« 1934 schon nach wenigen Tagen mit einer Katastrophe. Im sogenannten »Bürgerkrieg« sterben Hunderte Österreicher: sozialdemokratische Schutzbündler, Soldaten des Bundesheeres, Polizisten und Unbeteiligte. Die Führung der Sozialdemokraten setzt sich kurz nach Beginn des Aufstandsversuchs in die Tschechische Republik ab. Bundeskanzler Engelbert Dollfuß nützt den blutigen Sieg der Regierung über die oppositionellen Sozialdemokraten. Er lässt Hunderte Funktionäre internieren, löst die Sozialdemokratische Partei und alle ihre Vorfeldorganisationen auf. Dollfuß will mit einem straff geführten Staatswesen nach dem Vorbild des faschistischen Italien Österreichs Unabhängigkeit gegen Nazi-Deutschland verteidigen. Das wird eine Illusion bleiben. Schon wenige Monate nach dem Februar 1934 wird Dollfuß Opfer eines nationalsozialistischen Putschversuchs. Er wird im Bundeskanzleramt von SS-Angehörigen überrascht und kaltblütig mit zwei Schüssen niedergestreckt. Die Putschisten lassen den schwer verletzten Kanzler auf einem Sofa am Ballhausplatz verbluten. Der von Deutschland aus gelenkte Umsturzversuch der Nationalsozialisten scheitert nach wenigen Tagen, obwohl von Bayern aus Bewaffnete der von den Nazis finanzierten »Österreichischen Legion« an mehreren Stellen die Grenze nach Österreich überschritten haben. In Kollerschlag kommt es zu einer Schießerei. Als Achtjähriger erlebt Franz Saxinger den Überfall: »Nach Mitternacht war ein Krawall auf der Straße. Der Vater hat die Erdöllampe angezündet und wollte rausleuchten und schauen, was da los ist. Er wurde von draußen angeschrien: ›Licht aus! In den Häusern bleiben!‹ Derweil der Vater rausgeleuchtet hat, hat er das Hakenkreuz auf einer Uniform gesehen.«

Der Umsturzversuch scheitert, auch weil Italiens Diktator Benito Mussolini vier Divisionen an der österreichisch-italienischen Grenze mobilisiert. Hitler will keinen Krieg riskieren,

noch nicht. Der Reichskanzler erleidet eine peinliche Niederlage und distanziert sich rasch vom gescheiterten Putsch.
Dollfuß wird von der Propaganda des Ständestaats zum
»Märtyrerkanzler« stilisiert. Im März 1938 wird sich Hitler für
diese Schlappe rächen und »seine Heimat« mit dem Einmarsch
von deutschen Truppen an sein Großdeutsches Reich anschließen.

Während am Horizont schon die Blitze aufleuchten und das
Grollen nicht zu überhören ist, wiegt sich Wiens bessere
Gesellschaft im Walzertakt. Christl Schönfeldt, die spätere
langjährige »Opernball-Mutter«, plaudert kurz vor ihrem Tod
über seliges Erleben. »1937 war mein erster Opernball. Damals
musste ich noch mit jedem Schilling rechnen, an dieses Gefühl
kann ich mich noch lebhaft erinnern. Durch besonders gute
Verbindungen konnten wir, meine Freunde und ich, Komiteekarten ergattern, obwohl wir gar nicht eröffnet haben. Was für
ein Glück: Sie kosteten nur 5 statt 25 Schilling. So ist mir – nach
Bezahlung der Garderobefrau – noch genau ein Schilling für
den restlichen Abend geblieben. Aber es war wunderbar.«

Die letzten Zeugen: Sie waren dabei. Sie haben es erlebt. Sie
erinnern sich.

Zu diesem Buch

»Ich bin eine hoffnungslose Österreicherin. Ich liebe meine Heimat unglaublich«, bekannte Christl Schönfeldt in unserem Gespräch mit einem entwaffnenden Lächeln.

Die Menschen, um die es in diesem Buch geht, haben eine Zeit erlebt, als die Liebe zu diesem Land, genauer gesagt zur Republik Österreich, keineswegs selbstverständlich war. Die Erste Republik, der »Rest« der Donaumonarchie, wurde von ihren Gründervätern mit der Absicht ins Leben gerufen, sie so rasch als möglich durch Vereinigung mit dem Deutschen Reich zu liquidieren. Der übermächtige Wille der Sieger verhinderte den Anschluss: Österreich musste existieren, ob es seine Bürger wollten oder nicht. Hunger, Arbeitslosigkeit, blutige Zusammenstöße und schließlich Unterdrückung der politisch Andersdenkenden prägten die kommenden 20 Jahre. Viele Bürger wandten sich immer mehr von dem ungeliebten Staat ab. Auch das bewusste Forcieren eines Österreich-Bewusstseins durch den autoritären Ständestaat als Gegenentwurf zur Nazi-Ideologie konnte daran nichts ändern. Eine eigene österreichische Identität, die die Eigenstaatlichkeit dieses kleinen Landes zur Selbstverständlichkeit gemacht hätte, konnte sich bis zum jähen Ende der unglücklichen Ersten Republik im März 1938 nicht durchsetzen. Auch damals, in den politisch unsteten Zwanziger- und Dreißigerjahren, liebten die Menschen ihre Heimat, fühlten sich mit ihrer Kultur und Tradition verbunden. Doch sie hatten völlig unterschiedliche Vorstellungen davon, was das Beste für die Zukunft dieses kleinen Landes wäre. Anschluss oder Eigenstaatlichkeit, Monarchie oder Republik, Ständestaat, Sozialismus oder Nationalsozialismus – jedes dieser politischen Modelle hatte seine, oft fanatischen, Anhänger. Sie alle hielten sich für die besseren Patrioten, für die besseren Demokraten, ja für die besseren Menschen. Die Gräben waren tief, wurden schließlich unüberwindlich und mündeten im Untergang eines Staates, den ohnedies – wie Hellmut Andics es formulierte – keiner wollte. All diese Entwicklungen liegen lange, über 90 Jahre, zurück. Umso erstaunter war ich, als ich im Zuge der Recherchen zu verschiedenen ORF-Dokumentationen auf Menschen gestoßen bin, die in Gesprächen die politische Lage und das Lebensgefühl jener bewegten Jahre wieder lebendig werden lassen konnten. Jedes einzelne Interview war wie das Eintauchen in eine andere, längst vergangene Welt. Ich sprach mit Adeligen und Bürgerlichen, mit alten Kommunisten und ehemaligen Nationalsozialisten, mit Großstadtmenschen und Bauern, mit Menschen aus den verschiedensten Teilen Österreichs. Sie alle haben mir ihre Geschichten erzählt und damit die Geschichte der Ersten Republik zum Leben erweckt. Die Gespräche waren so unterschiedlich wie meine Gesprächspartner selbst: heiter oder traurig, sachlich oder emotional, intellektuell oder bodenständig. Immer aber waren sie berührend, weil sie authentisch und unverstellt waren. Ich habe es als Privileg und als große Bereicherung erlebt, diese alten Menschen und ihr Leben kennenlernen zu dürfen.

Ihre Geschichte und ihre Geschichten sind Mosaiksteine, die zusammengesetzt das lebendige Bild einer vergangenen Epoche ergeben. Eingebettet ist das Erlebte und subjektiv Wiedergegebene in, so hoffe ich, objektive Anmerkungen zum jeweiligen Zeitabschnitt. Jeder Abschnitt des vorliegenden Buches beginnt mit einer erzählenden Darstellung, deren Informationen auf Gesprächsprotokollen beruhen. In kleineren Details können diese Erzählungen von den tatsächlichen Begebenheiten abweichen. Abweichende Ortsbezeichnungen in Zusammenhang mit einzelnen Zeitzeugen erklären sich aus den verschiedenen Schauplätzen der erzählenden Passagen.

Keinesfalls handelt es sich bei diesem Buch um eine umfassende zeitgeschichtliche Abhandlung über die Zeit vom Ausbruch des Ersten Weltkrieges bis zum »Anschluss«. Die Auswahl der aufgegriffenen Themen ist vielmehr den historischen Eckpunkten geschuldet, die meine Gesprächspartner aufgeworfen haben. Man kann also zu Recht einwenden, dass dieses oder jenes Ereignis, diese oder jene Perspektive fehlt. Eine allumfassende Darstellung von Ereignissen, die viele Jahre – im längsten Fall exakt hundert Jahre – zurückliegen, anhand von Zeitzeugeninterviews ist weder beabsichtigt noch möglich.

Die Geschichten, Gespräche und Gedanken dieses Buches sollen eine Epoche lebendig werden lassen, die kaum einer unserer Zeitgenossen erlebt hat: ein Streifzug durch rund 20 Jahre Zeitgeschehen, der bewusst macht, wie gut es sich im heutigen Österreich lebt.

Wien, im März 2014
Birgit Mosser-Schuöcker

1. KAPITEL

»Wir haben schon verstanden, was Krieg ist.«

**Frieda Jeszenkowitsch,
Berta Stimpfl,
Felizitas Wester und
Marko Feingold**

über den Ausbruch und das Leid
des Ersten Weltkrieges

1914

Frieda Jeszenkowitsch,
geboren 1909,
Burgenland

»Mama«, ruft die Fünfjährige, »Mama!« Keine Reaktion. Das Mädchen lauscht angestrengt. Es ist still in der großen Wohnung. Wo ist die Mutter? Frieda nimmt ihre Lieblingspuppe, die sie gerade angezogen hat, und betritt den Korridor. Sie fürchtet sich ein wenig vor dem langen, düsteren Gang, aber sie muss die Mutter suchen. Aus dem Wohnzimmer dringt ein seltsames Geräusch, ein Schluchzen. Die hohe, weiße Türe ist geschlossen. Weint die Mutter? Ist etwas Schlimmes passiert? Frieda hat Angst. Das Schluchzen wird lauter, verzweifelter. Das kleine Mädchen muss sich auf die Zehenspitzen stellen, um die Klinke zu erreichen. Dann stößt sie die Türe auf. Die Mutter sitzt beim Speisezimmertisch, vor sich die aufgeschlagene Zeitung.

»Meine Mama hat geweint und wir Kinder haben nicht verstanden, warum.« Die alte Dame kann sich noch gut an das beklemmende Gefühl von damals erinnern. Heute weiß die Rusterin, warum ihre Mutter verzweifelt war: »Sie hat geweint, weil sie die Mobilmachung in der Zeitung gelesen hat und Angst hatte vor dem, was kommt.«

»Da kommt man nach Sarajevo, um einen Besuch zu machen, und man wirft auf einen mit Bomben. Das ist empörend!«, fährt der österreichische Thronfolger Franz Ferdinand den

Bürgermeister von Sarajevo an. Kurz zuvor war eine Bombe in Richtung des Autos der Besucher geschleudert worden, Franz Ferdinand und seine Gattin blieben unverletzt. Doch das Ehepaar kann seinem Schicksal nicht entrinnen. Der Fahrer ihrer Limousine wählt die falsche Route und fährt den Thronfolger und die Herzogin von Hohenberg direkt zu ihrem Mörder. Es ist 11 Uhr vormittags, als der Schüler Gavrilo Princip auf den Mann schießt, den er für einen Tyrannen hält. Die erste Kugel trifft dessen neben ihm sitzende Frau in den Unterleib. »Sopherl, Sopherl [...] stirb mir nicht! Bleibe für meine Kinder!« Dann wird auch Franz Ferdinand getroffen. Trotz hilflosen Rettungsversuchen verbluten die dreifachen Eltern.

Der 19-jährige Gavrilo Princip glaubt, für seine Heimat zu töten. »Ich bin ein jugoslawischer Nationalist mit der Vereinigung aller Jugoslawen als Ziel, mir ist es egal, in welcher Staatsform, jedoch muss er [der jugoslawische Staat; Anm.] von Österreich befreit werden«[1], bekennt er bei seinem Prozess. Den Serben ereilt nicht das zu erwartende Schicksal. Aufgrund seiner Jugend wird er nicht hingerichtet. Da er zur Tatzeit noch nicht 20 Jahre alt war, kann er nach österreichischem Recht nicht zum Tod verurteilt werden. 20 Jahre Kerker sind sein Los. Angekettet vegetiert er in einer winzigen, feuchten, dunklen Zelle dahin. Am 28. April 1918 stirbt er in Theresienstadt an Knochentuberkulose. Mit einem Löffel hat er folgende Worte in die Wand seiner Gefängniszelle gekratzt: »Unsere Geister schleichen durch Wien und raunen durch die Paläste und lassen die Herren erzittern.«[2]

Im heutigen Bosnien sind sieben Straßen nach dem Attentäter von Sarajevo benannt. Zum 100. Jahrestag des Attentats war geplant, in Belgrad zu seinen Ehren ein Denkmal, eine Statue auf der Festung Kalemegdan, zu errichten. Die Terroristen der einen sind die Helden der anderen.

Die Schüsse am 28. Juni 1914 lösen die »Urkatastrophe des 20. Jahrhunderts« aus. 15 Millionen Menschen werden dem Thronfolgerpaar in den Tod folgen. Unmittelbar nach dem Attentat deutet nichts auf die bevorstehende Apokalypse hin. In Baden bei Wien wird ein Konzert unterbrochen, der Kapellmeister berichtet vom Tod des Thronfolgers und seiner Gattin. Die Gäste sind keineswegs anhaltend irritiert, wie Stefan Zweig, der der Szene beiwohnt, in *Die Welt von Gestern* beschreibt: »Zwei Stunden später konnte man kein Zeichen wirklicher Trauer mehr bemerken. Die Leute plauderten und lachten, und abends spielte in den Lokalen wieder die Musik. Der Thronfolger war keineswegs beliebt gewesen.«[3] Auch nicht bei seinem Onkel. »Eine höhere Macht hat jene Ordnung wieder hergestellt, die ich nicht zu erhalten vermochte«, soll der greise Kaiser das Attentat kommentiert und damit die Ehe seines Neffen mit der den Habsburgern nicht »ebenbürtigen« Gräfin Chotek gemeint haben. In jenen Sommertagen, die zwischen Krieg und Frieden entscheiden, geht es nicht um Beliebtheit oder verwandtschaftliche Zuneigung. Es geht um die Ehre, das Ansehen des Reiches.

Am 23. Juli überreicht der k. u. k. Gesandte in Belgrad das Ultimatum der Monarchie an Serbien. Es enthält Forderungen, die die serbische Regierung nicht ohne Gesichtsverlust annehmen kann. Der österreichische Außenminister hat seinen Gesandten bereits am 7. Juli wissen lassen: »Wie immer die Serben reagieren – Sie müssen die Beziehungen abbrechen und abreisen; es muss zum Krieg kommen.«[4] Die Österreicher können auf die Unterstützung des Deutschen Reiches zählen.

»Kaiser Franz Joseph könne sich aber darauf verlassen, dass S[eine] M[ajestät] im Einklang [...] und seiner alten Freundschaft treu an der Seite Österreich-Ungarns stehen werde«[5], hat der deutsche Reichskanzler Theobald von Bethmann Hollweg nach Wien telegrafiert.

Die europäischen Großmächte sind einander durch Beistandspakte verpflichtet, die Heere hochgerüstet und die Monarchen kriegswillig. Am 28. Juli 1914, dem Tag der Kriegserklärung an Serbien, verfasst der Kaiser ein Manifest, in dem er seine Entscheidung rechtfertigt. Es wird am 29. Juli in der *Wiener Zeitung* veröffentlicht. »An meine Völker! [...] Die Umtriebe eines hasserfüllten Gegners zwingen Mich, zur Wahrung der Ehre Meiner Monarchie, zum Schutze ihres Ansehens und ihrer Machtstellung, zur Sicherung ihres Besitzstandes nach langen Jahren des Friedens zum Schwerte zu greifen [...] Diesem unerträglichen Treiben muss Einhalt geboten, den unaufhörlichen Herausforderungen Serbiens ein Ende bereitet werden, soll die Ehre und Würde Meiner Monarchie unverletzt erhalten und ihre staatliche, wirtschaftliche und militärische Entwicklung vor beständigen Erschütterungen bewahrt bleiben [...]. In dieser ernsten Stunde bin Ich Mir der ganzen Tragweite Meines Entschlusses und Meiner Verantwortung vor dem Allmächtigen voll bewusst. Ich habe alles geprüft und erwogen. Mit ruhigem Gewissen betrete Ich den Weg, den die Pflicht Mir weist.«

Mit anderen Worten: Der Krieg wurde Österreich von seinen Feinden aufgezwungen. Die meisten Österreicher glauben ihrem Kaiser, der die Geschicke der Monarchie seit über 65 Jahren mit sicherer Hand leitet. Der greise Monarch ist längst zu einer Integrationsfigur Österreich-Ungarns geworden. »Gott erhalte, Gott beschütze, unsern Kaiser, unser Land«, wie es in der Hymne heißt, singen viele Menschen mit aufrichtiger Zuneigung. Für viele ist es undenkbar, dass der 84-jährige Franz Joseph eine falsche Entscheidung trifft.

Trotz des Wissens um die bestehenden Kriegsbündnisse zwischen Österreich, Deutschland und Italien auf der einen Seite und England, Frankreich und Russland auf der anderen Seite sehen an jenem Sommertag auch Intellektuelle den Flächenbrand noch nicht am Horizont.

So schreibt die *Neue Freie Presse* am Tag der Kriegserklärung an Serbien: »Der Weltkrieg könnte nur durch eine frevelhafte Sünde an der Menschheit entstehen. Der Krieg mit Serbien, dieses Strafurteil, das in einem fernen Winkel von Europa für eine beispiellose Herausforderung […] vollzogen werden soll, ist nichts, was die anderen Großmächte näher berühren, den Wohlstand der Völker zerstören und Jammer über die Erde verbreiten müsste.«

Doch innerhalb weniger Wochen wird aus einer lokalen Auseinandersetzung zwischen Serbien und Österreich ein Krieg, der ganz Europa überzieht. Schon am 14. August titelt die *Neue Freie Presse*: »Die elfte Kriegserklärung: Kriegszustand zwischen der Monarchie und England und Frankreich.« Die *Reichspost* weiß von einem »beispiellosen, unbeschreiblichen, dröhnenden Jubelsturm« zu berichten.

Gerade Dichter und Journalisten werden vom nationalen Taumel angesteckt und fördern durch ihre Artikel, Gedichte und Bücher die anfängliche Kriegseuphorie. Der Meraner Lokalpoet Karl Zangerle reimt unter dem Titel »28. Juli 1914!«:

Sie gossen das Maß bis zum Rande voll
Und waren auf Unfried erpicht,
Bis endlich über die Save scholl:
»Bis hierher und weiter nicht!
Stellt ihr die tückische Hetze nicht ein,
Und könnt ihr nicht redliche Nachbarn sein,
Und wenn Euch der Friede nicht frommt,
So zieht vom Leder und kommt!«[6]

Der Krieg bricht auch in das beschauliche Leben der Familie Jeszenkowitsch ein. Friedas Vater ist Lehrer, die Familie lebt in Rust am Neusiedlersee. Noch liegt die Weinstadt nicht im Burgenland, sondern in Ungarn. »Die Kirchengemeinde hat dem Vater eine Wohnung zur Verfügung gestellt. Das war ein sehr nobles katholisches Haus, ein Gutshaus.« Der Krieg macht auch vor der Kinderwelt der fünfjährigen Frieda nicht halt: »Von den anderen Kindern hat man gewusst, dass der Vater fort ist. Der Vater ist Soldat oder der große Bruder ist Soldat. Viele sind nicht mehr nach Hause gekommen.«

In der Heimat muss das Leben weitergehen. »Der Krieg war für viele Familien sehr tragisch und hat die Familienverhältnisse verändert, weil der Ernährer nicht vorhanden war oder derjenige, der die Wirtschaft geführt hat. In jedem bürgerlichen Haus waren Angestellte. Jeder hat seinen Knecht gehabt, jeder hat sein Dienstmädel gehabt. Auch die Knechte wurden eingezogen.«

Als Ersatz werden Kriegsgefangene auf die Höfe verteilt, auch daran erinnert sich die 101-Jährige noch lebhaft. »Eine Zeit lang waren in Rust russische Gefangene bei den Leuten beschäftigt, als Knechte. Sie haben in der Wirtschaft gearbeitet. Mein Großvater hat auch einen ›Iwan‹ gehabt. Die Wirtschaft ist halt behelfsmäßig geführt worden. Man hat weitergelebt, in bescheidenem Maße. Der Großteil der Menschen auf dem Land war Selbstversorger. Die Bauern haben Mehl und andere Produkte abliefern müssen. Man hat sich schon zu helfen gewusst, hat ein bisschen was zur Seite gelegt. Man hat es so eingerichtet, dass man sich etwas als Vorrat behalten hat.«

*

1914
Berta Stimpfl,
geboren 1911,
Südtirol

Zwölf Kinder drängen sich in der Stube, aber es ist ungewöhnlich ruhig. Nur Berta und die beiden Jüngsten weinen. Auch sie verstehen schon, dass heute ein besonders trauriger Tag ist. Der Vater muss fort, fort in den Krieg. Die älteren Kinder versuchen, nicht zu zeigen, wie ihnen zumute ist. Sie wollen es dem »Tata« nicht noch schwerer machen, als es ohnehin schon ist. Wie die Mutter, die immer stark und gefasst ist. Bald schon werden sie allein sein mit ihr und der vielen Arbeit auf dem Hof. Die Geschwister wissen, dass sie jetzt noch stärker werden mitanpacken müssen. Sie werden hart arbeiten. Alles werden sie tun, was getan werden muss. Wenn nur der Vater wieder heimkommt.

Den Abschied von ihrem Vater an einem kalten Herbstmorgen 1914 hat Berta Stimpfl ihr Leben lang nicht vergessen: »Wir waren alle traurig. Sie können sich das vorstellen, der Vater fort von uns und so viele Kinder. Er muss in den Krieg. Wir haben schon verstanden, was Krieg ist. Wir wussten nicht, ob er noch einmal kommt. Diese Sorgen hat man schon als Kind, als Kleinkind. Das wichtigste Ereignis war, dass der Vater fort war und wir alleine mit der Mutter. Die Mama ist traurig gewesen, alleine mit den vielen Kindern. Zwölf Kinder sind wir gewesen und sie musste arbeiten.«

Die Mutter versucht, den Kindern ihre Sorgen nicht zu zeigen. »Geweint hat sie nur im Stillen, nicht vor uns Kindern. Sie wollte es uns ersparen, diesen Verdruss. Aber Sie können

sich vorstellen, mit so vielen Kindern, daheim, alleine. Zum Arbeiten hat man niemanden bekommen. Die Männer mussten alle in den Krieg gehen, alle waren weg von daheim.«

Innerhalb weniger Tage wird Ende Juli 1914 die General-mobilmachung der k. u. k. Armee bis in die entlegensten Weiler spürbar. Die bürokratische Maschinerie ist gut geölt. Schon in den ersten Kriegstagen werden alle wehrfähigen Männer einberufen und in des »Kaisers Rock« gezwungen. Der Wiener Feuilletonist Raoul Auernheimer erlebt den Wandel von der Idylle zur Kriegsgesellschaft im scheinbar unendlich friedlichen Ort Altaussee im Salzkammergut. Er schreibt darüber in der Wiener *Neuen Freien Presse*. Sein Bericht erscheint am 1. August. Es ist der Tag der Kriegserklärung Deutschlands an das russische Zarenreich. »Viele von uns hat ja die Kriegs-erklärung in der Sommerfrische überrascht, in irgendeinem stillen, weltabgeschiedenen Tal, wohin sie sich zurückgezogen hatten, zurückgezogen haben glauben. Denn die Ereignisse wussten sie zu finden und machten sie zu Zeugen derselben Szenen, wenn auch in anderer Form. Die Einberufung ist eine wirkliche Einberufung; denn der Gendarm geht herum, von einem Hof zum anderen, und ruft die wehrfähigen Männer im Namen des Kaisers auf: Und wirklich ist auch der Abschied des Einberufenen von den Seinen, wirklich sind die Tränen der Frau, die angstvolle Neugier der kleinen Kinder. Die Ereignisse nehmen eine Gestalt an, und die Neuigkeiten bekommen einen Mund auf dem Lande. Dass der Krieg erklärt wäre, erfuhren wir zuerst von der Erdbeerfrau, die, von Haus zu Haus herum-gehend, das weitertrug, was ihr der Gendarm gesagt hatte. Das Milchmädchen bestätigte dann leider das Gerücht ... Nicht viel anders als unter den Bauern geht es unter den Sommergästen zu. Auch sie erhalten die Einberufung, auch sie reisen ab, von heute auf morgen sind sie verschwunden, und die Frau, die Kinder, die Eltern wissen in vielen Fällen ebenso wenig, wohin. In dieser Ausnahmslosigkeit liegt zugleich auch ein gewisser Trost, und wenn es etwas ist, was das Opfer der Wehrpflicht erträglicher machen kann, so ist es ihre Allgemeinheit.«

Stefan Zweig kehrt aus Belgien nach Österreich zurück und erkennt seine Heimat kaum wieder: »In jeder Station klebten die Anschläge, welche die allgemeine Mobilisation angekündigt hatten. Die Züge füllten sich mit frisch eingerückten Rekruten, Fahnen wehten. Musik dröhnte, in Wien fand ich die ganze Stadt in einem Taumel. Der erste Schreck über den Krieg [...] war umgeschlagen in einen plötzlichen Enthusiasmus. [...] Wie nie fühlten Tausende und Hunderttausende Menschen, was sie besser im Frieden hätten fühlen sollen: dass sie zusammengehörten [...] Alle Unterschiede der Stände, der Sprachen, der Klassen, der Religionen waren überflutet für diesen einen Augenblick von dem strömenden Gefühl der Brüderlichkeit.«

Es rücken nicht nur die Männer ein, die von einem Tag auf den nächsten verschwinden, nein, auch die Pferde und die Fuhrwerke ziehen in den Krieg. Viele erinnern sich an die Stille, an das Fehlen des Hufgeklappers. Doch es muss weitergehen: Die Felder müssen bestellt, die Ernte eingebracht, die Kinder versorgt werden. Berta Stimpfl erzählt: »Die Mama ist tüchtig gewesen und die Schwestern, die erste ist 1901 geboren, die andere 1902 und der Bub 1903, haben halt schon fest anpacken müssen. Wir haben viel Arbeit gehabt, aber dafür haben wir allerweil zu essen gehabt. Gut und genug, zum Glück. Gut, was heißt gut, heute haben sie es schon viel besser. Aber man ist zufrieden gewesen damals.«

Die kleine Berta wird in eine bäuerliche Welt geboren, in der Leben und Sterben als unabänderlicher Kreislauf hingenommen werden. Die schwere Krankheit ihrer kleinen Tochter ist damals für Bertas Mutter kein Grund, das Feld unbestellt zu lassen. »Ich bin 1911 geboren, da ist ein ganz ein heißer Sommer gewesen und die ›Poppele‹[7] sind viel gestorben, weil sie Krankheiten, Brechdurchfall, gekriegt haben. Wegen einem ›Poppele‹ ist auch niemand zu einem Doktor gegangen. Da sind viele gestorben und ich bin auch dem Sterben nahe gewesen. Da haben sie die Mutter gerufen, weil die Mutter ist auf dem Feld gewesen, sie soll schnell heimkommen, weil das Kind stirbt. Da haben sie ein Kerzerl angezunden, weil ein Kerzerl wird angezunden, wenn jemand stirbt. Aber das Kind ist nicht gestorben, ist heuer 102 Jahre alt geworden! Ich werde mich schon gewehrt haben, vorm Sterben.«

Die Familie hört lange Zeit nichts vom Vater. »Ich kann mich nicht erinnern, dass die Mutter Briefe bekommen hätte. Wahrscheinlich hatte er keine Möglichkeit zu schreiben. Er war ja später dann an der Dolomitenfront, hoch oben in Schnee und Eis.«

Trotz seiner Mitgliedschaft im Dreibund hatte sich Italien 1914 geweigert, an der Seite Österreichs und Deutschlands in den Krieg einzutreten. Die Begründung: Es handle sich um einen Defensivpakt, Österreich habe den Krieg aber begonnen. Noch verhielt man sich neutral, während die Entente Italien bereits mit Versprechungen umwarb. Die Westmächte lockten Italien mit Gebietsgewinnen in Südtirol und Istrien, einer alten Forderung der italienischen »Irredenta«[8]. Am 23. Mai 1915 tritt Italien aufseiten der Entente gegen Österreich-Ungarn in den Ersten Weltkrieg ein. Wieder wendet sich der greise Kaiser an

»seine Völker«: »Der König von Italien hat mir den Krieg erklärt. Ein Treubruch, dessengleichen die Geschichte nicht kennt, ist von dem Königreiche Italien an seinen beiden Verbündeten begangen worden.« Eine Welle der Empörung geht durch die Monarchie. »Wut und Ekel über Italien bis zu Tränen«, schreibt Arthur Schnitzler 1915 in sein Tagebuch.[9] Die Propaganda gegen »die Katzlmacher« tut ihr Bestes, den Hass zu schüren. Die Forderung nach der Brennergrenze ist, nur drei Jahre bevor sie Realität wird, unvorstellbar.

Unter dem Titel »Andreas Hofer, grüß Gott« schreibt Albert von Trentini: »Die letzte deutsche Stadt, Bozen, unter welschem Joch – das ist eine Utopie, über deren Nonsens kein Wort zu verlieren ist. [...] Denn, haben sie [die Italiener – Anm.] unsere Geschichte nicht gelesen? Und wenn sie sie lasen, wissen sie nicht, wie bisher jede Fremdherrschaft mit eiserner Unerbittlichkeit abgeschüttelt worden ist? Und erraten sie nicht, dass wir, in Blut und Elend und Fetzen darniedergerissen, und alles verloren und kein Mann mehr im Land, der eine Kugelbüchse tragen könnt, ganz einfach warten würden, bis die Neugeborenen wieder so flaumig sind, um ›Gott erhalte‹ beim Scheibenschießen zu singen ... und dann?« Der Hass des Schreibers bezieht sogar noch Ungeborene in seine Kampfvisionen mit ein. Auch der Herrgott wird selbstverständlich zum Bundesgenossen gemacht: »In höchster Not hast schnöd uns du verraten, Drum beten wir, Gott möge dich zerschmettern«, dichtet Arthur von Wallpach 1916.

Die ehemaligen Bündnispartner stehen sich am Isonzo und in den Dolomiten erbittert gegenüber. Italien verfügt bei den ersten Isonzoschlachten über rund 1 Million Soldaten und damit etwa die fünffache Übermacht. Der Isonzo wird zu einem der Hauptkriegsschauplätze des Ringens zwischen Österreich und Italien. Schwerste Kämpfe finden aber auch im Hochgebirge statt. Heiß umkämpft wird beispielsweise der Col di Lana. Ganze Berge werden ausgehöhlt, künstliche Stein- und Schneelawinen abgesprengt. Die Österreicher, vor allem die Tiroler Standschützen, verteidigen sich geschickt und verbissen. Die Moral der Truppe ist gut, es geht um mehr als Kaiser und Vaterland – es geht um die Heimat. Es geht um Tirol.

Einmal kommt der Vater mit einer Auszeichnung von der Front zurück, daran erinnert sich die 102-jährige Berta Stimpfl besonders gut. »Das habe ich verstanden, schon mit sechs Jahren: Der Vater hat den Orden aufgesteckt gehabt, da haben wir eine Freude gehabt. Er ist Zugführer gewesen, da wird er schon irgendetwas gut gemacht haben.«

Der Vater spricht nicht viel vom Krieg, wenn er, selten genug, Heimaturlaub hat. Das wenige, das der Soldat erzählt, ist seiner Tochter bis heute in Erinnerung: »Ganz hart haben sie es gehabt. Einmal hat ein Kamerad meines Vaters, ein Vorarlberger, gesagt: ›Und wenn es Steine schneit, müssen wir doch hinaus.‹ Das hat er uns Kindern erzählt. Vom Kämpfen hat er nicht viel gesprochen. Ich glaube, die Soldaten auf diesem hohen Berg hatten immer Angst. Aber trotz der Angst wollten sie kämpfen. Aber kämpfen ist nicht fein. Sie glaubten immer, sie werden gewinnen, bis zuletzt.« Die alte Dame hält kurz inne und wiegt bedächtig den Kopf. »Aber leider, leider nicht«, sagt sie schließlich mit leiser Stimme, »aber zum Glück ist der Vater gut wiedergekommen. Zum Glück.«

*

1915

Felizitas Wester,
geboren 1912,
Kärnten

Felizitas ist den Tränen nahe. Menschenmassen schieben
sich über den Bahnsteig. Das kleine Mädchen kann sich in
dem Gewühl kaum bewegen. Die Mutter hält sie eisern an
der Hand und zieht sie hinter sich her. Doch sie dreht sich
nicht zu der Dreijährigen um, fragt nicht, wie es ihr geht.
Seit gestern scheint die Mutter verstummt zu sein. Das
Schweigen macht Felizitas Angst. Frauen weinen, Kinder
schreien. Die meisten Männer tragen Uniform, den feld-
grauen Waffenrock. Auch der Vater ist jetzt Soldat. Gestern
kam die Nachricht: Der Vater wird an die Front verlegt.
Felizitas, ihr Bruder und ihre Mutter reisen zu ihm, um sich
zu verabschieden. Die kleine Familie drängt sich weiter
durch die Menge. Endlich kann das Mädchen die Lokomotive erkennen, ein riesiges schwarzes Ungetüm. Es ist
die erste Zugfahrt der Dreijährigen, doch sie kann sich
nicht darüber freuen. Morgen muss der Vater in den Krieg.

»1915 hat der Vater einrücken müssen, da hätte er an die
Front kommen sollen«, erzählt die Klagenfurterin. »Die
Mutter hat gesagt, jetzt fahren wir nach Judenburg, wir
müssen uns vom Vater verabschieden. Die Mutter war sehr
traurig. Sie hat zu einer Bekannten gesagt, beide Kinder
möchte sie hergeben, wenn nur ihr Mann wiederkommt. Die
Frau hat geantwortet: ›Versündigen Sie sich nicht. Einen

Mann zu verlieren ist gar nichts gegen ein Kind zu verlieren.‹ Diese Frau hatte beides schon erlebt. Wir sind also nach Judenburg gefahren. Meine Tante, die Schwester meines Vaters, war ein junges Mädchen, 16 oder 17 Jahre alt. Sie ist auch mitgefahren. Ich habe mit der Tante in einem Bett geschlafen und bin in der Nacht aus dem Bett gefallen. Daran kann ich mich auch noch gut erinnern.«

Die Familie lebt in Gmünd, der Vater hat eine gute Position. »Der Vater ist 1910 nach Gmünd gekommen und war beim E-Werk, bei einem Grafen, als Betriebsleiter angestellt. Er hat auch auf eigene Rechnung Installationen, Reparaturen und solche Sachen gemacht. Die Leute haben Bügeleisen zum

Reparieren gebracht oder sie sind gekommen, um Glühbirnen, Sicherungen und solche Dinge zu kaufen.«

Seine wichtige Aufgabe im E-Werk bewahrt den Vater letztlich vor dem Krieg. »Bald nach dem Abschied in Judenburg hat der Vater nach Hause kommen können, weil der Graf irgendjemanden kannte, der bewerkstelligt hat, dass mein Vater unabkömmlich ist, weil der Graf ihn als Betriebsleiter braucht. Da hat es eben geheißen, der Graf muss seinen Betriebsleiter nicht im Krieg lassen.«

Der Vater ist stolz darauf, im festen Gefüge der Monarchie an wichtiger Stelle zu dienen. »Meine Eltern waren kaisertreu. Sie haben mich damals Zita gerufen, an das kann ich mich noch sehr gut erinnern. Meine Mutter hat gesagt, Felizitas ist eigentlich ein selbstständiger Name, aber man kann den Namen auch so abkürzen. Dann war ich auf einmal allgemein die Zita. Wie die Kaiserin!«

Die Mutter von Felizitas Wester hat sogar die Beerdigung der ermordeten Kaiserin Sisi miterlebt. Als junge Frau wohnte sie zwei Jahre in Wien, um schneidern zu lernen. Später erzählt sie ihrer Tochter oft von ihren Erlebnissen in der Hauptstadt: »Sie war, glaube ich, 16 Jahre alt, wie sie nach Wien gekommen ist. Sie hat davon erzählt, wie die Kaiserin gestorben ist: Dass sie ermordet worden ist. Und dass deshalb in Wien eine große, schöne Feier war. Ich glaube, in die Kapuzinergruft ist sie gekommen. Da war eine große Prozession und die Leute haben sich alle irgendwie passend angezogen und sie hat ein schwarz-weißes Bluserl angehabt. Also sie hat sich auch trauergerecht angezogen, mit einem schwarz-weißen Bluserl ist sie zur Bestattung gekommen.« Es sind solche Kleinigkeiten, die ein Ereignis in der Erinnerung fest verankern.

1916

Marko Feingold,

geboren 1913,
Wien

Vorsichtig dreht sich der Bub im Bett um. Marko will seinen
Bruder, der neben ihm schläft, nicht wecken. Der Dreijäh-
rige zieht sich die Decke bis zur Nasenspitze. Es ist kalt in
der Wohnung, wie jeden Morgen. Er sieht aus dem Fenster:
Noch ist es stockdunkel. Trotz der frühen Stunde sind
Marko und seine beiden Brüder alleine zu Hause. Die
Mutter ist einkaufen gegangen, nur das jüngste Geschwis-
terchen hat sie mitgenommen. Je früher man sich in die
Schlange vor dem Lebensmittelgeschäft einreiht, desto
größer ist die Chance, etwas zu ergattern. Hoffentlich
bekommt die Mutter überhaupt etwas Essbares. Manchmal,
das weiß Marko schon, kommt die Mutter mit einer leeren
Tasche nach Hause. Plötzlich spürt der kleine Bub, wie
hungrig er ist. Er steht möglichst leise auf und geht in die
Küche. Auf der Kredenz hat die Mutter das Frühstück für
die Buben hergerichtet: Industriezucker und Kukuruzbrot.

Der Vater im Krieg, die Mutter auf der Suche nach Lebensmitteln, die Kinder alleine zu Hause. Diese Situation ist für den
100-jährigen Marko Feingold seine erste »Kriegserinnerung«:
»Ich kann mich erinnern an das Jahr 1916. Der Krieg tobt,
mein Vater ist im Krieg. Meine Mutter hat sehr darunter gelitten, dass der Ernährer nicht da war. Sie hatte für drei Kinder
und ein Wickelkind zu sorgen. Die Lebensmittelkarten haben

einfach nicht gereicht. Trotzdem musste sich die Mutter, wie alle anderen Hausfrauen, jeden Tag um Lebensmittel anstellen. Wenn man mit einem Baby ganz zeitlich, um 4 oder 5 Uhr früh, zum Greißler gegangen ist, wurde man früher bedient. Falls wir früher aufwachen sollten, hat sie uns drei Häuferl Industriezucker – das war dieser nasse, rote Zucker – und drei Häuferl Brot zurückgelassen. Wenn ich sage drei Häuferl Brot, lüge ich nicht, das war Kukuruzbrot. Das Brot ist zerfallen, hat nicht gehalten. Das ist meine Erinnerung an mein drittes Lebensjahr.«

Ab 1915 werden Lebensmittelkarten ausgegeben, zunächst für Brot und Mehl, ab 1916 für Zucker, Milch, Kaffee, Fett und Kartoffeln. Am Ende des Krieges werden den Bürgern 830 Kalorien zugestanden. Zu wenig zum Leben. Die öffentliche, unentgeltliche Ausspeisung durch Verabreichung einer warmen Mahlzeit wird für viele Familien zu einer Überlebensfrage. Im Jahr 1914 werden täglich 10 500 Mahlzeiten verteilt. Bei der Aktion »Frühstück für Schulkinder«, die ab 1916 besteht, wird – ohne Lebensmittelmarken – ein Stück Brot pro Kind ausgegeben.

Lange Schlangen vor Lebensmittelgeschäften prägen das Wiener Stadtbild. Nicht nur Frauen und Alte, auch Kinder warten die ganze Nacht, um in der Früh ihre Ration zu erhalten. Der Chefredakteur der *AZ am Abend* schreibt an Ministerpräsident Stürgkh: »Als erster Beamter des Reiches vermeinen Sie gewiss ein Patriot zu sein. Nur von diesem Standpunkt aus will ich Ihnen einen Satz sagen: Der ist ein schlechter Patriot, der die Kinder der kämpfenden und auf dem Schlachtfeld fallenden Väter Gefahren für ihre Gesundheit und für ihr Leben aussetzen lässt.«[10]

Die Erinnerung an das Anstellen seiner Mutter ist für Marko Feingold lebenslang mit einem traurigen Ereignis verbunden: »Nun muss ich ehrlich gestehen, mein Bruder ist in diesem Jahr, 1916, verstorben. Ich habe immer gesagt, er wurde für uns drei geopfert. Denn ihn hat die Mutter immer mitgenommen, um schneller dranzukommen, und er hat zweimal hintereinander Lungenentzündung bekommen. Beim zweiten Mal war er nicht mehr zu retten, obwohl wir alles für ihn getan haben. Mein kleiner Bruder ist 1916 in Wien gestorben.«

2. KAPITEL

»*Das eigentliche Österreich gibt es nicht mehr.*«

Heinrich Treichl,
Fritz Molden und
Otto von Habsburg

über das Ende der Monarchie und die Anfänge
der Republik Deutschösterreich

1916

Heinrich Treichl,
geboren 1913,
Wien

Der kleine Bub zerrt an der Hand seiner Kinderfrau. Mit seinen knapp drei Jahren weiß Heinrich schon, dass nach dem täglichen Spaziergang durch den Burggarten und am Ring eine Jause auf ihn und seinen kleinen Bruder Wolfgang wartet. Er möchte nach Hause, in die nahe Elisabethstraße. Doch das Kindermädchen hält ihn zurück, liebevoll, aber bestimmt. »Schau, dort ist das Burgtor. Wenn wir Glück haben, fährt der Kaiser gleich durch!« Tatsächlich, wenige Minuten später rollt der Hofwagen über den Heldenplatz. Die Wiener grüßen ihren Kaiser und der alte Herr winkt zurück. Im Jahr 1916 sind Autos in Wien keine Seltenheit mehr. In der Hauptstadt der Habsburgermonarchie sind Tausende Kraftfahrzeuge zugelassen. Doch der 86-jährige Monarch fährt fast täglich mit einer vierspännigen Kutsche vom Schloss Schönbrunn zu seinem Arbeitsplatz in die Hofburg. Für Franz Joseph ist die Zeit stehen geblieben. Auch im zweiten Jahr des Weltkrieges hält der Kaiser an seiner jahrzehntelang geübten Routine fest, als ob das Zerbrechen der »alten Welt« durch immerwährende Beständigkeit in den kleinen Ritualen des Alltags aufgehalten werden könnte. Doch seit der Kriegserklärung zeigt sich der alte Kaiser seinen Untertanen kaum noch. Auch die Kutschenfahrt von Schönbrunn in die Hofburg fällt meist aus. Heinrich und Wolfgang haben Glück an diesem Tag.

97 Jahre später erinnert sich Heinrich Treichl an seine flüchtige Begegnung mit dem alten Kaiser: »Ich sehe ihn vor mir, ich sehe den Wagen. Wir hatten eine Kinderfrau, die war sehr kaisertreu und hat geschaut, dass wir den Hofwagen sehen. Wir warteten einen Moment, dann haben wir den Kaiser gesehen. Wir haben uns eingebildet, dass er gewunken hat.« Ob Heinrich Treichl tatsächlich aus den Tiefen der Erinnerung dieses Bild auferstehen lässt, oder ob er spätere Erzählungen in seine Wirklichkeit projiziert? Tatsächlich fuhr Kaiser Franz Joseph Tag für Tag vom Schloss Schönbrunn per Kutsche in die Hofburg. Doch während der Kriegsjahre erscheint dem alten Herrn die tägliche Kutschenpartie zu mühsam. Er bleibt meist in Schönbrunn, abgeschirmt von der Stadt, abgeschirmt von den Veränderungen, die der Krieg der einst lebenslustigen Metropole aufzwingt, abgeschirmt auch von den Kolonnen der Kriegsversehrten, die bald das Straßenbild prägen. Der alte Kaiser entzieht sich seinen Völkern während der ersten zwei Kriegsjahre. Er besucht keinen Frontabschnitt, er spendet keinen Verwundeten Trost, er spricht nicht mit Witwen und Waisen. Kaiser Franz Joseph wird in seinen letzten zwei Lebensjahren, die für Millionen seiner Untertanen Kriegsjahre sind, unsichtbar.

Die Monarchie ist im großbürgerlichen Hause Treichl eine Selbstverständlichkeit. »Mein Vater war Offizier in der k. u. k. Armee, bei den Kaiserjägern. Der Monarch war für ihn der Höchste: unbestritten, unantastbar. Meine Mutter stammte aus der Familie Ferstel, die hatten auch eine gewisse Beziehung zum Kaiserhaus. Ich glaube, dass sie innerlich einiges kritisiert haben, aber sie waren kaisertreu«, erinnert sich der ehemalige Bankdirektor.

Heinrich Treichl wächst in einer wohlhabenden Familie auf, bei der Erziehung der beiden Söhne werden traditionelle Werte großgeschrieben. »Meine Mutter war sehr streng, unsere Kinderfrau dafür sehr liebevoll und milde. Der Vater war nicht wirklich streng, obwohl er natürlich auch für eine gewisse Disziplin war, aber wir waren noch zu klein für ihn. Die Kinder waren damals mehr ein Frauengeschäft.«

Die Treichls leben 1916 in einer gemieteten Wohnung in der Elisabethstraße, kaum einen Steinwurf entfernt von der Wiener Ringstraße. Die Familie seines Vaters stammt aus Leogang, einer Marktgemeinde im Salzburger Pinzgau. »Die Treichls waren von einfacher Herkunft, Pinzgauer Bauern, aber sie waren österreichische Patrioten. Meine Mutter war aus einer anderen Klasse, sie war eine Baronin von Ferstel. Ihr Großvater Heinrich war der Architekt, der die Votivkirche geplant und gebaut hat. Darauf war und ist die Familie sehr stolz.«

Heinrich Ferstel hatte 1855 einen Architekturwettbewerb für den ersten Bau an der neu angelegten Ringstraße gewonnen. Sein Entwurf einer neugotischen Kathedrale überzeugte das – nicht nur – in Architekturfragen konservative Kaiserhaus. Mit dem Grundstein zur Kirche, die als Dank für den glücklichen Ausgang eines Messerattentats auf den jungen Kaiser Franz Joseph errichtet werden sollte, konnte der bürgerliche Architekt auch die Basis für ein später beachtliches Vermögen legen. Neben dem Preisgeld von 4000 Gulden und der Reputation, das erste Ringstraßengebäude bauen zu dürfen, erhielt Heinrich Ferstel prestigeträchtige Nachfolgeaufträge und einen Adelstitel dazu. Kaiser Franz Joseph erhob ihn in den erblichen Freiherrenstand. Heinrich von Ferstels Bankgebäude auf der Freyung (das heutige Palais Ferstel) beherbergte das Literatencafé »Central«.

Der Erste Weltkrieg greift auch in das Leben der Familie Treichl ein: »Mein Vater war eingerückt, für kurze Zeit. Er ist dann unabkömmlich gestellt worden, aber er war österreichischer Offizier.«

Auch die großbürgerliche Familie Molden dient dem Kaiser, wie Fritz Molden berichtet: »Mein Großvater väterlicherseits war einerseits Journalist und andererseits auch im k. u. k. Außenministerium tätig. Im Juli 1914, nach der Ermordung von Thronfolger Franz Ferdinand in Sarajevo, hat sich der damalige Außenminister Graf Berchtold einen Entwurf für ein Ultimatum an das Königreich Serbien erbeten. Diesen Text hat mein Großvater mitgeschrieben. Der Außenminister hat ihn weitergegeben und wahrscheinlich hat ihn Kaiser Franz Joseph abgezeichnet. Jedenfalls war dieser Text die Grundlage des Ultimatums an die Serben und hat bedauerlicherweise schließlich den Ersten Weltkrieg mitverursacht.«

Berthold Molden verliert in diesem Krieg einen seiner Söhne. Ernst Molden überlebt. »Mein Vater hat in der alten k. u. k. Armee als junger Kadett gedient. Als sein Bruder, Richard Molden, 1915 in Galizien bei einer der großen Schlachten in den Karpaten gefallen war, durfte er aus der Armee ausscheiden. Es war damals ein Gesetz, dass der letzte lebende Sohn – wenn die anderen gefallen waren – nicht mehr an der Front kämpfen musste, damit die Familie erhalten bleibt. So ist mein Vater Anfang 1916 aus der Armee herausgekommen und in den diplomatischen Dienst versetzt worden. Er hat noch im selben Jahr meine Mutter geheiratet und war dann an der österreichisch-ungarischen Botschaft in Kopenhagen und hat an den Verhandlungen für einen Separatfrieden zwischen Österreich-Ungarn und Russland teilgenommen.«

Die Familie Molden hat familiäre Beziehungen zu vielen Teilen des k. u. k. Reiches: »Es gab eine starke Verbundenheit mit verschiedenen Volksgruppen innerhalb der Monarchie. Ein Beispiel ist mein Großvater Berthold Molden: Seine Eltern waren im österreichischen Schlesien zu Hause, kamen aber ursprünglich wahrscheinlich aus einem Gebiet ganz im Osten. Molden – Moldauer. Dann hatte ich noch Vorfahren, die kamen aus Italien. Dadurch haben wir also viele Einflüsse gehabt, aus allen Teilen der Monarchie, und in dieser Welt sind wir, mein Bruder und ich, noch aufgewachsen.«

Am 21. November 1916 stirbt der 86-jährige Kaiser Franz Joseph. Mit dem greisen Monarchen wird eine Ära zu Grabe getragen. Am 1. Dezember, dem Tag der Bestattung, ist Wien eine Stadt in Trauer. Der letzte Weg des Monarchen führt über den Heldenplatz und den Ring zum Stephansdom. In ganz Österreich läuten die Glocken. »Für immer wird das Bild in Erinnerung bleiben: Wie der Sarg des Kaisers, schwarz mit goldener Rahmung, feierlich über die Stufen gehoben, in die Kirche mit dem grauen Portal zu schweben schien«, schreibt die *Neue Freie Presse*. »Das innerste Gefühl, das wir aus diesem schwermutvollen Heimgang mitnehmen, ist die Hoffnung auf die Zukunft. Hinter dem Sarge schreiten ein Monarch in jugendlicher Kraft und Verbündete, die in der Feuerprobe des Kampfes sich bewährt haben.« Die Monarchie wird den greisen Franz Joseph um nicht einmal zwei Jahre überleben.

Der neue Regent, Kaiser Karl I., ist 29 Jahre alt. »Dem Armen war eine unerträgliche Last aufgebürdet: Er sollte gutmachen, was andere versäumt hatten. Er sollte Völker versöhnen, die längst entzweit waren. Selbst einem Genie wäre das nie gelungen«, notiert Berta Zuckerkandl in ihren Erinnerungen *Österreich intim*.[11] Dazu kommt, dass der junge Karl weder zum Herrscheramt erzogen noch vor seiner Thronbesteigung in die Regierungsgeschäfte eingebunden war. Wohl aber hat er alle Fronten inspiziert, Lazarette besucht und Soldaten ausgezeichnet. Der junge Kaiser kennt das Leid, das der Krieg verursacht, aus eigener Anschauung. Möglicherweise ist dies, gemeinsam mit dem Einfluss seiner jungen Gattin Zita, der Grund für die sogenannte »Sixtus-Affäre«. Brieflich versucht Karl, hinter dem Rücken des verbündeten Deutschen Reiches, zu einem Sonderfrieden für Österreich-Ungarn zu kommen. Die Initiative scheitert, das millionenfache Sterben geht weiter.

Kaiser Karl unternimmt noch einen Versuch, den Vielvölkerstaat zu retten: Auf der Basis des Selbstbestimmungsrechts der Völker soll sein Reich in einen Bundesstaat umgewandelt werden, verkündet er am 16. Oktober 1918 den »getreuen österreichischen Völkern«. Doch diese Völker haben sich längst von Österreich und vom Hause Habsburg abgewandt. Kein Volk will die nahende Niederlage mit den deutschsprachigen Österreichern teilen.

»Heil Deutschösterreich!«, hallt es am 21. Oktober 1918 durch den Sitzungssaal der Niederösterreichischen Landesregierung in der Wiener Herrengasse. Die Reichsratsabgeordneten aller deutschsprachigen Wahlbezirke sind zur Konstituierung einer Provisorischen Nationalversammlung zusammengekommen. Einstimmig wird die Gründung Deutschösterreichs beschlossen, dessen Grenzen noch nicht feststehen. Selbstbewusst formulieren die Abgeordneten: »Das deutsche Volk in Österreich ist entschlossen, seine künftige staatliche

Ordnung selbst zu bestimmen [...] Der deutsch-österreichische Staat beansprucht die Gebietsgewalt über das ganze deutsche Siedlungsgebiet, insbesondere auch in den Sudetenländern; jeder Annexion von Gebieten, die von deutschen Bauern, Arbeitern und Bürgern bewohnt werden, durch andere Nationen wird sich der deutsch-österreichische Staat widersetzen«.[12] Ein solches Deutschösterreich würde ein Siedlungsgebiet mit rund 10 Millionen Menschen umfassen. Es wird ein unerreichbarer Traum bleiben.

Laut Protokoll erhebt sich die Versammlung, nachdem die Rede des Abgeordneten Viktor Waldner mit »Heil Österreich« geendet hat, stürmischer Applaus und Heilrufe folgen. Trotzdem ist die Gründung des neuen, deutschsprachigen Staates eine sachliche Angelegenheit. Die *Neue Freie Presse* berichtet am 22. Oktober: »Der Tag ist ruhig vergangen. Die Versammlung der 210 Abgeordneten war ohne Fahnenschwenken und Böllerschüsse würdig, wenn auch nicht ganz mit jener Hochstimmung, die so bedeutsame Veränderungen sonst begleitet. Der deutsch-österreichische Staat beginnt sachlich, fast möchte man sagen verstandesmäßig, unter dem Eindruck schmerzlicher Notwendigkeiten, denen nicht mehr zu widerstehen war [...] Die Deutschen in Österreich waren immer diejenigen, die zugunsten der anderen die Staatspflichten erfüllt haben. Sie haben es satt, die Wächter eines Hauses zu sein, das von allen verlassen ist. Der Traum des alten Österreich ist ausgeträumt.«

Schmerzt es die »Deutsch-Österreicher«, was sie in jenen Tagen in der Zeitung lesen? Erfüllt es sie mit Trauer, dass ihre Söhne, Väter und Brüder vier Jahre lang für einen Staat gefallen sind, den nun niemand mehr bevölkern will? Glaubt man einem Bericht der Wiener Polizeidirektion vom 18. Oktober 1918, sind die meisten Menschen zu zermürbt von Krieg und Elend, um sich große Gefühlsaufwallungen leisten zu können: So heißt es, »dass die untersten Schichten nur den Ernährungsverhältnissen Interesse entgegenbringen, politischen Vorgängen gegenüber jedoch ziemlich abgestumpft sind.« Was kümmert die Frau, deren Mann gefallen ist, den Vater, der seinen Kindern kein Brot geben kann, den Soldaten, der zum Krüppel geschossen wurde, die Regierungsform?

Erst am 11. November 1918 verzichtet Kaiser Karl auf »jeden Anteil an den Staatsgeschäften«. Er erkenne im Voraus die Entscheidung, die Deutschösterreich über seine Staatsform trifft, an, dankt aber, auch unter dem Einfluss seiner Gattin Zita, nicht formal ab. Die jahrhundertelange Herrschaft des Hauses Habsburg ist beendet. In Schönbrunn gehen, im wörtlichen Sinn, die Lichter aus. Der nunmehrige Ex-Kaiser übersiedelt mit seiner jungen Familie in das Jagdschloss Eckartsau.

In einem von ORF-Journalist Gerhard Jelinek geführten Interview schildert Otto von Habsburg seine Erinnerungen an jenen schicksalhaften November 1918. Die Abreise vom dunklen Schloss Schönbrunn, das plötzliche Fehlen der kaiserlichen Garden, die durch junge Kadetten aus Wiener Neustadt, fast noch Kinder, ersetzt wurden, erlebt der junge Otto als Zeit familiärer Gemeinsamkeit. Es ist für den Erstgeborenen eine neue Erfahrung. Vater und Mutter hat der Vierjährige während der Kriegsjahre kaum gesehen. »Vater und Mutter waren während der Kriegsjahre ununterbrochen unterwegs, weil das ja eine Aufgabe von beiden war. Die haben das natürlich ganz gewissenhaft erfüllt, gänzlich, soweit es irgendwie möglich war. Meine Mutter hat sich um die karitativen Sachen angenommen, die Fragen der Verwundeten, und mein Vater war ständig unterwegs. Also ein Familienleben, wo alle zusammen sind, das hat es während des Krieges überhaupt nicht gegeben, vielleicht turnusweise in Reichenau, das war ja nicht so weit weg von Baden, wo wir während des Krieges gewohnt haben. Denn in Baden bei Wien war ja damals die Kaiservilla, weil mein Vater in der Nähe des Generalstabs und des Oberkommandos der Armee sein wollte. Ich erinnere mich noch an die Distanzen, die ich damals schon mit dem Auto gefahren bin, von Baden nach Reichenau. Unser Aufenthalt im Jagdschloss Eckartsau war natürlich überschattet durch den Winter und durch den verlorenen Krieg. Ich habe schon mitbekommen, dass wir alle sehr besorgt waren, weil mein Vater eine ganze Weile krank war. Er hatte die Grippe bekommen und war sehr depressiv und schwach. Ich erinnere mich auch noch an die Spaziergänge in der winterlichen Au. Die Stimmung in der Familie war damals natürlich sehr bedrückt, aber meine Mutter, Kaiserin Zita, hat sich bemüht, das für uns Kinder nicht so merkbar zu machen. Wir waren viel draußen, draußen im Wald. Das war auch wunderbar. Die Donauauen sind ja etwas Wunderschönes, was dort alles an Tieren zu sehen war. Wir sind mit den Förstern durch die Au gegangen. Es waren meine ersten Lehren in der ganzen Kenntnis der Tiere. Wir haben Krammetsvögel gesehen, wem ist das heute schon ein Begriff, niemand denkt mehr dran. Krammetsvögel und natürlich die Kormorane. In Eckartsau hatte ich nie das Gefühl, ein Gefangener zu sein, in Eckartsau bestimmt nicht. Eckartsau war doch noch in Österreich, da hat man die Leute gekannt. Gut, es hat schon gelegentlich Schießereien gegeben, in den Wäldern, aber das hat nicht weiter viel ausgemacht.«

Otto von Habsburg gibt die Eindrücke eines vierjährigen Buben wieder, der das (Winter-)Leben in der Au-Landschaft genießt. Politisch waren die Monate im kaiserlichen Jagdschloss keineswegs ein Kuraufenthalt für die kaiserliche Familie und ihre letzten Getreuen. Kaiser Karl hatte sich wochenlang geweigert, Schloss Schönbrunn zu verlassen. Er blieb in den Tagen des Umbruchs für die neuen republikanischen Autoritäten ein unangenehmer Stachel im Fleisch. Wie kann man in einer Republik regieren und eine neue Ordnung schaffen, die sich ja auf die alten Beamten und Offiziere stützen muss, wenn der (junge) Kaiser noch immer im Amt ist und sich weigert, auf seine Funktion zu verzichten? So wird tagelang mit Kaiser Karl um die Formulierung eines Verzichts auf die Kaiserkrone verhandelt. Es bleibt bei einem Verzicht auf die Ausübung der Regierungsgeschäfte. In der formalen Denkweise des Hauses Habsburg hat der letzte Kaiser demnach nie auf die Krone verzichtet. Auch in Eckartsau verhandelt Karl. Noch klammert er sich an die Hoffnung, wenigstens gekrönter König von Ungarn zu bleiben. Doch Karl muss in seinem ersten »Exil« auch für Ungarn abdanken. Die Krone selbst, die ihm nach dynastischer Lesart als Gnade Gottes verliehen wurde, gibt der Habsburger nie auf. In Ungarn wird er zweimal versuchen, die Regierungsgewalt zurückzuerringen. Beide Restaurationsversuche scheitern mehr oder weniger spektakulär. Die ehemaligen slawischen Kronländer, die Tschechoslowakei und der neue südslawische Staat, lassen eine Rückkehr der Habsburger auf den ungarischen Thron nicht zu. Es wird offen mit einer militärischen Intervention gedroht. Daran haben die Siegermächte wenige Monate nach dem Ende des Ersten Weltkrieges überhaupt kein Interesse. Karl und seine Familie werden zum lästigen Ärgernis. Eckartsau liegt nur wenige Kilometer von der ungarischen Grenze entfernt, auch Wien ist in einer einstündigen Zugfahrt zu erreichen. Im Jänner bemüht sich der sozialdemokratische Staatskanzler Karl Renner ins Jagdschloss, um den Kaiser zur Abreise zu überreden. Doch Karl empfängt das neue Staatsoberhaupt nicht. Mit sanftem Druck und einer Blockade der Lebensmittelversorgung des Schlosses versucht das republikanische Wien, den Druck auf den ehemaligen Herrscher zu erhöhen.

Darüber hinaus ist die Sicherheitslage prekär. Kaiserin Zita behauptet zwar in ihren Lebenserinnerungen, die kaiserliche Familie hätte dreißig Bewaffnete zur Verteidigung des Schlosses aufbieten können, aber in den Nachkriegswirren streifen immer wieder marodierende Banden durch die Wälder. Für die alliierten Besatzer und für die deutschösterreichische Regierung wird Karl zum Problem. Schließlich ergreifen die Briten die Initiative. Der englische Generalstabsoffizier Oberstleutnant Strutt begleitet, beschützt und bewacht den österreichischen Kaiser als »Ehrenkavalier« seiner königlichen Regierung in London. Strutt organisiert den alten Hofzug unter dem Vorwand, Entente-Offiziere würden ihn benötigen, und lässt ihn in den Bahnhof Kopfstetten, kaum drei Kilometer von Eckartsau entfernt, bringen. Unter britischer Bedeckung – aber natürlich mit inoffiziellem Wissen der österreichischen Regierung – bringt Strutt die kaiserliche Familie außer Landes. Am 23. März besteigen Karl, seine Frau Zita und die allerletzten Getreuen den Hofzug, der unter Umfahrung Wiens gen Westen dampft. Am Nachmittag des 24. März, um 15 Uhr und 48 Minuten, hält der Hofzug im Grenzbahnhof Buchs. Der Schweizer Oberst Bridler hat den Bahnhof militärisch absperren lassen.

Zwei Brüder der Kaiserin, die Prinzen Felix und René von Bourbon-Parma, die aus Wartegg eingetroffen sind, dürfen die Familie im Schweizer Exil begrüßen. Auch am Bahnsteig und im Zug wird das Hofzeremoniell gewahrt. Ehe Oberst Bridler den Kaiser auf neutralem Boden empfangen kann, muss er sich beim mitgereisten Graf Ledóchowski anmelden, der wiederum zu Kaiser Karl ins Coupé geht und ihm die Aufwartung eines Schweizer Obersten verkündet. Dann erst darf der republikanische Schweizer mit dem exilierten Monarchen und seiner Gattin sprechen. »Der Kaiser und die Kaiserin waren sichtlich bewegt und zeigten sich erkenntlich für das Entgegenkommen der Schweiz in dieser für sie so schwierigen Zeit«, erinnert sich Oberst Bridler später in seinem Bericht an den eidgenössischen Bundesrat.

Für den jungen Otto bleibt die Ausreise aus Österreich ein Abenteuer: »Die Abreise in die Schweiz war eigentlich eine Blitzaktion, man ist da mit dem Zug gefahren und dann ist man schon am anderen Ende von Österreich gewesen. Diese Reise durch Österreich ist mir als Kind schon bewusst gewesen. Natürlich habe ich nicht gedacht, das ist jetzt ein historischer Moment. Mich haben die Berge beeindruckt, ich habe für mich neue Landschaften Österreichs vom Zug aus gesehen. Weg von Eckartsau, gut, das hat man verstanden, das war ein trauriger Moment, auf Wiedersehen, aber man hat auch ›Auf Wiedersehen‹ gesagt. Man war überzeugt, man wird die Heimat wiedersehen. Es war noch nichts Endgültiges. Dieses Gefühl ist erst später gekommen, nachdem man über der Grenze war. Ich habe gewusst, dass es für die Eltern ein schwerer, ein ganz schwerer Moment ist, aber für uns selbst, man hat sich gesagt, das wird schon wiederkommen. Ja, und außerdem ist man überzeugt, es kommt wieder, was nicht so falsch war, denn im Leben kommen die Sachen oftmals wieder – wenn man nicht aufgibt.«

Stefan Zweig beschreibt die Fahrt des letzten österreichischen Kaisers unter britischer Begleitung, die Bewachung und Schutz zugleich war, in seinen 1942 erschienenen Lebenserinnerungen *Die Welt von Gestern*: Der Schriftsteller kehrt aus der friedvollen Schweiz im Frühjahr 1919 ins vom Krieg schwer gezeichnete »Deutschösterreich« zurück. Am Bahnhof im vorarlbergischen Feldkirch wird Stefan Zweig Zeuge eines historischen Moments: »Schon beim Aussteigen hatte ich eine merkwürdige Unruhe bei den Grenzbeamten und Polizisten wahrgenommen. Sie achteten nicht besonders auf uns und erledigten höchst lässig die Revision: Offenbar warteten sie auf etwas Wichtigeres. Endlich kam der Glockenschlag, der das Nahen eines Zuges von der österreichischen Seite ankündigte. Die Polizisten stellten sich auf, alle Beamten eilten aus ihren Verschlägen, ihre Frauen, offenbar verständigt, drängten sich auf den Perron zusammen; insbesondere fiel mir unter den Wartenden eine alte Dame in Schwarz mit ihren beiden Töchtern auf, nach ihrer Haltung und Kleidung vermutlich eine Aristokratin. Sie war sichtlich erregt und fuhr immer wieder mit dem Taschentuch an ihre Augen. Langsam, ich möchte fast sagen majestätisch rollte der Zug heran, ein Zug besonderer Art, nicht die abgenutzten, vom Regen verwaschenen gewöhnlichen Passagierwaggons, sondern schwarze, breite Wagen, ein Salonzug. Die Lokomotive hielt an. Eine fühlbare Bewegung ging durch die Reihen der Wartenden, ich wusste noch immer nicht warum. Da erkannte ich hinter der Spiegelscheibe des Waggons hoch aufgerichtet Kaiser Karl, den letzten Kaiser von

Österreich, und seine schwarz gekleidete Gemahlin, Kaiserin Zita. Ich schrak zusammen: Der letzte Kaiser von Österreich, der Erbe der habsburgischen Dynastie, die siebenhundert Jahre das Land regiert, verließ sein Reich!«

Der Wiener Rechtsgelehrte und Politiker Josef Redlich notiert am 24. März 1919 in sein Tagebuch:»Gestern Abend 7 Uhr ist der Kaiser mit seiner ganzen Familie in zwei Hofzügen von Colonel Strutt geleitet von Wien respektive Eckartsau abgereist und heute in der Schweiz angekommen. Der schweizerische Bundesrat hat erklärt, dass mit Rücksicht darauf, dass der Vorfahre Kaiser Karls von Aargau ausgewandert sei, er nichts gegen die Rückkehr des Nachfahren einzuwenden habe. Dazwischen liegen 650 Jahre deutscher und europäischer Geschichte!«[13]

Die sozialdemokratische *Arbeiter-Zeitung* berichtet darüber am Montag unter der Schlagzeile »Der Ex-Kaiser mit der Familie in die Schweiz abgereist – Die Flucht durch die englische Regierung vermittelt«. Das Parteiorgan ist peinlich genau darauf bedacht, die Ausreise des Kaisers, der zwar auf die »Ausübung der Regierungsgeschäfte verzichtet«, aber nie formell abgedankt hat, als Aktion der englischen Regierung darzustellen. So sind die beiden Hofzüge von der »englischen interalliierten Lebensmittelkommission« bei der Staatsregierung bestellt worden. Die österreichische Politik will zwar den Kaiser loswerden, ihn aber nicht gewaltsam außer Landes bringen. So verstecken sich die Behörden hinter der englischen Besatzungsmacht und wollen erst eine Stunde vor Abreise der kaiserlichen Familie vom Bahnhof Stopfenreuth erfahren haben, wer im Hofzug in Begleitung von sechs britischen Soldaten und Colonel Strutt tatsächlich Platz nehmen würde.

Die Regierungen liefern einander eine Scharade. Und die Schweiz tut so, als ob die Einreise des Habsburgers nichts als die Rückkehr eines Auswanderers sei. Demnach wäre das Deutsche Kaiserreich jahrhundertelang von einem Schweizer Migranten regiert worden.

Wie für Millionen andere Menschen bricht für die Treichls mit dem Ende der Monarchie eine Welt zusammen: »Wir haben den Schmerz der Eltern erlebt, als der Kaiser ins Exil ging. An genauere Erklärungen erinnere ich mich nicht, aber wir haben gewusst, es gibt keinen Kaiser mehr«, erzählt Heinrich Treichl.

Familie Treichl liest an diesem 24. März in der liberalen *Neuen Freien Presse* den wortgleichen Text wie in der *Arbeiter-Zeitung* über die Ausreise des Kaisers. Beide Blätter haben die offizielle Aussendung der »Deutsch-österreichischen Staatskorrespondenz« abgedruckt. Einzig die christlichsoziale *Reichspost* verweigert sich der amtlichen Stellungnahme. Die Treichls empfinden – wie viele andere großbürgerliche Familien – den neuen Staat, die Republik, als Bruch: »Für meine Eltern war das nicht mehr Österreich. ›Das eigentliche Österreich gibt es gar nicht mehr‹, so haben meine Mutter und mein Vater empfunden. Dieses Österreich, das 1918 entstanden ist, hat die Menschen geteilt. Sie waren Monarchisten, nicht im Sinne einer Partei, aber ja, sie waren welche.«

Heinrich Treichl selbst wird später keine Opposition zu diesem Staat empfinden: »Wir haben dieses neu entstandene Österreich als unser Land gesehen.« Nachsatz: »Heute vermisse ich das Österreichgefühl von damals.«

3. KAPITEL

»Alle Opfer waren umsonst.«

Felizitas Wester,
Fritz Molden,
Fritz Propst,
Berta Stimpfl und
Marko Feingold

über das Ende des Ersten Weltkrieges und die
Folgen der österreichischen Niederlage

1918

Felizitas Wester,

geboren 1912,

Kärnten

Die Türe fällt krachend ins Schloss. Felizitas sieht von ihrer Schiefertafel auf. Sie sitzt beim Küchentisch und schreibt. Die Kurrentschrift ist schwierig, doch das kleine Mädchen übt fleißig. Schwere Schritte hallen über den Gang. Ob der Vater schon nach Hause gekommen ist? Es muss noch früh am Nachmittag sein, das Mittagessen ist noch nicht lange vorbei. »Vater?«, ruft die Mutter. »Was ist denn los?« Der Vater kommt normalerweise erst nach Einbruch der Dunkelheit nach Hause. Als Betriebsleiter ist er ein viel beschäftigter Mann. Schon steht der Vater im Raum. Der große Mann wirkt kleiner, gebeugter als sonst. »Es ist vorbei. Der Krieg ist verloren!« Für einen kurzen Moment herrscht völlige Stille in der Küche. »Alle Opfer waren umsonst«, sagt der Vater mit tonloser Stimme und Felizitas sieht den Schmerz in seinen Augen.

»Ich bin im Herbst 1918 in die Schule gekommen, da war noch Krieg. Anfang November, das weiß ich noch, ist der Vater nach Hause gekommen und hat erzählt, jetzt ist der Krieg aus«, erinnert sich Felizitas Wester.

Die Überlebenden, die 1918 von der Front und nach und nach aus der Kriegsgefangenschaft zurückkehren, haben mit den begeisterten Kriegsfreiwilligen des Jahres 1914 nichts mehr gemein. Der Stolz der ersten Kriegsjahre ist Resignation und Trauer gewichen.

Einer jener k. u. k. Soldaten, die im November 1918 von der Front heimkehren, ist der 27-jährige Julius Raab, der mit seiner Pionierkompanie zwölf Isonzoschlachten mitgemacht hat. Obwohl er keine Befehlsgewalt mehr über die Soldaten hat, führt der spätere Bundeskanzler seine Männer von der Piave-Front bis in seine Heimatstadt St. Pölten. Dort rüsten die Soldaten am Bauhof der Familie Raab ab, die Uniformen und Waffen werden sorgfältig verstaut. Unter den Menschen, die den Heimkehrern zuwinken, ist auch ein Freund seines jüngeren Bruders Heinrich: Leopold Figl. »Kannst mitgehn, Bua!«, sagt der Oberleutnant zu dem 16-jährigen Gymnasiasten, als man zur Feier des Tages in ein Gasthaus geht. Der Schüler hört begeistert zu, als der Oberleutnant von seinen Fronterlebnissen erzählt. Niemand in der geselligen Runde ahnt, dass die Freundschaft zwischen diesen beiden Männern über lange Jahre die österreichische Politik prägen und letztlich zum glücklichen Abschluss des Staatsvertrages beitragen wird.

Julius Raab und seine Kameraden kehren in eine Heimat zurück, in der die Bevölkerung gelitten hat: Hunger, materielle Not und Angst um die Männer an der Front haben das Leben verändert. Von 8 Millionen österreichischen Soldaten sind über eine Million gefallen und annähernd zwei Millionen verwundet worden. Über 1,5 Millionen Soldaten sind in Gefangenschaft geraten, fast eine halbe Million von ihnen wird nicht zurückkehren. Millionen Witwen, Waisen und Kriegsversehrte bevölkern ein hungerndes, ausgeblutetes Land. Österreich ist am Ende seiner Kräfte. Am 28. Oktober 1918 trifft ein Telegramm des kommandierenden Feldmarschalls im Armeeoberkommando ein: »Die Widerstandskraft unserer Truppen erlahmt auffallend, umso mehr, als die Zahl der mit Berufung auf Manifest, Unabhängigkeit Polens, Ungarns, des tschechischen, slowakischen und südslawischen Staates den Gehorsam verweigernden Verbände in bedenklichem Ausmaß zunimmt und die Mittel fehlen, dieselben zum Gehorsam zu zwingen.«[14] Polen, Ungarn, Tschechen und Slowaken wollen ihr Leben nicht mehr für einen Staat riskieren, der nicht mehr der ihre ist. Für einen Staat, so viel ist allen klar, der den Krieg verloren hat. Am 29. Oktober macht die österreichische Armee Italien ein Waffenstillstandsangebot. Dem voranschreitenden Trompeter werden trotz weißer Fahne beide Beine durchschossen. Am 1. November schließlich stehen sich in der Villa Giusti bei Padua Österreicher und Italiener gegenüber. Letztere stellen harte Forderungen, unter anderem das Recht zur Besetzung österreichischer Gebiete und das Recht der Entente-Mächte, sich auf österreichischem Gebiet frei bewegen zu dürfen. Die österreichischen Unterhändler fragen beim Armeeoberkommando in Wien nach. Alle Bedingungen annehmen, lautet die Antwort. Am 3. November 1918 wird der Waffenstillstand zwischen der Entente und Österreich-Ungarn unterzeichnet. In diesen Stunden unterliegen die Österreicher einem Missverständnis, das ihnen letztlich Südtirol und 350 000 gefangene Soldaten kostet. Parallel zur Annahme des Waffenstillstandes ergeht die Weisung des k. u. k. Oberkommandos an die österreichischen Frontoffiziere, das Feuer einzustellen. Die Italiener haben das österreichische Angebot aber mit »Feuereinstellung 24 Stunden nach der Annahme der Waffenstillstandsbedingungen durch den Kaiser« beantwortet. Während die Österreicher den Krieg mit der Annahme des Waffenstillstandes (irrtümlich) als beendet betrachten, greifen die Italiener auf breiter

Front an. So erringen sie den Sieg von »Vittorio Veneto«, der noch heute in Italien jährlich am 4. November gefeiert wird. Es ist ein Sieg ohne Kampf.

Nach vier Jahren Krieg müssen die Österreicher erkennen, dass das millionenfache Leid vergebens war. »Das Ende des Krieges. Waffenstillstand nach einer Kriegsdauer von 51 Monaten und sechs Tagen«, titelt die *Neue Freie Presse*. »Der Waffenstillstand ist die Inanspruchnahme aller Gebietsrechte über Österreich und Ungarn bis zum Friedensschlusse. Wir haben mindestens für einige Monate jedes Hausrecht verloren und auch Wien liegt zu Füßen der Sieger. Allein wir möchten den Feinden nicht auch noch den Triumph gewähren, dass sie zu viel von den Demütigungen erfahren, die wir knirschend empfinden. Wir sind nicht an der Front, sondern im Hinterlande besiegt worden. Nicht bloß durch Hunger, sondern auch durch Fehler, wie sie niemals zuvor in einem Staatswesen begangen worden sind«, heißt es bitter. Noch hat die Konferenz von St. Germain nicht begonnen. Auch wenn sich bereits eine Katastrophe für die Besiegten abzeichnet, hofft man noch. Der Verfasser jener Zeilen wagt eine Prophezeiung, die sich auf fast gespenstische Weise bewahrheiten wird. »Eine Katastrophenpolitik würde auch die Entente sehr bald in eine neue Katastrophe hineinreißen, weil Schöpfungen aus Rache und aus Vergewaltigung keine Dauer haben können. Die Entente mag sich hüten, das deutsche Volk zu stark zu bedrücken. Denn noch immer ist ein Retter auferstanden und eine große Nation kann nicht umgebracht werden.« Nur 15 Jahre später, am 30. Jänner 1933, kommt im Deutschen Reich Adolf Hitler an die Macht. Millionen halten ihn in einer Art nationaler Ekstase für den »Retter« Deutschlands, das er jedoch unerbittlich in den

Untergang führen wird. Mit ihm wird auch Österreich, zum zweiten Mal in 20 Jahren, am Boden liegen.

Felizitas Wester erlebt das Ende des Ersten Weltkrieges als Sechsjährige mit. In ihrer Erinnerung verschmelzen das Kriegsende und das Ende der Monarchie:»Ich habe das nicht so genau mitbekommen, aber ich habe gewusst, dass der Krieg aus ist und dass der Kaiser Karl jetzt sozusagen davongejagt wird. Da ist ein großes Bild vom Kaiser Karl in der Schule gehangen. Am nächsten Tag war halt kein Bild vom Kaiser Karl mehr in der Schule. Das war einfach nicht mehr dort, das war verschwunden.«

Am Tag, nachdem Kaiser Karl – ruhig und von der Bevölkerung unbemerkt, wie die *Wiener Zeitung* berichtet – Schönbrunn verlassen hat, wird Deutschösterreich zur Republik. Der Staatsrat nimmt den vom neuen Staatskanzler vorbereiteten Entwurf an. Artikel 1 lautet:»Deutschösterreich ist eine demokratische Republik. Alle öffentlichen Gewalten werden vom Volk eingesetzt.« Artikel 2 besagt:»Deutschösterreich ist ein Bestandteil der Deutschen Republik.«

Die Regierung hat Arbeitsruhe verordnet, die Bevölkerung soll die neue Republik feierlich begrüßen. Tatsächlich finden sich rund 150 000 Menschen beim Parlament ein. Doch es vermag keine Feierstimmung aufzukommen. Als zwei Parlamentsdiener rot-weiß-rote Fahnen auf den Masten vor der Auffahrtsrampe des Parlaments hissen wollen, werden sie ihnen von Kommunisten entrissen. Mit Säbeln werden die weißen Streifen entfernt. Übrig bleibt ein zerfetztes rotes Tuch, das unter Protestgeschrei, aber auch Jubelrufen hochgezogen wird. Das Flattern dieser verstümmelten österreichischen Fahne ist der Nachwelt in einer kurzen Filmsequenz erhalten geblieben. Sie wirkt wie ein Omen für die innerlich zerrissene Erste Republik. Es bleibt nicht bei symbolischen Akten: Radikale fordern die Ausrufung einer sozialistischen Republik und stürmen mit Bajonetten die Parlamentsrampe, Schüsse fallen, Panik bricht aus. Zwei Menschen, darunter ein zwölfjähriger Bub, werden zu Tode getrampelt. Hass und Gewalt stehen an der Wiege der Ersten Republik.

Die *Neue Freie Presse*, einflussreichste Zeitung Österreichs, deren Redaktionsräumlichkeiten tags zuvor von Linksradikalen besetzt worden sind, erscheint trotz der Störung und mahnt: »Musste schon die Schwelle, über die Deutschösterreich hinüberschreitet in die Zukunft, mit dem Blute von Mitbürgern bespritzt werden; musste die Feier, die dazu bestimmt war, in der schweren Krise, die uns bedrückt, die Einheit des Willens im Bürger, Bauern und Arbeiter darzustellen, durch Zwietracht gestört, mussten die Schüsse vor dem Parlament und auf der Gasse der Anstoß zu neuen Sorgen sein?«

Die Kinder spüren instinktiv, dass die Welt der Eltern zerbricht. Felizitas Wester erinnert sich an das Bedauern der Eltern über den Wechsel zur Republik: »Erfreut waren sie nicht, das weiß ich wohl. Freilich, den Leuten hat es wehgetan, dass der Kaiser jetzt nicht mehr ist. Waren ja doch viele kaisertreue Leute.«

Der 1924 geborene Fritz Molden wird das untergehende k. u. k. Reich im Titel seiner Autobiografie[15] als »berstenden Stern« bezeichnen: »Der Stern war die geordnete Welt meiner Vorfahren, unser aller Vorfahren, das große Reich der k. u. k. Monarchie, das durch Jahrhunderte von Galizien bis nach Italien, bis Mailand gegangen ist. Dieses große Reich ist ja im

Ersten Weltkrieg zerbrochen und dieser berstende Stern hat in meiner Bubenzeit eine große Rolle gespielt.«

Die Menschen, die auf dem berstenden Stern leben, haben noch keine neue Identität.

Die Deutschnationalen sind eine der politischen Gruppierungen der Ersten Republik. Sie prägen Felizitas Westers Kindheit:»Von den Lehrern waren die meisten deutschnational. Es hat geheißen: Wir sind Deutsche. Es hat ja auch Republik Deutschösterreich geheißen und wir haben uns eigentlich immer als Deutsche bezeichnet.«

In Zeiten großer Umbrüche hinkt der Wechsel von Symbolen und Traditionen naturgemäß den politischen Veränderungen nach. Trotz republikanischer Verfassung bleibt die Melodie der vertrauten Hymne (zunächst) gleich. Noch nach 95 Jahren erinnert sich die Kärntnerin an den Text des Kaiserliedes:»Gott erhalte, Gott beschütze unseren Kaiser, unser Land. Mächtig durch des Glaubens Spitze, führe uns mit weiser Hand. Lasst uns seiner Väter Krone schirmen wider jeden Feind: Innig bleibt mit Habsburgs Throne Österreichs Geschick vereint.‹ So ist die Hymne gegangen, das haben wir zu Beginn meiner Schulzeit gesungen. Das war dann kurz nach dem Ersten Weltkrieg auch noch die Hymne, erst später ist ein anderes Lied gesungen worden.«

Erst 1920 dichtet Staatskanzler Renner eine Hymne, die als Ersatz für die nun unpassende Volkshymne gedacht ist: Obwohl er erst ein Jahr zuvor in St. Germain zur Kenntnis nehmen musste, dass die Sieger eben diese Bezeichnung und den Anschluss an Deutschland verbieten, ist es eine Ode an »Deutschösterreich, du herrliches Land«. Das Lied wird jedoch nicht offiziell zur Bundeshymne erhoben und ist auch im

»Duldervolk« – wie die Österreicher darin bezeichnet werden
– nicht populär. Mit einem Augenzwinkern wird Anfang der
Zwanzigerjahre eine Parodie auf die alte Kaiserhymne gesungen:

>»Gott erhalte, Gott beschütze
Unsern Renner, unsern Seitz
Und erhalt – man kann nie wissen –
Auch den Kaiser in der Schweiz!«

Auch Karl Kraus verfasst 1920 eine republikanische Parodie auf
die Volkshymne:

>»Gott erhalte, Gott beschütze
Vor dem Kaiser unser Land!
Mächtig ohne seine Stütze,
Sicher ohne seine Hand!
Ungeschirmt von seiner Krone
Stehn wir gegen diesen Feind:
Nimmer sei mit Habsburgs Throne
Österreichs Geschick vereint.«

Allen Spottliedern zum Trotz ist die Haydn-Volkshymne nach
dem Untergang des Vielvölkerstaates immer noch populär:
Auch der 1913 geborene Marko Feingold kennt den alten Text:
»Ja, 1919 hat man immer noch das kaisertreue Lied gesungen,
sonst könnte ich mich nicht daran erinnern. Es muss damals
noch so gewesen sein, ich habe schon oft darüber nachgedacht.
Die Juden waren übrigens immer monarchietreu. Die Gebet-
bücher, die wir Juden verwendet haben, da war immer auf der

ersten Seite eine Widmung für einen Angehörigen des Kaiser-
hauses.«

1929 wird »Sei gesegnet ohne Ende« von Ottokar Kernstock
zur offiziellen Hymne der Ersten Republik. Auch dieser Text
wird, wie das Deutschlandlied und die alte Kaiserhymne, zur
Haydn-Melodie gesungen. Wird in den Dreißigerjahren die
Hymne der Republik Österreich angestimmt, kommt es also
auf die politische Überzeugung der Sänger an, welcher Text zu
hören ist. Musikalische und politische Dissonanzen sind
vorprogrammiert.

Fritz Propst zieht eine Bilanz der ersten Nachkriegsjahre:
»Das war eine furchtbare Zeit, wenn ich heute zurückdenke,
dass man das erlebt hat. Es ist ja fast ein Jahrhundert her, weil
ich jetzt 97 Jahre alt bin. Es war die Zeit unmittelbar nach dem
Ende der Monarchie. Sie wissen doch, der Erste Weltkrieg war
eine Folge vom Mord am Thronfolger und seiner Frau in Sarajevo. Für zwei Tote mussten 15 Millionen Menschen sterben.
Nach dem Krieg sind die Soldaten zurückgekehrt und haben
die Revolution gemacht. In Österreich hat man die Habsburger
verjagt. Bei uns war eine Revolution gar nicht notwendig, weil
das Bürgertum ohnehin gezittert hat. In Ungarn war Revolution, in Bayern war Revolution, in Russland waren die Bolsche-
wiki. Die Sozialdemokraten, die in Wien die Mehrheit hatten,
haben den Arbeitern versprochen: Wir machen alles, was
notwendig ist, wir brauchen keine Revolution. Es ist dann
tatsächlich so gewesen, dass das Bürgertum nachgeben
musste. Es ist dann viel Soziales geschehen: Gesundheitsämter
wurden eingerichtet, der Acht-Stunden-Tag eingeführt, die
Kinderarbeit verboten und Gemeindebauten errichtet.«

1918

Berta Stimpfl,

geboren 1911,
Südtirol

Das Mädchen nimmt die letzte Handvoll Futter aus der Schüssel und wirft sie den Hühnern zu. Normalerweise füttert Berta die Hühner gerne, doch heute ist sie froh, wieder ins Haus gehen zu können. Trotz Schnürstiefeln und warmer Wollstrümpfe kriecht die winterliche Kälte unangenehm unter die Kittelschürze. Das kleine Mädchen will gerade hineingehen, als sie die Gestalt am Zaun bemerkt. Der Mann steht regungslos da und starrt unverwandt auf den Hof. Er trägt eine verschlissene österreichische Uniform. Langsam, dann immer schneller geht Berta auf ihn zu. Schließlich ist sich die Siebenjährige sicher. Sie lässt die leere Schüssel fallen und rennt los. »Der Tata ist zurück!«, schreit sie und dann liegt sie ihrem Vater in den Armen. Er sieht viel älter aus, als Berta ihn in Erinnerung hat. Dann sind auch die Mutter und die Geschwister da und umarmen den Vater. »Jetzt ist alles wieder gut«, sagt die Mutter, als sie den Tata endlich in die Stube gezogen haben. »Gut?«, antwortet der Heimkehrer, »jetzt, wo die Italiener im Land sind?«

»Als der Vater nach vier Jahren Krieg heimgekommen ist, da haben wir eine große Freude gehabt. Er kann jetzt daheim bleiben und muss nicht mehr fort. Das war schön. Aber leider, leider, der Krieg ist verloren gewesen«, erzählt Berta Stimpfl aus Laas von ihren damaligen Emotionen.

Für die siebenjährige Berta Stimpfl und alle anderen Menschen im südlichen Tirol ist die Unterzeichnung des Waffenstillstandes am 3. November 1918 eine schicksalsträchtige Stunde: Die Italiener besetzen danach kampflos Teile Nordtirols und Südtirol. Die Passanten, die am 5. November 1918 den Einzug italienischer Truppen in Bozen beobachten, sehen die Eindringlinge vermutlich eher mit Erstaunen als mit Furcht. Die Menschen wissen noch nicht, dass die Italiener gekommen sind, um zu bleiben: Das südliche Tirol ist Italien in einem Geheimvertrag 1915 als Lohn für den Kriegseintritt aufseiten der Entente versprochen worden.

Im August 1914, beim Ausbruch des Ersten Weltkrieges, verhält sich Italien noch »neutral« und verärgert damit die verbündeten Mittelmächte, die einen Angriff italienischer Divisionen auf Frankreich wünschen, um französische Kräfte zu binden. Aber immerhin: Italien bleibt im ersten Kriegsjahr unbeteiligt – vorerst. Ein Bündniswechsel wird von den politisch hellsichtigeren Deutschen jederzeit erwartet. Die deutschen Militärs und Diplomaten üben daher massiven Druck auf die Regierung in Wien aus, Italien mit Zugeständnissen zu besänftigen und einen Kriegseintritt an der Seite von Frankreich, Russland und England zu verhindern. Österreichs altersstarrer Kaiser Franz Joseph weigert sich, den Ernst der Lage zu erkennen. Selbst wenn er ihn erkennen würde, stellt er seine Ehre über die politische Vernunft. Verhandlungen über eine Abtretung Trients an Italien – auf deutschen Druck hin aufgenommen – werden bewusst schleppend geführt, das Königreich Italien hingehalten. Als Österreich-Ungarn endlich zu Zugeständnissen bereit ist, humpelt die Monarchie immer ein paar Schritte hinter den Versprechungen der Westmächte her.

Frankreich und England können Italien auf Kosten Österreichs mehr versprechen, als die Habsburger unter dem militärischen Druck der Niederlagen an der russischen Front bereit sind zu geben. Die umständlich formulierte Kriegserklärung von König Vittorio Emanuele II. im Mai 1915 wird denn auch in Wien als skandalöser Treuebruch, in Berlin jedoch als möglicherweise kriegsentscheidende Katastrophe erlebt: »Fest entschlossen, mit allen Mitteln, über die sie verfügt, für die Wahrung der italienischen Rechte und Interessen Sorge zu tragen, kann die königliche Regierung sich nicht ihrer Pflicht entziehen, gegen jede gegenwärtige und zukünftige Bedrohung zum Zwecke der Erfüllung der nationalen Aspirationen jene Maßnahmen zu ergreifen, die ihr die Ereignisse auferlegen. Seine Majestät der König erklärt, dass er sich von morgen ab als im Kriegszustande mit Österreich-Ungarn befindlich betrachtet.« Der italienische »Intervento« (Kriegseintritt) ist von innenpolitischen Macht- und Ränkespielen beeinflusst. Die italienische Armeeführung macht sich der Kriegstreiberei schuldig, ohne auf einen Waffengang wirklich vorbereitet zu sein. In zwölf Isonzoschlachten verblutet eine halbe Million junger Italiener, ganze Jahrgänge werden im Grabenkampf buchstäblich »verheizt«. In Summe bezahlen fast 1,2 Millionen Italiener mit ihrem Leben den Preis für die Kriegslust des italienischen Generalstabschefs Luigi Cadorna. Der faschistische Diktator Benito Mussolini wird viele dieser Gebeine zwischen 1937 und 1939 in Beinhäusern bei Burgeis, Gossensaß und Innichen bestatten lassen. Unübersehbar an den Grenzen zu Österreich gelegen, sollen sie – wie das Siegesdenkmal in Bozen – vom Triumph der italienischen Armee zeugen. Benito Mussolini scheut nicht vor der Instrumentalisierung der Kriegsopfer für seine historischen Lügen zurück. Die meisten der in den Ossa-rien Bestatteten sind keineswegs im Kampf um Südtirol gestorben, sondern werden aus anderen Kriegsgräbern exhumiert und dorthin gebracht. Zum Teil enthalten sie sogar sterbliche Überreste von Soldaten der österreichisch-ungarischen Armee. Hundert Jahre nach Beginn des Ersten Weltkrieges sind diese Beinhäuser in Südtirol immer noch Grund für Meinungsverschiedenheiten zwischen der deutschsprachigen und der italienischsprachigen Bevölkerung. Während sie für viele Italiener steinerne Zeugen des Sieges sind, stellen sie für die meisten deutschsprachigen Südtiroler den Inbegriff der Geschichtslüge dar. »Die Vergangenheit ist nicht tot, sie ist nicht einmal vergangen«, meinte William Faulkner.

Rückblende: Am 18. Jänner 1919 ist es so weit. Die Friedenskonferenz von St. Germain beginnt. Es ist Zeit für Italien, die versprochene Kriegsbeute einzufordern. Die Sieger bleiben unter sich, um ihre Forderungen abzustecken. Erst am 12. Mai sollen sich Staatskanzler Renner und seine Delegation in dem Pariser Vorort einfinden, zum Abschluss des Vertrages, wie es in der Einladung heißt. Mit den Besiegten wird nicht verhandelt. Am 7. Mai bringt man den Deutschen die Bedingungen des Friedensvertrages zur Kenntnis. Ihr Ziel: Deutschland muss als wirtschaftliche und militärische Macht völlig ausgeschaltet werden. Der Feind muss am Boden bleiben. Der deutsche Außenminister Brockdorff-Rantzau bekennt in seiner Antwortrede: »Wir täuschen uns nicht über den Umfang unserer Niederlage, den Grad unserer Ohnmacht. Wir wissen, dass die Gewalt der deutschen Waffen gebrochen ist; wir kennen die Wucht des Hasses, der uns hier entgegenschlägt.« Auch die *Arbeiter-Zeitung* schreibt am 8. Mai 1919: »Das unglücklichste

Volk der Welt! In tiefster Bewegung hat heute Renner das Wort ausgesprochen, das wir alle fühlen, da wir die Bedingungen sehen, die die Entente dem deutschen Volk auferlegt. In der Furchtbarkeit der einzelnen Bestimmungen, in der Lückenlosigkeit der Kette, mit der Deutschland für immer gefesselt werden soll, ist es ein ›Friede‹, der das besiegte Volk zermalmt. Alle Adern des Lebens werden ihm zerschnitten, alle Hilfsquellen der Wirtschaft verstopft; keine Demütigung wird ihm erspart, keine Last gemildert: Es ist ein Sturz in den tiefsten Abgrund.«

Die Österreicher wissen, was sie zu erwarten haben. Am 8. Mai, bei der Verabschiedung der österreichischen Delegation, sagt der Staatskanzler vor der Nationalversammlung: »Nach der Unglücksbotschaft von gestern wird der Gang, den die Friedensdelegation jetzt unternimmt, nicht so sehr einem Gang an den Beratungstisch als einem Bußgang gleichen.« Renner behält recht. Die Sieger lassen es an Symbolik nicht mangeln: Die Österreicher müssen das Gebäude durch den Dienstboteneingang betreten, ihnen wird ein kleiner Tisch vor dem großen Tisch der Sieger zugewiesen. Der Franzose Clemenceau, der Brite Lloyd George, der Amerikaner Wilson, der Italiener Orlando und der Japaner Matsui mustern die österreichische Delegation mit versteinerten Blicken. Man erhebt sich nicht. Besiegten erweist man nicht die Ehre, sie stehend zu empfangen. Zwei Tage zuvor haben die Sieger wütend registriert, dass Brockdorff-Rantzau aus Protest bei seiner Antwortrede ebenfalls sitzen blieb und, unerhört, Deutsch sprach. Dann spricht Clemenceau. Er teilt den Besiegten mit, dass es keine mündlichen Verhandlungen geben wird. Den Österreichern werden zwei Wochen zugestanden, um schriftliche »Bemerkungen« zu dem auf Englisch und Französisch abgefassten, 300 Seiten starken Werk zu machen. Schweigend wird der unter den Siegern ausverhandelte Vertrag den Österreichern auf ihren Katzentisch gelegt. Staatskanzler Renner steht auf und antwortet auf Französisch. Noch bevor der Staatskanzler zu seiner Rede angesetzt hat, wird ihm die Macht der Sieger durch einen kurzen Wortwechsel deutlich vor Augen geführt. Der Dolmetscher, der Clemenceaus Eröffnungsrede auf Deutsch übersetzt, nimmt auf die »Delegation der deutschösterreichischen Republik« Bezug. Clemenceau unterbricht ihn sofort und berichtigt »Delegation der österreichischen Republik«. Die Sieger werden Punkt zwei der neuen österreichischen Verfassung, den Anschluss an das Deutsche Reich, nicht dulden. Renner lässt sich nicht aus dem Konzept bringen und wirbt um Verständnis. Nicht nur das kleine Österreich soll die Last der Niederlage tragen müssen: »Es folgt daraus, dass alle Gebiete ebenso wie alle Bevölkerungen der ehemaligen Monarchie verantwortlich gemacht werden müssen für die Folgen des Krieges, zu welchem die ehemalige Regierung sie alle gezwungen hat. [...] Aber trotz dieser Situation haben die Sukzessionsstaaten hier eine ganz andere Rolle übernommen.«[16] Dann fahren die Österreicher in die Villa Steinach, in der sie kaserniert sind, und versuchen sich Klarheit über die Bedingungen der Sieger zu verschaffen. »Es wird so rasch als möglich den Führern der Entente klargemacht werden, dass sie, wenn sie Deutschösterreich zur Unterfertigung dieses Vertrages zwingen, ihren Triumph gefährden, indem sie eine Leiche auf ihren Triumphwagen laden«[17], diktiert der Staatskanzler österreichischen Journalisten. Einen Staat, der untergehen muss, weil er nicht lebensfähig ist.

Österreich soll 4 Millionen Menschen verlieren: Deutsch-Böhmen, das Sudetenland, Randgebiete sogar in Niederösterreich, Cilli und Marburg in der Südsteiermark und das südliche Tirol bis zum Brenner. Zu den territorialen Klauseln kommen noch katastrophale wirtschaftliche Bestimmungen hinzu – und Kriegsentschädigungen in noch festzusetzender Höhe.

»Unannehmbar!«, titelt die *Neue Freie Presse* am 3. Juni 1919. »Der Vertragsentwurf über den Frieden mit Deutschösterreich hat zwei Patinnen: Die Unwissenheit und die Bosheit [...] Dieser Vertrag will nicht den Frieden, sondern die Vernichtung.« »Kein Friede, sondern Tod für Deutschösterreich«, schreibt die *Arbeiter-Zeitung* am selben Tag. Der Leitartikel trägt die Überschrift »Schnöde Erbarmungslosigkeit«: »Niemals hat der Inhalt eines Friedensvertrages die Absichten, die bei dessen Gestaltung gewaltet haben sollten, so gröblich verleugnet [...] Dass uns der Lebensatem ausgeht, dass wir nicht leben können, dass wir zugrunde gehen müssen! Ein Entwurf, der durchtränkt ist mit Rücksichtslosigkeit und Erbarmungslosigkeit, in dem kein Hauch menschlichen Mitgefühls zu spüren ist [...] eine Untat gegen ein leidendes und gequältes Volk, den wagen sie, einen gerechten Frieden zu nennen!«

Mit diesem Vertragsentwurf sind alle Hoffnungen der Österreicher auf einen gerechten Frieden vernichtet. Diese Hoffnungen waren vor allem auf den amerikanischen Präsidenten Woodrow Wilson, den eigentlichen Sieger, gerichtet, hatte er doch mit seinen 14 Punkten Anfang 1918 einen »gerechten Frieden« versprochen. Den obersten Grundsatz seiner Politik hat er folgendermaßen formuliert: »Jede Gebietsregelung muss im Interesse der betroffenen Bevölkerung erfolgen und nicht nur als Teil eines bloßen Ausgleichs oder Kompromisses von Ansprüchen rivalisierender Staaten«.[18] Doch für die besiegten Österreicher gilt das Selbstbestimmungsrecht nicht. Es darf nicht gelten, denn es würde dem Deutschen Reich einen Zuwachs von 10 Millionen Bürgern, den deutschsprachigen Österreichern, bringen. Deshalb muss sowohl im Friedensvertrag von Versailles als auch im Vertrag von St. Germain das Anschlussverbot festgelegt werden. Deshalb muss Österreich riesige Gebietsverluste hinnehmen. Außerdem müssen die Sieger Italien mit der versprochenen Kriegsbeute belohnen. Die Bevölkerung des Beutestücks wendet sich im Sommer 1919 mit einem verzweifelten Aufruf an die Weltöffentlichkeit: »Wir – alle Gemeinden Deutsch-Südtirols – wenden uns deshalb mit diesem Hilferuf an die ganze Welt und fordern in letzter Stunde unsere Vertreter am Friedenskongresse auf: zu jedem Opfer sind wir bereit – wenn es so sein muss, nur unser heiliges Selbstbestimmungsrecht darf nicht verletzt werden, deutsche Tiroler müssen wir bleiben«.[19] Er verhallt ungehört.

Im österreichischen Parlament spricht man von »Todesurteil« und »wahnsinnigem Vernichtungswillen«, doch die Besiegten haben keine Wahl. Österreich steht mit dem Rücken zur Wand. Hunger, soziale Not, Arbeitslosigkeit und Inflation erschüttern das kleine Land in seinen Grundfesten. Wie nie zuvor ist man auf Hilfe, auf Kredite und Lebensmittellieferungen, angewiesen. Diese Hilfe kann aber nur von den Siegern kommen. Kurzum: Österreich ist erpressbar.

Stefan Zweig kehrt 1919 aus der Schweiz in einen »verstümmelten Rumpf, aus allen Adern blutend« zurück. In seiner Autobiografie *Die Welt von Gestern* beschreibt der Schriftsteller, was er vorfand: »Von den sechs oder sieben Millionen, die man zwang, sich Deutsch-Österreicher zu nennen, drängte die Hauptstadt allein schon zwei Millionen frierend und hungrig zusammen; die Fabriken, die das Land früher bereichert, lagen auf fremdem Gebiet, die Eisenbahnen waren zu kläglichen Stümpfen geworden, der Nationalbank hatte man ihr Gold genommen und dafür die gigantische Last der Kriegsanleihe aufgebürdet. [...] kein Mehl, kein Brot, keine Kohle, kein Petroleum vorhanden; eine Revolution schien unausweichlich oder sonst eine katastrophale Lösung«.

Am 10. September 1919 wird der Vertrag von St. Germain unterzeichnet. Der tägliche Kampf ums Überleben macht die Menschen apathisch: »Die Gleichgültigkeit, mit der die Bevölkerung die ganze Sache aufnimmt, ist doch geradezu niederschmetternd. Am Sonntag lasen die Menschen die Reden der Nationalversammlung; haben ihnen die schmerzlichen Klagerufe die Feiertagslaune gestört? Dass heute der Friedensvertrag unterzeichnet wurde, dieser Vertrag, der unsere Staatlichkeit verstümmelt, unsere Selbstbestimmung vernichtet und in dessen wirtschaftlichen und finanziellen Bestimmungen ja auch das Geschick und die wirtschaftliche Entwicklung jedes einzelnen Menschen dieser Lande beschlossen ist, hat die Herzen nicht bewegt«, klagt die *Arbeiter-Zeitung* am 11. September 1919.

In Südtirol wird die Abtrennung vom Vaterland als nationale Katastrophe betrachtet: Der Tiroler Abgeordnete Eduard Reut-Nicolussi sagt bei seiner Abschiedsansprache in der konstituierenden Nationalversammlung: »Es ist unmöglich, jene Gefühle zu schildern, welche einen Mann beseelen, der in den Reihen der Tiroler Jäger gegen Italien gekämpft, der beim Schutze seines Vaterlandes sein Blut vergossen hat und jetzt mit seinem Volke in die Knechtschaft wandert. Nur eines kann ich sagen: Gegenüber diesem Friedensvertrage haben wir mit jeder Fiber unseres Herzens, in Zorn und Schmerz nur ein ewiges und unwiderrufliches Nein! (Stürmischer Beifall im ganzen Haus, in den auch die dichtgefüllten Galerien einstimmen) [...] Es wird jetzt in Südtirol ein Verzweiflungskampf beginnen, um jeden Bauernhof, um jedes Stadthaus, um jeden Weingarten. Es wird ein Kampf sein mit allen Mitteln des Geistes und mit allen Mitteln der Politik. Es wird ein Verzweiflungskampf deshalb, weil wir – eine Viertelmillion Deutscher – gegen vierzig Millionen Italiener stehen, wahrhaft ein ungleicher Kampf«.[20]

Am 10. Oktober 1920, auf den Tag genau ein Jahr, nachdem Staatskanzler Renner den Vertrag von St. Germain unterzeichnet hat, wird Südtirol per Gesetz von Italien annektiert.

Vermutlich ist dieser Tag einer der schönsten im Leben von Ettore Tolomei. Sein größtes Ziel ist erreicht: Südtirol gehört Italien. Der italienische Nationalist und spätere Faschist hat die Einverleibung Südtirols bereits Anfang des 20. Jahrhunderts zu seiner Lebensaufgabe gemacht. Mit akribischem Fleiß betreibt er die Übersetzung bzw. Neubenennung aller geografischen Bezeichnungen Südtirols, um zu beweisen, dass das Gebiet bis zum Brenner immer schon italienisch gewesen sei. Diese Arbeit Tolomeis wird sich in St. Germain als sehr nützlich erweisen, um die »Italianità« Südtirols vorzugaukeln. 1904 besteigt er den Klockerkarkopf, rühmt sich (bewusst fälschlich) der Erstbesteigung und nennt den Berg »Vetta d'Italia« (»Spitze Italiens«). Unmittelbar nach der Annexion muss sich Ettore Tolomei hinsichtlich der Italianisierung der Tiroler noch mit einer Politik der kleinen Schritte begnügen. Erst mit der Machtergreifung des »Duce« wird seine große Stunde schlagen.

Durch den Vertrag von St. Germain und das Leid der folgenden Jahrzehnte wird das Gefühl erlittenen Unrechts in die Herzen vieler Südtiroler gepflanzt, die in der Heimat des Tiroler Freiheitshelden Andreas Hofer plötzlich zu italienischen Bürgern gemacht werden sollen. Berta Stimpfl erinnert sich an das Gefühl der Ohnmacht, das in Südtirol vorherrschte: »Was wollen wir machen, das ist ja schrecklich, wenn wir jetzt zu den Italienern gehören. Das ist traurig. Das wollten wir nicht, wir wollten ja alle bei Österreich bleiben. Aber was hat man wollen machen, man konnte nichts ändern. Der Krieg war verloren. Dann sind die Schwierigkeiten gekommen für uns. Große, große Schwierigkeiten.«

4. KAPITEL

»Natürlich waren wir dafür, dass wir bei Österreich bleiben.«

Felizitas Wester

über den Kärntner Abwehrkampf
und die Volksabstimmung von 1920

1919

Felizitas Wester,
geboren 1912,
Kärnten

Das Fenster klemmt. Die Klagenfurterin rüttelt an seinem
Griff, erfolglos. Die alte Dame seufzt: Das Fenster ist schon
lange reparaturbedürftig, aber in den letzten Jahren war es
fast unmöglich, einen Handwerker zu bekommen. Fast alle
Männer sind eingerückt. Endlich fliegt das Fenster mit lautem
Krachen auf. Umständlich nestelt die Kärntnerin ein Papier-
sackerl aus ihrer Schürze. Wenn auch die ganze Welt aus den
Fugen gerät, die Tauben sollen gefüttert werden. Es ist ein
liebgewonnenes Ritual für die alleinstehende Dame. Sie wirft
ein paar Hände voll Futter aus dem Fenster. Stimmengewirr
dringt von der Straße in den zweiten Stock. Es wird lauter,
bedrohlicher. Ob sie nachschauen soll, was da vor sich geht?
Es sind unruhige, gefährliche Zeiten. Fremde Soldaten sind
in Kärnten einmarschiert, haben St. Paul und Völkermarkt
besetzt. Schließlich siegt die Neugier. Was soll man einer
alten Großmutter schon tun? Die Klagenfurterin steckt den
Kopf aus dem Fenster und zieht ihn vor Schreck sofort wieder
zurück. Sie hat genug gesehen. Genau unter ihrem Fenster
stehen fremde Uniformierte, hoch zu Ross. Jetzt sind die
serbischen Soldaten also auch in Klagenfurt einmarschiert.
Worte fliegen hin und her, die alte Frau versteht sie nicht,
aber sie klingen erbost, empört. Vorsichtig lugt sie noch
einmal nach unten. Ein jüngerer Mann deutet auf ihr Fenster
und sagt etwas, der Angesprochene, der scheinbar der Anführer ist, nickt grimmig. Und plötzlich versteht die alte Dame,
worüber sich die Uniformierten aufregen.

»Die Großmutter hat das Futter hinunterfallen lassen und als sie runterschaut, sieht sie, sie hat einen Serben auf den Kopf getroffen. ›Er hat ganz böse heraufgeschaut‹, hat sie gesagt. ›Aber ich bin nicht weggegangen, sonst hätte er gedacht, ich habe es mit Absicht gemacht.‹ Ihr Ziehsohn hat spaßhalber gesagt, der Serbe wird sich gedacht haben, teure Heimat. Die Serben werfen zu Hause eh jeden Dreck beim Fenster hinaus.« Felizitas Wester kann das Schmunzeln nicht unterdrücken, als sie vom Erlebnis ihrer Großmutter erzählt. »Es ist ihr aber nichts passiert. Später habe ich irgendwo gelesen, dass die Serben bei ihrem Einmarsch in dieser Straße stehen geblieben sind und hinaufgeschaut haben. Warum, wusste natürlich niemand. Das war, wie die Großmutter das Taubenfutter hinuntergeworfen hat. Ich habe mir gedacht, das könnt ich ja eigentlich erzählen, wenn mich jemand fragt«, schließt die alte Dame die Erzählung.

Rund acht Monate vor dem serbischen Einmarsch in Klagenfurt, am 29. Oktober 1918, verkündet der slowenische Nationalrat in Laibach die Loslösung Sloweniens von der Habsburgermonarchie. Der Laibacher Nationalausschuss erklärt Kärnten zum slowenischen Siedlungsraum, deshalb gehöre ganz Kärnten zu dem neuen Staat. Laibach geht eine Union mit Serbien ein und zählt sich daher zu den Siegern. Eine teuflische Situation für das geschlagene Österreich: Laut den Waffenstillstandsbedingungen dürfen sich die Armeen der Sieger auf österreichischem Gebiet frei bewegen. Am 5. November 1918 dringen Truppen des neuen SHS-Staates, des Königreiches der Serben, Kroaten und Slowenen, in Südostkärnten ein. Die Landesregierung zieht sich nach Spittal an der Drau zurück. Trotz aller Kriegsmüdigkeit setzt sich die Bevölkerung gegen die Okkupation zur Wehr. Freiwillige bilden Heimwehr-verbände. Landesbefehlshaber Ludwig Hülgerth gelingt es, Kärntner Volkswehrverbände aufzustellen. Die Südslawen verweisen immer wieder auf ihre Position als Sieger, gegen die kein Widerstand zulässig sei. Doch am 5. Dezember 1919 entscheidet sich die Kärntner Landesregierung unter Führung von Landesverweser Arthur Lemisch – gegen die Empfehlung der Wiener Regierung – für den bewaffneten Widerstand. »Angesichts des dem Selbstbestimmungsrecht der Völker hohnlachenden Vorgehens jugoslawischer Truppen in Kärnten beschließt die Landesversammlung, dem Eindringen jugosla-wischer Truppen mit allen Kräften entgegenzutreten. Das Militärkommando wird beauftragt, die hierfür erforderlichen Vorkehrungen und Anordnungen zu treffen.«[21] Wien wird erst am nächsten Tag vom Entschluss der Kärntner in Kenntnis gesetzt.

Der Erste Weltkrieg ist noch nicht beendet, als auch in der Heimat Kämpfe ausbrechen. »Ja«, erinnert sich Felizitas Wester, »immer wieder hat man gehört: Da ist einer gefallen, dort ist einer gefallen.« Auch wer keinen Mann, Bruder oder Sohn in den Reihen der Abwehrkämpfer hat, macht sich Sorgen um die Zukunft des Landes. »Wir hätten ja sollen zu Jugosla-wien gehen. Auf gar keinen Fall wollten meine Eltern, dass Kärnten zu Slowenien kommt. Sie wollten es so, wie es gekom-men ist, freilich. Sie hätten vielleicht mögen, dass noch mehr zu Kärnten kommt, vielleicht Unterdrauburg oder so. Meine Mutter war ein treu deutsches Fräulein. Sie hat einmal einen Freund gehabt, der hat immer Karten geschrieben, da ist draufgestanden: ›dem treudeutschen Fräulein‹. Unser Vater hat eigentlich bis zum Schulgehen Windisch geredet. Richtig

Deutsch gelernt hat er erst in der Schule. Er hat gesagt, er hat das Windische fast verlernt. Er war deutsch gesinnt.«

Das kleine Mädchen hat Glück: Felizitas wohnt mit ihrer Familie in einer Gegend, die von Kämpfen verschont bleibt. »Wir waren ja weit weg, in Gmünd dort oben. Ich kann mich nicht erinnern, dass ich einen Serben gesehen habe.« Doch schon bald sprechen die Menschen von Vorfällen, die der Siebenjährigen Angst machen: »Einmal hat mir ein Mädchen erzählt, sie ist beim Spielen unabsichtlich zu einem Lagerfeuer der Serben gekommen. Sie haben ihr die Puppe weggenommen und ins Feuer geschmissen.« In einer Zeit, in der Spielzeug rar ist, ein großer Verlust. Noch eine Begebenheit fällt Felizitas Wester ein: »Ein Mädchen hat gesagt, dass sie auch irgendwo gespielt hat, wo die Serben ein Lager gehabt haben. Da hat sie ein Serbe gefragt: ›Was ist deine Muttersprache?‹, und sie hat Deutsch gesagt. Da hat er ihr eine Ohrfeige gegeben.«

Noch Jahre später hören die Kinder auch in der Schule Geschichten, die sie – je nach Naturell – verängstigen oder aufhetzen. »Mein Bruder hat einen Lehrer gehabt, der hat furchtbare Sachen über den Abwehrkampf erzählt. Ein serbischer General ist auf einem Baum gesessen und hat eine Handgranate in der Hand gehabt. Der Lehrer hat auf diese Handgranate geschossen. ›Der General ist in Fetzen gegangen!‹, hat der Lehrer später seinen Schülern erzählt. Damals hat mein Bruder einen Hass auf die Jugoslawen gehabt. Dieser Lehrer hat die Buben richtig aufgehetzt!«

Wien reagiert auf Hilferufe aus Kärnten nur zögerlich. Die Angst, die Entente-Mächte zu verärgern, ist groß. Die Kärntner fühlen sich von der Bundesregierung im Stich gelassen. »In diesen schicksalsschweren Tagen mussten sich alle deutschen

Bewohner des Landes auf ihre eigene Kraft besinnen. Wenn wir von nirgends Hilfe bekommen, müssen wir uns auf uns selbst verlassen«, schreibt der *Volkswille* vom 7. November 1918 bitter. Zu Hilfe eilen Männer der Tiroler Volkswehr, Niederösterreicher und Steirer der »Leobener Akademischen Legion«. Doch auch die Republik Deutschösterreich stellt Nachschub und Truppen zur Verfügung. Die besetzten Gebiete können schließlich zurückerobert werden. Am 14. Jänner 1919 wird ein Waffenstillstand geschlossen, die amerikanische Miles-Kommission untersucht vor Ort strittige Gebietsfragen. Gleich zu Beginn ihrer Reise werden die Amerikaner Zeugen einer Tragödie: In Marburg, das zu 85 Prozent deutsch besiedelt ist, erwarten sie an die 20 000 Demonstranten. Männer, Frauen und Kinder ziehen singend und Fahnen schwenkend durch die Stadt. Die Bevölkerung will ihre Zugehörigkeit zu Österreich bekunden. Als ein jugoslawischer Polizist einen Revolver auf die Menge richtet, wird im die Waffe aus der Hand geschlagen. Ein Tumult bricht aus, Soldaten schießen auf die unbewaffneten Demonstranten. Es gibt 13 Todesopfer und 60 Verletzte. Am 29. Jänner liest man folgende Kurzmeldung in der *Neuen Freien Presse*: »Heute Vormittag wurde auf dem Hauptplatze noch ein totes Kind als Opfer der gestrigen Vorfälle aufgefunden.«

»Dass der Tod unschuldiger Stammesgenossen, die nichts anderes getan haben, als mit den von Recht und Gesetz jeder Zeit erlaubten Mitteln für das Selbstbestimmungsrecht ihrer deutschen Heimat zu demonstrieren, überall in deutschen Landen tiefe Trauer und lebhaftes Mitgefühl erweckt, ist selbstverständlich«, notiert die Zeitung weiter. »Wir wollen keinen Krieg mit den Südslawen, wir wollen nicht noch mehr

Blut vergießen, als bereits vergossen wurde. Wir wollen nur den Schutz unserer Volksgenossen und den kann uns die Entente unmöglich verwehren, wenn sie die edlen Grundsätze, die sie verkündet, nicht selbst verhöhnt«, schreibt der *Arbeiterwille* unter der dem Titel »Feige Bluttat«.

Doch der SHS-Staat unternimmt einen weiteren Versuch, Kärnten gewaltsam unter seine Herrschaft zu bringen: Am 28. Mai 1919 dringen erneut Truppen in Kärntner Territorium ein und besetzen am 6. Juni die Landeshauptstadt. Der Alliierte Rat fordert die SHS-Truppen auf sich zurückzuziehen, schließlich verlassen sie am 31. Juli Klagenfurt. Das Blutvergießen ist zu Ende. Die Kämpfe haben alleine auf österreichischer Seite 200 Menschen das Leben gekostet.

Der Friedensvertrag von St. Germain vom 10. September 1919 sieht eine Volksabstimmung in Südkärnten vor. Einige Gebiete verliert Kärnten ohne Abstimmung: Das Kanaltal geht an Italien, das Mießtal, Unterdrauburg und die Gemeinde Seeland an das SHS-Königreich.

*

1920
Felizitas Wester,
geboren 1912,
Kärnten

Felizitas ist aufgeregt. Dabei liegt der Zahnarztbesuch, vor dem sich die Volksschülerin gefürchtet hat, schon hinter ihr. »Sei brav, dann darfst du nachher mit dem Vater den großen Umzug anschauen!«, hat die Großmutter gesagt. Der Zahn schmerzt noch ein wenig von der Plombe, aber sonst ist die Volksschülerin schon wieder guter Laune. Heute ist ein besonderer Tag, das spürt das Kind. Es sind viel mehr Menschen auf der Straße als normalerweise, wenn sie die Großmutter in Klagenfurt besucht. Die Erwachsenen sind in Feierstimmung. Die Achtjährige weiß warum: Kärnten bleibt bei Österreich! Die Eltern haben sich große Sorgen über den Ausgang der Volksabstimmung gemacht: Der Vater und vor allem die Mutter wären traurig, wenn die Heimat von Österreich abgetrennt werden würde. Oft haben sie zu Hause darüber gesprochen, manchmal hat die Mutter sogar geweint dabei. Aber jetzt ist alles gut gegangen. Mittlerweile sind Felizitas und Großmutter beim Vater angelangt. Er hat Plätze entlang der Straße freigehalten. Das Mädchen kann einen Altar erkennen, davor stehen zwei ältere Herren und zwei Frauen. Offenbar haben die Feierlichkeiten schon begonnen. Die Frauen reichen den Männern zwei Becher, die durch eine Stange miteinander verbunden sind. Felizitas staunt. Wozu das wohl gut sein mag? Die Männer trinken aus den Bechern, dann küssen sie sich auf die Wange. »Das ist ein Bruderkuss«, erklärt der Vater. »Er zeigt, dass die deutschsprachigen und die slowenischsprachigen Kärntner immer zusammenhalten wollen!«

Der 24. Oktober 1920 ist ein Tag, an den sich die 101-Jährige besonders gut erinnert. In Klagenfurt wird das Ergebnis der Volksabstimmung mit einem Trachtenumzug gefeiert. Felizitas ist unter den Zuschauern: »Der Zahnarzt war am Kardinalsplatz, so eine Stiege hinauf. Und herunten links, da haben sie gerade einen Altar gebaut und die Großmutter hat gesagt: ›Da werden Altäre gebaut und da wird überall eine Dankmesse für die Volksabstimmung abgehalten.‹ Nachher sind wir mit dem Vater zum Trachtenumzug zuschauen gegangen. Das war kurze Zeit, bevor ich in die 3. Klasse Volksschule gekommen bin. Meine Tante ist auch mitgegangen mit dem Umzug. Es war sehr schön. Musik hat gespielt und das war für mich immer das Schönste, wenn Musik gespielt hat.« Ein Vertreter der deutschsprachigen Kärntner und ein Vertreter der slowenischsprachigen Kärntner trinken aus miteinander verbundenen Bechern und umarmen sich zum »Bruderkuss«. Das gemeinsame Ziel ist erreicht, nun hofft man auf eine konfliktfreie Zukunft.

Der Abstimmung am 10. Oktober 1920 geht eine Zeit reger Propagandatätigkeit voraus. Beide Seiten wollen die Bevölkerung beeinflussen. In der besetzten Zone A kann aber nur im Geheimen Werbung für einen Verbleib bei Österreich gemacht werden. In einer Zeit ohne Radio, Fernsehen oder gar Internet sind die Möglichkeiten bescheiden: Zettel werden verteilt, Lieder gesungen, Reime gemacht. »›Ihr Brüder, alle, die Herzen erblühen. Rettet die Heimat. Wählt grün!‹ Oder: ›Am 10. Oktober stimmen wir grün. In diesem Zeichen siegen wir‹«, erzählt Frau Wester. »Ich habe mir die ganzen Gedichte gemerkt, was so alles war. Wahlpropaganda, überall. Das kann ich noch fast auswendig. Da waren Gedichte und mein Bruder hat immer das Kärntner Heimatlied gesungen. Der Ziehsohn meiner Großmutter hat so grüne Zettel, Propagandazettel, gehabt. An das kann ich mich wohl erinnern.«

Das Abstimmungsgebiet wird von den Besatzern hermetisch vom übrigen Kärnten abgetrennt, die Schulen radikal slowenisiert und die österreichisch gesinnte Bevölkerung unter Druck gesetzt. Offizielle Kärntner Propaganda ist im besetzten Gebiet unmöglich. Eine Untergrundorganisation versucht, ihre Landsleute pro-österreichisch aufzuklären. Die Gewaltakte des SHS-Staates bleiben den Alliierten nicht verborgen. Rund einen Monat vor der Abstimmung, am 13. September, müssen die SHS-Truppen die Zone A verlassen. Doch noch können die Kärntner nicht aufatmen: Die fremden Uniformierten werden durch sogenannte »Prügelbanden« ersetzt, die die Bevölkerung einschüchtern sollen. Angesichts dieser Bedrohung ist bis zuletzt nicht sicher, ob die Abstimmung überhaupt ordnungsgemäß durchgeführt werden kann. Ein Reporter der *Neuen Freien Presse* berichtet: »Mit Knüppeln bewaffnet, drohen slowenische Prügelbanden vor den Abstimmungslokalen, belagern Straßen, wo wir hinkommen, werden wir mit drohendem Gemurmel [...] empfangen«. Schließlich, spät genug, erhalten die alliierten Offiziere den Befehl, »landfremde Elemente« aus der Zone A zu entfernen. Die Bewohner können ungestört den Weg zur Urne antreten.

Die ideologischen Trennlinien gehen quer durch die Familie. Der Onkel von Felizitas, der Bruder des Vaters, ist begeisterter Slowene. Hin und wieder kommt es zum Streit mit dem »treu deutschen Fräulein«: »Wie die Eltern in Laibach waren, da ist die Mutter mit dem Onkel zusammengesessen bei einem Gespräch. ›Vom Herzogsstuhl bis zum Großglockner wird alles wieder uns gehören‹, hat der Onkel gesagt. ›Ja, da setz ich mich drauf auf den Herzogsstuhl‹, hat die Mutter geantwortet.«

Die kleine Felizitas besucht ihre Großmutter auch in der Zeit der Besetzung. »Bei der Großmutter haben wir eigentlich nicht so viel gemerkt von den fremden Soldaten. Nur dass jetzt eine Abstimmung kommt. Worüber abgestimmt wird, das haben wir als Kinder schon gewusst. Ich erinnere mich noch gut an die Abstimmungszettel: Für Österreich war Grün und für Slowenien war Weiß.« Schon die Volksschülerin versteht, welche wichtige Frage die Erwachsenen zu entscheiden haben. »Damit wir nicht zu Jugoslawien gehören nachher. Ist ja klar. Wer hätte denn wollen. Wir haben noch immer deutsch bleiben wollen.«

Am 10. Oktober 1920 entscheidet die Bevölkerung über das weitere Schicksal Kärntens. 59 Prozent der Einwohner der vom SHS-Staat besetzten Zone A stimmen für den Verbleib bei Österreich, darunter viele Menschen mit slowenischer Muttersprache. Dadurch entfällt eine Abstimmung in der nördlichen Zone B.

Die Presse nimmt das Pro-Österreich-Ergebnis begeistert und nicht frei von Pathos auf: »›Aber es kommt ein Tag!‹ Und dieser Tag war der 10. Oktober 1920. Da erquoll alles Leid und alle erlittene Schmach, in dem beseligenden Bewusstsein, eine große Tat vollbracht zu haben. Kärnten frei und ungeteilt, Bestandteil der freien Republik! Und die Hoffnung, vereint zu werden mit dem großen Kulturvolke des Deutschen Reiches. Lodernde Freudenfeuer begrüßten die Wiedergeburt eines in Fesseln geschlagenen Volkes!«, schreibt der *Volkswille* am 23. Oktober 1920. Der Ton der *Neuen Freie Presse* ist als Wiener Zeitung etwas nüchterner: »Das Kärntner Volk, das für Österreich entschieden hat, hat sich zu einer armen, selbst von vielfachem Elend, von unendlicher Not bedrängten und von Feinden umgebenen Heimat bekannt [...] Die Kärntner haben vor ihren Nachbarn im Osten und Westen, vor Bauern des steirischen Murtales und den unglücklichen Südtirolern voraus, dass ihr Recht auf Selbstbestimmung, dasselbe Recht, das den anderen verwehrt blieb, anerkannt wurde«.

»Das haben wir gewusst, dass wir Glück gehabt haben, dass wir bei Österreich bleiben«, schildert die alte Dame ihre damaligen Gefühle. »Die Mutter hat gesagt: ›Freilich, was sollten sie denn machen. Da müssen die Bauern übern Loibl nach Laibach gehen, ihr Gemüse verkaufen, oder was sie sonst halt haben.‹ In Klagenfurt am alten Platz war der Wochenmarkt, da ist von Unterkärnten alles raufgekommen und hat die Sachen verkauft. Sonst hätten sie nach Laibach auf den Markt gehen müssen. Und schon deswegen, hat meine Mutter gesagt, haben viele für Österreich gestimmt.«

Die Kärntner deutscher und slowenischer Muttersprache haben der Welt gezeigt, dass sie selbst über ihr Schicksal bestimmen wollen. Im Gegensatz zu anderen Gebieten haben sie die Sieger über ihre Zukunft abstimmen lassen. Doch die folgenden Jahrzehnte werden für Kärnten, vor allem für die gemischtsprachigen Gebiete, noch schwierige Zeiten bringen. Die durch Abwehrkampf, Verbrechen des Nationalsozialismus und Schrecken des Zweiten Weltkrieges geschlagenen Wunden werden das Verhältnis zwischen deutsch- und slowenischsprachigen Kärntnern noch lange belasten.

Felizitas Wester weiß über die Spannungen Bescheid: »Man hört so viel, dass es immer Reibereien gegeben hat, auch nach der Abstimmung und später. ›Das sind Slowenen, nein, mit denen sind wir nicht gut‹ oder ›Das sind Windische, mit denen sind wir nicht gut‹. Das hat ziemlich lang gedauert, und das wird es immer noch geben. Das sieht man ja auch am Ortstafelstreit. Es waren ja viele Leute nicht dafür, dass man mehr zweisprachige Tafeln aufstellt. Mir tut es leid, dass ich nicht

Slowenisch gelernt habe. Wir haben wohl slowenische Lieder von der Cousine gelernt, aber mehr weiß ich nicht.« Die 101-Jährige ist heute noch froh über den Ausgang der Abstimmung: »Sonst wären wir ja Slowenen jetzt. Sonst wären wir so wie die Slowenen bei uns, eine Minderheit.«

5. KAPITEL

»Wir haben kaum etwas zu essen gehabt.«

**Frieda Jeszenkowitsch,
Fritz Propst,
Felizitas Wester und
Marko Feingold**

über Hunger und soziales Elend in
den Zwanzigerjahren

1920

Frieda Jeszenkowitsch,
geboren 1909,
Burgenland

Die alte Frau trägt ein schwarzes Kopftuch und stützt sich
schwer auf ihren Stock. Sie war schon öfter im Haus der
Eltern und doch fürchtet sich Frieda ein wenig vor der
Alten. Der zahnlose Mund entstellt das runzelige Gesicht
und das dunkle, fleckige Gewand verströmt einen eigenarti-
gen Geruch. Die Mutter besteht darauf, dass Frieda die selt-
samen alten Leute, die immer wieder in die Wohnung
kommen, höflich grüßt. Marie, das Hausmädchen, nimmt
der alten Frau ihre Tasche ab und holt ein abgeschlagenes
Reindl hervor. Die Mutter weiß, was zu tun ist.

»Die ganz armen Leute, die im Armenhaus gewohnt haben,
sind auf verschiedene Häuser aufgeteilt worden, um sich das
Essen zu holen«, weiß die Lehrertochter Frieda Jeszenkowitsch. »Die Mama ist beim Herd gestanden und die Frau aus
dem Krankenhaus, sie haben Krankenhaus zu dem Armenheim
gesagt, ist in die Küche gekommen. Das Mädel hat die Tasche
genommen, hat sie aufgehalten und da war ein Häferl oder ein
Reindl drin, und die Mama hat vom Herd das Essen hineinge-
füllt. Obwohl die alten Leute gesundheitlich schon so arm dran
waren, haben die sich noch selber das Essen tragen müssen.
Jeder wurde von einem Haus versorgt.«

In dem bürgerlichen Haushalt, in dem die kleine Frieda
aufwächst, merkt man das Kriegsende auch daran, dass wieder

mehr Hilfskräfte zu bekommen sind. »Die Versorgung mit Hilfen war dann auch anders. Denn eine Frau in einer Wirtschaft mit Kindern hatte vorher nur Helfer bekommen. Das waren alte Männer, die sich schon längst vom Arbeitsprozess abgesetzt haben. Oder aber alleinstehende Frauen, die haben geholfen. Oder ärmere Frauen, die haben sich während ihrer arbeitsfähigen Zeit nichts erwirtschaftet, weil der Kinderreichtum vorhanden war.«

Bürgerliche Familien sind wichtige Arbeitgeber für ärmere Bevölkerungsschichten. »Fast jedes Bürgerhaus in Rust hat eine Tagelöhner-Familie dadurch gesichert, dass es ihr ein Haus zur Verfügung gestellt hat oder sie im eigenen Haus hat wohnen lassen. Es gab die Landhöfe mit einer zweiten Wohnung.«

Die Lebensmittelknappheit ist in der jungen Republik eines der größten Alltagsprobleme. Hunger ist allgegenwärtig und auch auf dem Land ist die Versorgung mit Nahrungsmitteln schwierig. »Es war halt nicht alles zum Essen da«, beschreibt Felizitas Wester die damalige Lage. »Der Staat hat vor Kriegsende zu wenig gespart, dann ist nicht mehr genug da gewesen, nach dem Krieg. Wenn der Vater wo gearbeitet hat, zum Beispiel bei Bauern Licht eingeleitet hat, da hat er sich gerne Mehl geben lassen. Bei der offiziellen Mehlausgabe war auch der Arzt dabei und im Mehl waren Würmer drinnen. Das musste man durchseien, was anderes hat man nicht machen können. Das war schwer. Brot gab es wenig. Die Bauern haben den Leuten die Milch nicht geben wollen. Die haben sie lieber den Schweinen gefüttert als zu verkaufen.« Die Erinnerung, nach über 90 Jahren immer noch präsent, zeigt, wie lebensbestimmend das Thema Essen damals war. »Wir sind halt manchmal zu den Bauern hamstern gegangen mit der Mutter, damit wir ein bisschen Milch dazubekommen. Ziegen und Hühner haben wir auch gehabt. Was war noch? Ein Schwein hat die Mutter immer gefüttert, das wir dann im Herbst geschlachtet haben. Manchmal hat sie auch im Herbst irgendein Schaf gekauft, dann haben wir das Schaf geschlachtet und die Schafwolle verkauft. Die ist dann verarbeitet worden. Die Bauern haben die selbst bearbeitet und gesponnen. Aber wir haben sie machen lassen und aus der gesponnenen Wolle hat uns die Mutter Strümpfe gestrickt.«

Fritz Propst erinnert sich an eine Zeit, in der verdorbenes Obst und Gemüse ihn und seine Geschwister am Leben erhalten haben:»Mein Vater hat keine Alimente geschickt, und wir haben kaum etwas zu essen gehabt. Die Großeltern haben selbst nicht sehr viel gehabt. Die haben ein kleines Knopfgeschäft betrieben. Sie konnten uns auch nicht sehr unterstützen. So bin ich mit meiner Mutter als kleiner Knirps am späten Nachmittag oft zu Fuß vom Stadtrand bis zum Naschmarkt gegangen. Da haben die Standler die Sachen, also Gemüse und Obst, das am nächsten Tag verdorben wäre und nicht mehr verkauft werden konnte, herausgestellt. Die armen Leute sind gekommen und haben sich da die Taschen gefüllt. Davon haben wir gelebt. Meine Mutter hat aus dem verdorbenen Obst Kompott gemacht und Gemüse, und das war unser Leben.«

Am Beginn der Zwanzigerjahre ist Österreichs wirtschaftliche Situation katastrophal: Mit dem Zerfall der Monarchie sind die natürlichen Absatzgebiete österreichischer Erzeugnisse unerreichbar, sie stoßen nun auf hohe Zölle der Nachfolgestaaten. Umgekehrt hat Österreich riesige Industrie-, Landwirtschafts- und Kohleabbaugebiete verloren. Die Bauern können im Jahr 1919/20 nur mehr 50 Prozent des Lebensmittelbedarfes decken. Kohle ist fast nicht mehr erhältlich. Aufgrund des Energiemangels müssen viele Industriebetriebe schließen, was wiederum mehr Arbeitslose bedeutet. Ein Teufelskreislauf, aus dem es kein Entrinnen zu geben scheint. Das Leben der Menschen ist unerträglich geworden: Unterernährt und völlig unzureichend gekleidet müssen sie sich auch im Winter in endlosen Schlangen um die wenigen Lebensmittel anstellen, die ausgegeben werden können. Viele stecken sich dabei mit der weltweit grassierenden »Spanischen Grippe« an. Mangelnde Hygiene aufgrund des akuten Seifenmangels und unzureichende ärztliche Versorgung lassen die Zahl der Todesopfer sprunghaft ansteigen.

Der aus der Schweiz zurückgekehrte Stefan Zweig ist entsetzt: »Zum ersten Mal sah ich einer Hungersnot in die gelben und entsetzlichen Augen. Das Brot krümelte sich schwarz und schmeckte nach Pech und Leim, Kaffee war ein Absud von gebrannter Gerste, Bier ein gelbes Wasser, Schokolade gefärbter Sand, die Kartoffeln erfroren [...] die Männer schlichen ausschließlich in alten, sogar russischen Uniformen herum [...] Jeder Schritt durch die Straßen, wo die Auslagen wie ausgeraubt standen [...] und die Menschen sich, sichtlich unterernährt, mühsam zur Arbeit schleppten, machte einem die Seele verstört«, beschreibt er die Not seiner Landsleute in *Die Welt von Gestern*.

Zu Hunger und Mangel kommt die steigende, später galoppierende, Inflation: Hatte eine Wiener Arbeiterfamilie im Jahr 1919 circa 2500 Kronen Lebenshaltungskosten, so war es im Jahr darauf bereits annähernd das Doppelte. 1921 wird es mehr als das Dreifache sein. Die Wiener wissen nicht, dass der Zenit der Inflation noch nicht erreicht ist.

»Teuerung ohne Ende – Weitere sprunghafte Erhöhung der Fleisch- und Fettpreise«. Dieser Aufmacher des *Neuen 8 Uhr Blattes* am 30. November 1921 bringt das Fass zum Überlaufen. Tags darauf demolieren außer Rand und Band geratene Demonstranten Lokale und Geschäfte und schleppen davon, was sie tragen können. 300 Polizisten schützen hauptsächlich das Parlament und öffentliche Gebäude. Das Bundesheer kann nicht herangezogen werden, es nimmt gerade das neue Bundesland, das Burgenland, in Besitz. Die Demonstrationen zeigen Wirkung: Der Finanzminister verspricht, die Vermögenden stärker zu besteuern. Die *Arbeiter-Zeitung* kommentiert: »Die Wiener Arbeiter haben in den letzten drei Jahren wahrlich schier übermenschliche Einsicht, Besonnenheit, Geduld bewiesen. Sie haben verstanden, in welch entsetzlicher Lage sich der durch das Diktat der Sieger in lebensunfähiger Gestalt geschaffene Staat befindet. Sie haben verstanden, dass keine Regierung, wäre es welche immer, von heute auf morgen der Wirtschaftszerrüttung Herr werden könnte, die die Folge des Krieges, der Niederlage, des Gewaltfriedens ist. Aber die Schreckensteuerung der letzten Wochen hat die Geduld der Massen auf eine allzu entsetzliche Probe gestellt. Wenn der Arbeiter sieht, wie von Stunde zu Stunde die Kaufkraft seiner Lohnkrone zusammenschrumpft [...], wie er seine Kinder nicht mehr sättigen, seine Stube nicht mehr heizen, die zerlumpten Kleider und Schuhe nicht mehr durch neue ersetzen kann, während sich gleichzeitig in unserer Stadt der schamlose Luxus des die Not der Zeit ausbeutenden neuen Reichtums frech breitmacht, dann ist es wahrlich kein Wunder, dass

Verzweiflung und Wut schließlich nach einem Ausdruck suchen.«[22]

Die Wirtschaft der jungen Republik liegt am Boden, die meisten Familien bekommen die große Not unmittelbar zu spüren. »Die Eltern haben Kriegsanleihen gezeichnet und das Geld war dann futsch. Der Vater hat öfter gesagt, er hat nicht nur den Krieg verloren, sondern auch die Kriegsanleihen. Später ist ja überhaupt das Geld entwertet gewesen«, erzählt Felizitas Wester.

*

1920
Fritz Propst,
geboren 1916,
Wien

»Leise, Kinder«, mahnt die Mutter. »Ihr wisst doch, dass die Großeltern keinen Lärm vertragen.« Fritz und sein Bruder schweigen schuldbewusst, nur ihre kleine Schwester brabbelt weiter vor sich hin. Wieder einmal haben sie zu streiten begonnen, wieder einmal waren sie laut. Dabei wollen sie der Mutter doch keinen Kummer machen. Fritz weiß, dass die Mama es schwer hat: Der Vater ist verschwunden und schickt kein Geld. Sie wohnen zu viert in einem kleinen Kabinett in der ohnehin beengten Wohnung der Großeltern. Nachts schlafen die Mutter und die drei Kinder in einem Bett, tagsüber dient der enge Raum dem Onkel als Werkstatt. Jetzt, am Abend, sitzen sie um den Werktisch und versuchen sich möglichst leise zu beschäftigen. Nach der

Mahnung der Mutter ist es ruhig im Kabinett. Plötzlich zerreißt ein lautes Knarren die Stille. Der Fußboden unter ihnen bebt. »Raus hier!«, schreit die Mutter und schnappt ihr Jüngstes. Fritz und sein Bruder springen ebenfalls auf und rennen aus dem Zimmer. Kaum haben sie das Vorzimmer erreicht, hören sie ein ohrenbetäubendes Krachen. Fritz kann den Anblick kaum fassen: Wo Sekunden zuvor ein Tisch stand, gähnt nun ein riesiges Loch im Fußboden.

Diese Schrecksekunden wird Fritz Propst bis an sein Lebensende nicht vergessen: »Eines Tages ist der Fußboden von unserem Zimmer in den Stall hinuntergestürzt und hat das Pferd erschlagen. Das musste notgeschlachtet werden. Der Kutscher war zum Glück gerade nicht da, sodass ihm nichts passiert ist. Wir mussten sofort eine Wohnung finden.«

Die Armut der Familie ist bedrückend: »Wir haben bei den Großeltern gewohnt. Das war ein altes Haus, also ein Fuhrwerksgebäude eigentlich. Jetzt ist ein Gemeindebau dort, am Cherieplatz im 2. Bezirk. Unter uns war ein Stall. In der Wohnung haben nicht nur meine Großeltern gewohnt, sondern auch noch meine drei Onkel. Insgesamt waren es zwei Räume, Küche und Vorzimmer. Wir haben im Kabinett geschlafen, das von meinem jüngsten Onkel als Werkstatt benutzt wurde. Da war ein großes, breites Bett und der Werktisch war unser Mittagstisch. Dann war da noch die Küche, wo wieder zwei Onkel geschlafen haben. Also so viele Personen auf ganz kleinem Raum.« Der soziale Wohnungsbau macht es möglich, dass die geschiedene Frau mit ihren drei Kindern eine Wohnung beziehen kann: »Damals hat die Gemeinde Wien begonnen,

Gemeindewohnungen zu bauen, und da haben wir im ersten Haus, das fertig war, im 10. Bezirk eine Wohnung bekommen. Auch nur ein Zimmer und ein Kabinett für vier Personen. Meine Mutter und meine Schwester haben in einem Zimmer und wir Brüder im kleinen Raum geschlafen.«

Familie Feingold verfügt zwar über eine eigene Wohnung, doch auch hier sind die Behältnisse beengt, wie sich Marko Feingold erinnert. »Nach Kriegsende wohnten wir sehr mühselig, im 20. Bezirk, in der Donaueschingenstraße. Wir hatten nur ein Zimmer und eine Küche, obwohl wir ja vier Kinder waren. Wenn man bedenkt, man war damals sehr zufrieden damit, obwohl Klo und Wasser im Hof waren. Dann sind wir übersiedelt, 1920, in die Stuwerstraße. Da war schon Wasser und Klo am Gang für mehrere Parteien. Von dort sind wir übersiedelt in die Lassallestraße, da hat man schon Wasser und Klo in der Wohnung gehabt. Das sind die drei Abstufungen, die man so nennen muss.«

Fritz Propst, der als kleiner Bub glücklich war, in eine Gemeindewohnung ziehen zu dürfen, weiß über die damalige Wohnungsnot Bescheid: »In den Arbeiterbezirken, in den alten Zinshäusern, haben zehn, zwölf Leute in einer Wohnung gewohnt, aber es gab kein Klo und keine Wasserleitung in der Wohnung. Wasser und Klo war für alle Parteien auf dem Gang. Gleichzeitig herrschte eine große Wohnungsnot, weil nach dem Zusammenbruch des Habsburgerreiches sehr viele Leute aus der Tschechoslowakei oder aus den umliegenden Gebieten nach Wien gezogen sind. Da hat die Gemeinde Wien aus den Mitteln der Wohnbausteuer sehr viele Gemeindewohnungen gebaut. Stadtrat Hugo Breitner hat ja gesagt ›Wir haben kein Geld, die Reichen sollen das bezahlen.‹ Ab einer bestimmten

Einkommenshöhe musste man Wohnbausteuer zahlen und damit wurden die Gemeindewohnungen gebaut. Dort konnte man zu einem ganz niedrigen Zins, einem Schilling, wohnen. Allerdings ist noch das Zehnfache als Erhaltungsbeitrag dazugekommen, weil man ja mit einem Schilling die Häuser nicht erhalten konnte. Es wurde sehr viel von der Gemeinde Wien gemacht: In jedem Bezirk wurde ein Bad gebaut, damit die Arbeiter die Möglichkeit hatten, sich zumindest einmal in der Woche richtig zu waschen. Tröpferlbad haben wir das genannt.«

Anfang der Zwanzigerjahre ist die Wohnsituation der meisten Wiener, wie fast alle anderen Lebensbereiche, trist. Ein Drittel der Menschen besitzt überhaupt keine eigene Unterkunft. Auch alle anderen wohnen schlecht: Nur 15 Prozent der Wohnungen besitzen ein eigenes WC und Fließwasser.

Am 1. Jänner 1922 wird Wien zum Bundesland erhoben, was der regierenden SDAP (Sozialdemokratische Arbeiterpartei) durch die Finanzoberhoheit der Stadt zusätzliche gestalterische Möglichkeiten eröffnet. Finanzstadtrat Hugo Breitner führt die Wohnbausteuer ein: Nicht die Mieter, sondern die Reichen sollen für den sozialen Wohnbau aufkommen. Die Besteuerung der Wohlhabenden ist außerordentlich hoch, was den Klassenkampf in Wien verschärft. Zwischen 1919 und 1934 werden aus diesen Mitteln 64 000 Wohnungen errichtet. Sie bieten den bisher unter erbärmlichen Umständen hausenden Arbeiterfamilien einen Komfort, den vor dem Krieg auch so manche großbürgerliche Familie noch nicht gekannt hat. Fließendes Wasser und Toilette in der Wohnung, Gas und Stromanschluss, ein eigenes Vorzimmer wurden zum Standard der neu errichteten Wohnungen. Allerdings gibt es keine Badezimmer, der Hygiene dient ein dichtes Netz von öffentlichen Wannen- und Brausebädern, den »Tröpferlbädern«. Auch wenn die Gemeindewohnungen im Schnitt nur klein sind, sind sie die Pionierleistung des »Roten Wien«. Außerdem werden Arbeiterheime, Schulen, Kindergärten, Mütterberatungsstellen, Badeanstalten und sogar Krematorien gebaut, sehr zum Missfallen der Bürgerlichen, deren Zinshäuser zunehmend verfallen. Doch nicht nur der Wohnbau soll im »Roten Wien« reformiert werden, sondern auch das Leben und die Bildung der Menschen, vor allem der vielen Kinder, die in diesen »von den Mitteln der Wohnbausteuer errichteten« Häusern wohnen. Der Präsident des Wiener Stadtschulrats reformiert die Volksschulbildung, die Arbeiterkinder sollen nicht nur Wissen, sondern auch Selbstbewusstsein erwerben. »Bruder, lass den Kopf nicht hängen, kannst ja nicht die Sterne sehen, aufwärtsblicken, vorwärtsdrängen, wir sind jung und das ist schön!«, heißt es in einem »roten« Lied, das in dieser Zeit mit Begeisterung gesungen wird. Bei den »Roten Falken«, der sozialdemokratischen Jugendorganisation, werden Jugendliche gefördert und gleichzeitig ideologisch auf Linie gebracht.

Am 12. Oktober 1930 wird eines der Prestigeprojekte des »Roten Wien« von Bürgermeister Seitz eröffnet: der monumentale Karl-Marx-Hof in Heiligenstadt. Die *Arbeiter-Zeitung* berichtet: »Die Gesamtfläche des Karl-Marx-Hofes beträgt 156 000 Quadratmeter, davon sind nur 18,4 Prozent verbaut. 1400 Wohnungen sind vorhanden, etwa 5000 Menschen wohnen darin, das ist die Einwohnerzahl einer kleineren Stadt. Wie es für die Bauweise unserer Stadtverwaltung selbstverständlich ist, verfügt die Anlage über eine ganze Reihe sehr wichtiger Gemeinschaftseinrichtungen. Eine Wohltat für die

Bewohner sind die zwei großen Zentralwäschereien, die zur Vermeidung der Rußplage elektrisch beheizt werden. Zwei modern ausgestattete Kindergärten gibt es, eine Schulzahnklinik, ein Jugendheim, eine Bibliothek, zwei Badeanlagen mit Brause- und Wannenbädern. Die Anlage hat auch ein eigenes Postamt, eine Apotheke, ein Krankenkassenambulatorium und viele Geschäftslokale.«[23] Nur vier Jahre später, im blutigen Februar 1934, werden Kanonen des Bundesheeres auf die Anlage schießen.

6. KAPITEL

»Eigentlich waren wir Niemandsland.«

Frieda Jeszenkowitsch und Alois Mayrhofer

über Österreichs jüngstes Bundesland und seine ungarischen Wurzeln

1921

Frieda Jeszenkowitsch,
geboren 1909,
Burgenland

Der Vater ist heute ungewöhnlich still. Frieda, ihre beiden
Geschwister und die Eltern essen gerade zu Mittag. Für
gewöhnlich plaudert der Vater mit der Mutter und den
Kindern, manchmal erzählt er lustige Geschichten aus
seinem Alltag als Lehrer. In letzter Zeit wird auch öfters
über Politik gesprochen. Die zwölfjährige Schülerin hört
den Erwachsenen genau zu. Ist es gut, dass Deutsch-
Westungarn zu Österreich kommen soll? Ist es bei der
Ödenburger Volksabstimmung mit rechten Dingen zugegangen? Was wird aus den ungarischen Beamten werden,
wenn ihre Heimat zu Österreich gehört? Der Vater war
immer ein stolzer und treuer Diener der ungarischen Krone.
Wird man ihn kündigen? Manchmal wird der Vater, der
sonst die Ruhe in Person ist, sogar laut. Doch heute scheint
er verstummt zu sein. Frieda spürt, dass etwas in der
Luft liegt. Plötzlich räuspert sich das Familienoberhaupt:
»Kinder, ihr wisst, dass wir jetzt zu Österreich gehören. Ab
jetzt wird zu Hause nur noch Deutsch gesprochen!«

Es ist verständlich, dass sich die Rusterin an diesen Tag besonders gut erinnert. Ihr Vater, dessen Muttersprache Deutsch
war, sprach mit seinen Kindern zu Hause nur Ungarisch. »Wir
waren ja Ungarn. Wir haben zu Ungarn gehört. Und wir
haben auch alle perfekt Ungarisch gesprochen. Mein Vater war

Lehrer und war verpflichtet, auch in der Familie Ungarisch zu sprechen. Außerhalb der Familie haben wir den Ruster Dialekt gesprochen und mit den Großeltern haben wir Deutsch gesprochen. Aber mit den Eltern nie«, erinnert sich die 101-Jährige.

Das heutige Burgenland gehörte jahrhundertelang zum Königreich Ungarn. In Westungarn lebten fünf verschiedene Volksgruppen: Ungarn, die nur einen kleinen Teil des Staatsvolkes ausmachten, Deutsche, Kroaten, Roma und Sinti. Lange Zeit gestaltete sich das Zusammenleben dieser Volksgruppen unproblematisch. Im Zuge des Ausgleichs 1867 werden die Rechte und das Selbstbewusstsein der ungarischen Reichshälfte gestärkt. Möglichst viele Bürger sollen zu einem magyarischen Staatsbewusstsein erzogen werden. Dabei spielt das Erlernen der ungarischen Sprache eine wesentliche Rolle. Vor allem in den Gymnasien werden die Kinder deutschsprachiger Familien zu glühenden Ungarn erzogen.

»Schon im Kindergarten wurde auch Ungarisch gesprochen. Manche Kinder erlernten erst dort die ungarische Sprache, die Umgangssprache in Rust war ja Deutsch. Die ungarischen Schulen waren so, dass man schon eine Deutschstunde hatte. Aber sonst gab es nichts. Die Fächer wurden nur ungarisch unterrichtet.« Frieda Jeszenkowitsch hat in ihren ersten Schuljahren noch täglich auf Ungarisch gebetet und die ungarische Hymne gesungen. »Ob ich sie Wort für Wort kann, weiß ich nicht mehr. Ich spreche jetzt fast 80 Jahre kein Ungarisch. Ich kann sie Ihnen übersetzen: Gott segne den Ungarn mit Wohlstand, mit Wohlergehen«, zitiert die alte Dame stolz. Der ungarische Zentralismus, der sich auch in der Erziehung an den Schulen zeigt, bereitet der ursprünglich deutschsprachigen Lehrerfamilie keine Probleme: Der Vater gibt sich selbst betont ungarisch. »Die Ungarn waren eine Nation, die sehr stolz war auf ihr Land. Sie sind es heute auch«, resümiert Frau Jeszenkowitsch.

Umso härter trifft die Ungarn der 1920 abgeschlossene Friedensvertrag von Trianon: Das stolze Reich verliert nach dem Willen der Sieger zwei Drittel seines Staatsgebietes. »Ungarn wurde ja damals eigentlich Schrumpfungarn, so viel hat man den Ungarn weggenommen«, sagt Frieda Jeszenkowitsch nachdenklich. Ein Teil dieses Gebietes ist das heutige Burgenland, das ehemalige Deutsch-Westungarn. Bereits vor Ausbruch des Krieges hat der »Verein zur Erhaltung des Deutschtums« die Angliederung Westungarns an die österreichische Reichshälfte gefordert. Nach dem Zusammenbruch der Doppelmonarchie gewinnt diese Frage an Aktualität. In Petitionen fordern westungarische Gemeinden die Vereinigung mit Österreich.

Seitens der Alliierten heißt es schließlich lapidar, dass man »es für richtig befunden habe, Österreich jene Gebiete Westungarns anzugliedern, die von einer geschlossenen deutschen Bevölkerung bewohnt sind und deren landwirtschaftliche Produkte für die Ernährung Wiens und anderer Zentren einen wichtigen Bestandteil bilden«.[24]

4000 Quadratkilometer und rund 285 000 Menschen sollen an Österreich gehen: Doch als die österreichische Gendarmerie am 28. August 1921 das der Republik zugesprochene Gebiet in Besitz nehmen will, stößt sie auf bewaffneten Widerstand. Freischärler, eigens aus dem ungarischen Hinterland angereiste Freiwillige, wollen verhindern, dass das ehemalige Deutsch-Westungarn an Österreich fällt.

*

1921

Alois Mayrhofer,

geboren 1913,
Niederösterreich

Es ist ganz ruhig auf der Wiese. Der achtjährige Alois sitzt im Gras und beobachtet gedankenverloren einen gelben Schmetterling. Sein Freund liegt neben ihm auf dem Rücken und scheint zu dösen. Die beiden Bauernsöhne sind zum Kühehalten auf einer Weide oberhalb von Kirchschlag. Und das ist auch gut so, findet Alois. Besser auf die Kühe schauen, als in der Schule sitzen und die lästigen Fragen des Lehrers beantworten. Außerdem ist es heute hier heroben besonders spannend: Soldaten haben hinten am Waldesrand einen Stellungsgraben ausgehoben. Die Männer waren mürrisch und wortkarg, aber so viel hat Alois herausbekommen: Es droht Gefahr von den ungarischen Freischärlern, die sich im benachbarten Gebiet herumtreiben. Aber warum sollten sie das beschauliche Kirchschlag angreifen? Die Soldaten müssen ähnlich denken, denn sie haben sich ihre schäbigen Uniformoberteile ausgezogen und genießen die ersten Sonnenstrahlen des Tages. Plötzlich hört Alois ein eigenartiges Surren. Fast zeitgleich fährt etwas in die Wiese neben ihn, Erde und Grasbüschel fliegen durch die Luft. Für den Bruchteil einer Sekunde starrt das Kind verständnislos auf den aufgewühlten Boden. Die Straße, die sich unter ihnen durch das Tal schlängelt, ist plötzlich schwarz vor uniformierten Männern. Die österreichische Stellung ist unter

Beschuss. »Alarm!«, schreit der Achtjährige und ist plötzlich außer Atem vor Angst. Die Soldaten fluchen und
springen in den Graben. Patronengurte werden in die
Maschinengewehre gezogen, Waffen entsichert. Dann
erwidern die Österreicher das Feuer.

»Wir waren drei Buben und haben Küh' g'halten auf der
Wiesen. Die Kugeln sind über die Köpfe gesurrt und dann sind
sie eingeschlagen. Wenn eine Kugel in die Erde fährt, spritzt
die Erde auf. Wir haben Fersengeld gegeben, sind mit den
Viechern heimgelaufen«, erinnert sich Alois Mayrhofer an den
größten Schrecken seiner Kindheit.

In den frühen Morgenstunden des 28. August 1921 rücken
Gendarmerie und Zollwache, insgesamt fast 2000 Mann, in
Erfüllung der Friedensverträge in das Burgenland ein. Im
nördlichen Teil des Landes geht die Inbesitznahme zunächst
reibungslos vor sich. Als die Gendarmerie westlich von Ödenburg in Agendorf einmarschiert, eröffnen Heckenschützen das
Feuer. Bis zu diesem Zeitpunkt waren alle Versuche der
ungarischen Diplomatie, den Verlust Deutsch-Westungarns
zu verhindern, gescheitert. Als letzte Maßnahme kommen
nun Freischärler zum Einsatz: Sie sollen der Weltöffentlichkeit zeigen, dass sich das Volk mit Waffen gegen die österreichische Besetzung zur Wehr setzt. Tatsächlich stammen
sie jedoch nicht aus dem Gebiet des heutigen Burgenlandes, sondern reisen aus Innerungarn an, um gegen die
Österreicher kämpfen zu können. Es handelt sich um Freiwillige, die unter allen Umständen verhindern wollen, dass
Deutsch-Westungarn zu Österreich kommt: Nationalisten,

aber auch Abenteurer, ehemalige Soldaten und Schüler aus Budapest. Für viele Ungarn sind sie Helden, die ihren Boden verteidigen.

Da man in Wien ein Übergreifen der Kämpfe auf Niederösterreich befürchtet, bezieht das österreichische Heer Stellung an der ehemaligen Grenze zwischen Österreich und Ungarn. In den Morgenstunden des 5. September 1921 greifen ungarische Freischärler an. Diesem Angriff liegt laut Historiker Gerald Schlag folgende Strategie zugrunde: »Man hat geplant, das Bundesheer bei Kirchschlag anzugreifen. Man hat gewusst, sie werden sich verteidigen, und hat gehofft, dass dann das ungarische Heer eingreift. Man wusste genau, wenn es zu einem Krieg kommt, besetzt das ungarische Heer nicht nur das Burgenland, sondern auch Wien und weite Teile des Westens. Dann hätte man ein Faustpfand gehabt; dann hätte man wieder verhandeln können: Wir räumen zwar Wien, dafür bekommen wir das Burgenland zurück.« Tatsächlich gelingt es den zahlenmäßig überlegenen Angreifern, bis an die ersten Häuser von Kirchschlag vorzurücken.

Der damals achtjährige Alois Mayrhofer erlebt Stunden, an die er sich auch nach 90 Jahren noch lebhaft erinnert. »Das dritte Haus von uns weg war der Verbandsplatz. Ich hab gesehen, wie sie einen österreichischen Soldaten in einem Strohkorb geführt haben, schwer verwundet. Einer wurde von zwei anderen Soldaten gehalten.« Dem Kind werden Geschichten erzählt, die er auch als alter Mann nicht vergessen kann: »Einen österreichischen Soldaten haben sie nackt am Grenzbaum aufgehängt. Einen österreichischen Sanitäter, der einen Freischärler verbunden hat, hat ein anderer Freischärler mit dem Bajonett erstochen. Die waren brutal.«

Den Bundesheersoldaten gelingt es, den Angriff abzuwehren. Die Freischärler ziehen sich zurück. Der Kampf um Kirchschlag ist zu Ende. Alois Mayrhofer erinnert sich an die allgemeine Erleichterung über das Eintreffen ausgeruhter Soldaten: »Wie ich munter war, hat die Sonne geschienen; ich hab aus dem Fenster geschaut und 100 Fahrräder gesehen. Es ist eine Radfahrkompanie aus Wiener Neustadt gekommen und hat Verstärkung gebracht. Es war ein Kampf von nicht einmal einem Tag.«

»Der karge Heimatboden, der uns noch geblieben ist, das kleine Stückchen Erde, das wir noch besitzen und das uns der Friede gelassen hat, darf nicht vogelfrei werden, und so stark muss unser Arm sein, dass wir mit raschen und sicheren Hieben eine Schar von militärisch verkleideten Apachen vertreiben können«, kommentiert die *Neue Freie Presse* unter dem Eindruck des Kampfes um Kirchschlag.[25]

In den wenigen Stunden der Kampfhandlungen müssen 16 Menschen ihr Leben lassen; auf beiden Seiten gibt es zahlreiche Verwundete. Die Angriffe der Freischärler auf niederösterreichisches und steirisches Grenzland können durch das Bundesheer abgewehrt werden, die Gendarmerie muss sich jedoch völlig aus dem Österreich zugesprochenen Gebiet zurückziehen. Die Entente-Offiziere, die die friedliche Übergabe des Burgenlandes überwachen sollen, unterstützen Österreich nicht. Sie raten, den Vormarsch vorläufig einzustellen. Das Bundesheer darf auf Wunsch der Alliierten nicht zum Einsatz gebracht werden. Österreich ist machtlos. Vorläufig haben die Freischärler ihr Ziel erreicht. Es gelingt Österreich nicht, den Widerstand der Freischärler zu brechen.

Italien übernimmt es, zwischen den ehemaligen Verbündeten zu vermitteln. Bundeskanzler Johann Schober und Ministerpräsident István Bethlen treffen sich zu Verhandlungen. Die
»Venediger Protokolle« vom 13. Oktober 1921 sind ein Kompromiss: Die ungarische Regierung verpflichtet sich, innerhalb
von drei Wochen für den Abzug der bewaffneten Einheiten zu
sorgen, Österreich willigt in die Abhaltung einer Volksabstimmung in Ödenburg ein. Es ist ein verdeckter Verzicht, denn die
Bestimmungen über den Ablauf des Referendums lassen eine
Niederlage Österreichs erwarten.

In Ödenburg und den betroffenen Umlandgemeinden entfaltet sich eine rege Agitationstätigkeit für beide Staaten. Das
zwei Jahre zuvor beendete Intermezzo einer kommunistischen
Räterepublik in Ungarn und die Gefahr eines kommunistischen
Putsches in Österreich birgt zusätzliches Propagandapoten-
zial. Auch um die kroatische Volksgruppe wird von beiden
Seiten geworben. Es wird viel versprochen, die Flugblätter
unterscheiden sich ihrem Inhalt nach kaum. Die Menschen, die
sich zwischen zwei Staaten entscheiden sollen, müssen zahlreiche Argumente gegeneinander abwägen. Für den Ödenburger Mittelstand sprechen viele Argumente gegen Österreich.
Die Republik ist nicht einmal drei Jahre alt, viele Bürger glauben nicht an ihr Bestehen. Die wirtschaftlichen Probleme
scheinen übermächtig. Die Inflation beträgt im Jahr 1921
300 Prozent; Hunger, Massenarbeitslosigkeit und soziale Unruhe
zeichnen ein düsteres Zukunftsbild. Für Arbeiter und Bauern
sind es vor allem existenzielle Probleme, die zählen. Nach
Ansicht des Historikers Gerald Schlag hingen die Argumente
pro und contra vom jeweiligen Berufsstand des Abstimmungs-
berechtigten ab: »Man kann sagen, dass ein Großteil der

Bauern und Arbeiter für Österreich war. Alle, die vom Staat abhingen, haben für Ungarn gestimmt, weil sie gefürchtet haben, dass eine Niederlage der Ungarn schwere Folgen für sie haben könnte.«

Am 14. und 16. Dezember 1921 machen rund 27 000 Menschen von ihrem Abstimmungsrecht Gebrauch. Zuvor hatte die österreichische Regierung bei den Alliierten dagegen protestiert, dass die österreichfreundliche Bevölkerung von den ungarischen Behörden unter Druck gesetzt werde und die Zusammensetzung der Wahllisten willkürlich sei. Das Ergebnis des Referendums wird von der Bevölkerung mit Spannung erwartet. Rund 15 000 Stimmen entfallen auf Ungarn, rund 8000 auf Österreich. In Ödenburg selbst stimmen 72,8 Prozent für Ungarn. Einige Ödenburger Umlandgemeinden verbleiben bei Ungarn, obwohl sie mehrheitlich für Österreich gestimmt hatten. Trotz Unregelmäßigkeiten bei der Durchführung der Abstimmung wird das Ergebnis schließlich von den Alliierten anerkannt. Frieda Jeszenkowitsch erinnert sich an die Zweifel der Erwachsenen am fairen Ablauf der Abstimmung: »Man hat vermutet, dass es dabei nicht ganz einwandfrei zugegangen ist. Ganz so, wie abgestimmt worden ist, hat man nachher nicht gehandelt.«

Für die burgenländische Bevölkerung ist der Verlust Ödenburgs eine Wunde, die erst allmählich verheilen wird. »Jeder hat bedauert, dass Ödenburg nicht dabei war. Denn das war die Stadt für dieses Gebiet«, sagt die alte Dame heute. Einen Monat nach dem Kompromiss von Venedig kann das Bundesheer das umstrittene Gebiet friedlich in Besitz nehmen. Am 14. November 1921 schildert ein »Spezialkorrespondent« der *Neuen Freien Presse* den Einzug des Heeres in Eisenstadt:

»Stramm und in prächtiger Ordnung hält die österreichische Wehrmacht Einzug in der Geburtsstadt Haydns, nimmt sie Aufstellung auf dem weiten Platz [...] Die Bevölkerung, die durch den Einzug überrascht wurde, eilt herbei und bereitet den Truppen Ovationen, die Musik intoniert die österreichische Nationalhymne und das Hoch auf Österreich [...] findet tausendstimmigen Widerhall«.

Der Kampf um das Burgenland ist zu Ende, aber die Menschen müssen sich erst an einen neuen Staat gewöhnen. Auch die kleine Frieda bemerkt die Unsicherheit der Erwachsenen: »Sie wollten schon zu Österreich, aber es fiel ihnen schwer. Sie waren ja vor 1918 richtige Ungarn. Es war dann eigentlich Niemandsland, könnte man sagen. So hat man sich gefühlt. Wir waren keine Ungarn mehr und waren noch keine Österreicher und sind dann Burgenländer geworden.«

Auch im Alltag macht sich die Umstellung nach und nach bemerkbar: In der Schule wird der Unterricht auf Deutsch umgestellt, rein ungarischsprachige Beamte werden durch deutschsprachige ersetzt. »In der Schule und im Rathaus gab es große Veränderungen. Die nur Ungarisch sprechenden Beamten gingen aus Rust überhaupt weg. Einer war mit einer Rusterin verheiratet. Der ist geblieben, sprach aber mit seiner Frau nur Ungarisch.«

Nachdem das Burgenland bereits 1921 Teil der Republik Österreich geworden ist, stehen die genauen Landesgrenzen noch nicht fest. Erst 1924 wird die Grenzziehung zwischen Österreich und Ungarn beendet. Historiker Gerald Schlag weiß, warum: »Die Siegermächte in Paris konnten naturgemäß keine genaue Grenze festlegen. So hat man nur eine kursorische Linie gezogen. Man hat in einer Zusatzbestimmung festgelegt, dass die genaue Grenze von Kommissionen festgelegt wird, ›unter tunlichster Berücksichtigung der nationalen und wirtschaftlichen Verhältnisse‹ bestimmt werden sollte. Das war gut gemeint, aber wie so oft lag die Schwierigkeit im Detail.« Die alliierte Kommission bereist das Land und versucht den Wünschen der Bevölkerung Rechnung zu tragen. So kommt Luising 1923 als letzte Gemeinde zu Österreich. Zehn andere Gemeinden gehen jedoch an Ungarn zurück, so auch die kroatische Gemeinde Postrum/Szent Peterfa.

Alte Strukturen zerbrechen, neue müssen erst aufgebaut werden. Die erste burgenländische Landesregierung unter Landesverwalter Robert Davy steht vor schwierigen Aufgaben. Aus verkehrstechnischen Gründen wird zunächst der Kurort Bad Sauerbrunn als Sitz der Landesregierung bestimmt; erst 1925 übersiedelt die Landesregierung nach Eisenstadt. Mit dem Bau des Landhauses in den Jahren 1926 bis 1929 wird der neuen burgenländischen Identität auch in architektonischer Hinsicht Rechnung getragen. In Österreichs jüngstem Bundesland müssen nicht nur Infrastruktur, Verwaltung und Wirtschaft aufgebaut werden; auch eine gemeinsame Identität der Burgenländer entwickelt sich erst nach und nach. »Wir haben zu Ungarn gehört und nachher sind wir Österreicher geworden. Und als Burgenländer jetzt, na ja, fühlen wir uns halt als Burgenländer«, fasst Frau Jeszenkowitsch die Entwicklung des neunten Bundeslandes lächelnd zusammen.

7. KAPITEL

»Wir wollten keine Italiener werden.«

**Dorothea Haider und
Berta Stimpfl**

über die gewaltsame Italianisierung
Südtirols im Faschismus

1922

Dorothea Haider,
geboren 1918,
Südtirol

Dolly weint. Das vierjährige Mädchen hat sich fest vorge-
nommen, tapfer zu sein, doch jetzt kann sie die Tränen
einfach nicht mehr zurückhalten. Sie muss fort. Fort von
allem, das ihr vertraut ist: den Großeltern, der geliebten
Tante Klara, der liebgewonnenen Köchin Anna, dem gemüt-
lichen Haus mit seinem großen Garten. Sie muss Bruneck
verlassen. Die Mutter sitzt schon neben dem Hausknecht
auf dem Fuhrwerk, die Großeltern stehen in der Haustüre.
Die Mutter beugt sich zu ihr hinunter und hilft ihr, in den
Wagen zu klettern. Dolly wirft einen letzten Blick auf das
Haus, in dem sie seit ihrer Geburt gelebt hat. Opa winkt
jetzt, Oma hat ein Taschentuch gezückt. »Sei nicht traurig,
wir kommen bald wieder!«, sagt die Mutter. Ihre Stimme
klingt ganz seltsam, findet Dolly.

Obwohl Dorothea Haider seit 89 Jahren in Österreich lebt,
empfindet die alte Dame Südtirol nach wie vor als ihre Heimat.
»Ich bin 1918 im Haus meiner Großeltern geboren, da sind
gerade, das hat meine Mutter immer erzählt, die Italiener
einmarschiert und haben Südtirol besetzt. Mein Vater wäre
sicher gleich interniert worden und hat gesagt: ›Nein, ich
bleibe nicht bei den Italienern. Ich gehe zurück in die Heimat.‹
Er ist also nach Linz gegangen, wo er im Garnisonsspital die
Abwicklung der Versorgung der Kriegsversehrten gemacht

hat. Damals gab es kaum Wohnungen. Mein Vater hatte im Spital ein kleines Zimmer und ich bin mit meiner Mutter bei den Großeltern geblieben. Meine Mutter ist immer wieder drei Wochen nach Linz gefahren, und da ich noch so klein war, bin ich bei den Großeltern geblieben. Ich hatte eine sehr liebe Tante, die jüngste Schwester meiner Mutter, zu der habe ich als Kind immer Mama gesagt. Die war für mich die Mutter, die hat mich versorgt und die Großeltern waren ganz, ganz lieb. Bruneck war meine Heimat.«

Dorothea Haider wird im letzten Kriegsmonat in Bruneck in Südtirol geboren. Beide Elternteile erleben das Grauen des Ersten Weltkrieges hautnah mit. Bruneck liegt unmittelbar hinter der Front: »Meine Mutter war Kaufmannstochter und hat im Krieg freiwillig beim Roten Kreuz als Krankenschwester gearbeitet. In Bruneck war ein Lazarett und da war meine Mutter Schwester. Mein Vater ist von Belluno, wo er Regimentsarzt war, dorthin versetzt worden. So haben sich meine Eltern im Krieg kennengelernt. Die Italiener haben von der Dolomitenfront bis nach Bruneck hineingeschossen, das war Kriegsgebiet.«

Karl Rupp ist ein weitgereister Mann: »Mein Vater stammt eigentlich aus Leobenfeld, war also ein Mühlviertler, und hat in Graz studiert. Er war ein Jahr als Schiffsarzt unterwegs, hat sich in London niedergelassen und dort eine gynäkologische Praxis aufgebaut. Er hatte viele Patientinnen und einen großen Bekanntenkreis, er konnte sogar ein Haus erwerben. Also er war eigentlich sehr verbunden mit England. Dann ist der Krieg ausgebrochen. Da mein Vater österreichischer Staatsbürger war, gab es folgende Möglichkeiten: Er rückt ein, er wird in England interniert oder er verliert die österreichische Staatsbürgerschaft. Mein Vater war in seinen ganzen Ideen sehr heimatverbunden und hat gesagt, in der Not verlässt man sein Vaterland nicht, und ist zurück nach Österreich gegangen und eingerückt.«

Die kleine Dolly verbringt in ihren ersten vier Lebensjahren trotz der schwierigen politischen Lage und der allgemeinen Not eine unbeschwerte Kindheit in Südtirol. Ihr Großvater ist ein wohlhabender Kaufmann, auch nach Kriegsende ist das materielle Auskommen der Familie in Bruneck gesichert. »Wir haben eigentlich alles gehabt. Wir haben nie Hunger gelitten, so wie es damals ja bei vielen Familien der Fall war. Wir waren bei den Großeltern bestens versorgt. Der Großvater hat ein großes Geschäft gehabt. Zur damaligen Zeit bestand zwischen Chef und Bediensteten ein ganz enges Verhältnis. Die Angestellten haben im Haus gewohnt und gegessen. Wir sind als Kinder mit den Hausknechten auf dem Leiterwagen mitgefahren und am Abend haben wir Karten gespielt. Wir haben eine ganz eine liebe Köchin gehabt, das war die Anna, und eine Verkäuferin, das war die Mena. Wenn wir später zu Besuch gekommen sind, war das ein Fest für uns Kinder. Bis zu dem Tod der beiden bestand ein inniges Verhältnis.«

In den Zwanzigerjahren erzählt Karl Rupp seinen beiden Kindern von seinen Einsätzen. »Mein Bruder war noch zu klein, wir sind altersmäßig sechs Jahre auseinander, aber ich war schon sehr interessiert. Mein Vater hatte Dias vom Krieg, und wenn wir zusammen gewesen sind, hat er von seinen Erlebnissen erzählt. Seine Tätigkeit als Regimentsarzt an der Dolomitenfront war sicher sehr hart. Wir sind ja dadurch, dass wir sehr viel bei den Großeltern waren, diese Strecken oft abgefahren. Von Toblach hinein Richtung Belluno, dort sind die großen Soldatenfriedhöfe.«

Anders als für andere Offiziere der k. u. k. Armee sind Vaterland und Monarchie für Karl Rupp nicht untrennbar verbunden: »Mein Vater war an und für sich sehr heimatverbunden, aber dass er ein besonderer Anhänger der Monarchie war, habe ich nie festgestellt. Aber er war sehr heimattreu.«

*

1923

Berta Stimpfl,
geboren 1911,
Südtirol

7 Uhr 45. Berta beeilt sich, ins Schulhaus zukommen. Heute
ist ein ganz besonderer Schultag. Heute kommt die neue
Lehrerin, eine Italienerin. Das Fräulein, das Berta ihre ganze
bisherige Schulzeit unterrichtet hat, ist gekündigt worden.
Sie darf nicht mehr unterrichten, haben die Eltern gesagt.
Es darf keine deutschsprachigen Lehrer und keinen
deutschsprachigen Unterricht mehr geben. Das hat alles
mit der Regierung in Rom, mit den Faschisten, zu tun. Alle
Kinder sollen nur mehr Italienisch sprechen, auch in
Südtirol. Mussolini – der »Duce«, wie die meisten Italiener
sagen – wünscht es so. Berta mag diesen Mann nicht.
Manchmal sieht sie ein Foto des Glatzkopfes in der Zeitung,
manchmal reden die Erwachsenen im Gasthaus über ihn.
Sie tun es leise, als ob sie Angst hätten, dass jemand sie
hört. Berta hat auch Angst: Was, wenn das neue Fräulein
sehr streng ist? Was, wenn sie keine Südtiroler Kinder mag?
Es ist mucksmäuschenstill, als die Lehrerin den Klassen-
raum betritt. 30 Augenpaare sind erwartungsvoll auf die
junge Frau gerichtet. Sie sagt »Buongiorno« und bedeutet
den Kindern, sich zu setzen. »Guten Morgen«, so viel
verstehen die Buben und Mädeln schon. Die Neue ist viel
jünger, als Berta erwartet hat. Sie trägt einen modernen
Bubi-Haarschnitt, überhaupt ist sie viel eleganter als die
alte Lehrerin. Die junge Frau schreibt etwas auf die Tafel

und sagt ein paar Sätze auf Italienisch. Dann schaut sie die Kinder an, freundlich und erwartungsvoll. Berta und die anderen wechseln ratlose Blicke. Sie haben kein Wort verstanden. Was will die Lehrerin von ihnen? Die junge Italienerin sagt wieder ein paar Sätze, langsamer und betonter diesmal. Keine Reaktion. Schließlich sagt ein Mädchen in der ersten Reihe, die Klassenbeste: »Signora, non parliamo italiano!« – »Frau Lehrerin, wir sprechen kein Italienisch!« Das Mädchen hat einen starken Akzent, aber die neue Lehrerin hat verstanden. Sie schaut die Kinder entsetzt an. Man hat ihr gesagt, dass es in der neuen Provinz schwer werden würde. Aber 30 Kinder, die kein Wort Italienisch sprechen? Das hat sie nicht erwartet. Berta und ihre Klassenkollegen sind mindestens ebenso verwirrt. Offensichtlich spricht das italienische Fräulein kein Wort Deutsch. Wie sollen sie etwas von ihr lernen?

»Die neue Lehrerin hat überhaupt nicht Deutsch gekonnt. Aber es hat geheißen, wir müssen jetzt Italienisch lernen. Sie hat einfach auf die Gegenstände gezeigt: la tavola, la sedia, il banco. So haben wir gelernt, was halt in der Schule gewesen ist, das war auch schon viel. Dann hat sie uns Märchen erzählt, die wir schon auf Deutsch gehört hatten. Nette Märchen, da haben wir wieder ein bisschen dazugelernt. Ich kann mich erinnern, das ist das letzte Jahr gewesen, in dem ich in die Schule gegangen bin. In anderen Schulen ist es schon viel früher ganz streng gewesen. Die Kinder durften überhaupt nicht Deutsch reden, nicht mal in der Pause, nicht mal beim Heimgehen. Sogar da haben sie sie beobachtet. Es ist halt immer darauf angekommen, was man für einen Lehrer gehabt hat!«, berichtet die Südtirolerin. In vielen Klassenzimmern ist das Verhältnis zwischen Lehrern und Schülern in jenen schwierigen Jahren sehr angespannt. »Die italienischen Lehrerinnen sind gut bezahlt worden, wenn sie nach Südtirol gegangen sind. Aber sie haben es schwer gehabt: Die Eltern haben nie gewollt, dass wir Italiener werden, und sie wollten auch nicht, dass ihre Kinder Italienisch lernen. Das haben die Kinder gespürt und sind nicht gut gewesen mit den Lehrpersonen. Die haben es nicht leicht gehabt.«

Nachdem die vierjährige Dolly Haider Südtirol verlassen hat, verschlechtert sich die politische Lage für die Bevölkerung zusehends. Verhält sich die italienische Militär- und Zivilverwaltung zunächst noch zurückhaltend, so verhilft die Machtergreifung der Faschisten 1922 der Italianisierungspolitik zum Durchbruch. Die Zwangsmaßnahmen betreffen alle Lebensbereiche: Italienisch wird zur alleinigen Amtssprache erklärt, deutsche Zeitungen werden verboten, Namen, Aufschriften und sogar Grabinschriften italianisiert. 1923 werden der Name »Tirol« und alle Verbindungen mit diesem Wort verboten. »Wenn die Herren des Tiroler Südens glauben, durch einen Federstrich den Namen unseres Landes wegzuwischen und auszutilgen, so mag ihrer Gewalt vielleicht die Ausmerzung der Buchstaben in Schrift, Druck und Farbe gelingen, dafür aber brennen wir den Namen Tirol umso heißer und tiefer in die Herzen der Tiroler [...] Uns Tirolern diesseits des Brenners schlägt dieser Gewaltstreich Mussolinis die gleiche tiefe Wunde wie unseren Brüdern in Südtirol, aber auch wir werden nie und nimmer den Namen Tirol vergessen, [...] bis das Rad der Weltgeschichte auch über die Frevler hinweggeht«, schreiben die *Innsbrucker Nachrichten*.[26] Der Innsbrucker Gemeinderat benennt aus »Treue gegenüber Südtirol«, wie Bürgermeister Greil formuliert, einige Straßen nach Südtiroler Städten: aus dem Bahnhofsplatz wird der Südtiroler Platz, aus der Rudolfsstraße die Brixner Straße usw.

»Wie der Mussolini gekommen ist, der hat gewollt, dass wir alle in ganz kurzer Zeit italienisch werden. Die Schule war nur mehr italienisch«, erinnert sich Berta Stimpfl. »Die deutschen Lehrer haben entweder müssen Italienisch lernen und nach Italien gehen, um zu unterrichten, oder sie hatten überhaupt keine Arbeit mehr. Die haben es hart gehabt.«

Mit der »Lex Gentile«, benannt nach dem damaligen Unterrichtsminister, vom 1. Oktober 1923 wird der deutschsprachige Unterricht systematisch zerstört. Der Protest der Bevölkerung und des Auslandes bleibt vergeblich. 1927 sind alle deutschen Schulen – bis auf wenige Klosterschulen – durch italienische ersetzt. Durch die Politisierung des Schulalltages und die Einbindung der Kinder in faschistische Jugendorganisationen sollen aus Südtirolern »echte Italiener« gemacht werden.

Die Menschen sind verzweifelt. »Es war hart für die Eltern. Aber sie haben auch nichts machen können. Man musste still sein, sonst hätten sie uns eingesperrt«, sagt Berta Stimpfl über die faschistische Diktatur. Der Staat greift empfindlich in das Leben der Menschen ein. »Die Gemeindeangestellten, sogar Straßenarbeiter, wurden plötzlich in eine andere Provinz versetzt, obwohl sie ja gar nicht Italienisch konnten. Außerdem hat die neue Verwaltung Sachen verlangt, die die Leute nicht verstanden haben, alle Misthaufen mussten zum Beispiel plötzlich abgedeckt werden. Dann haben sie verlangt, dass man seinen Namen italienisiert. Mein Mann war auch bei der

Gemeinde angestellt und hat seinen Namen nicht umgeändert. Dann wurde er entlassen. Von der Militärzeit konnte er gut Italienisch und auf der Gemeinde haben sie jemanden zum Übersetzen gebraucht, deshalb konnte er am Ende doch bleiben. Grundsätzlich war die Schwierigkeit, dass unsere Leute die guten Stellen verloren haben. Es sind viele Italiener heraufgekommen zu uns und unsere Leute haben sie hinuntergeschickt, nach Italien.«

Die ehemalige Lehrerin von Berta Stimpfl wird nach Rescalina versetzt. Sie hat keine Wahl: Entweder sie nimmt diese Stelle an oder sie wird vom italienischen Staat gekündigt. Berta begleitet die geliebte Lehrerin und deren Nichte in den Süden, damit sich das Fräulein nicht so alleine fühlt. Es ist eine Reise ins Ungewisse: Zu dritt versuchen sie, Rescalina auf der Landkarte zu finden. Vergebens. Sie fahren mit dem Zug nach Mailand, dann weiter Richtung Süden. Im Zug fragen sie wieder, die Antwort des Schaffners ist entmutigend: »›Es ist das letzte Dorf, das Gott erschaffen hat.‹ Da wussten wir wieder nicht, wohin wir kommen.« Der Empfang in Rescalina ist kühl. Eine Wohnung bekommen die Frau und die beiden Mädchen nicht, Dienstantritt ist am nächsten Morgen. »Wie sie in die Klasse hineingeht, sind da 56 Buben gewesen. Sie musste vier Klassen auf einmal unterrichten. Die Kinder haben zur Begrüßung gestampft. Als Südtirolerin ist sie nicht erwünscht gewesen. Sie musste natürlich auf Italienisch unterrichten. Sie ist ruhig stehen geblieben und hat gewartet, bis die Buben aufgehört haben zu stampfen. Dann hat sie auf Italienisch gesagt: ›Ich bin eure Lehrerin.‹ Zum Glück ist sie eine standhafte Frau gewesen, mit der Zeit ist es dann besser gegangen. Die Kinder sind gut gewesen, aber sehr, sehr lebendig. Sie hat schon viel mitgemacht mit diesen Kindern. Das ist sie nicht gewohnt gewesen von uns Südtiroler Kindern. Erst viel später haben wir erfragt, warum diese Buben gestampft haben. In den Familien ist gesagt worden: ›Warum kommt eine deutsche Lehrerin aus Südtirol zu uns? Wahrscheinlich ist sie strafversetzt worden!‹ Stellen Sie sich vor. Von den Kindern ist sie dann nicht erwünscht gewesen, leider. Wehe, wenn sie einen Fehler gemacht hätte.« Menschen werden aus politischen Gründen wie Schachfiguren herumgeschoben. Umgekehrt werden Tausende Süditaliener von Mussolini und seinen Getreuen nach Südtirol gelockt. »Nach Bozen sind viele Italiener gekommen, sehr viele. Die Regierung wollte eben alles italianisieren. Deswegen haben sie die Arbeiter nach Bozen geschickt und ihnen Wohnungen gebaut, damit sie heroben bleiben. Den Südtirolern haben sie dafür Wiesen und Äcker enteignet.« Die Enteignungen machen böses Blut. Dass das reife Obst nicht geerntet werden darf, bevor die Obstbäume gefällt werden, verbittert die meist bäuerliche Bevölkerung besonders. »Unsere Leute haben keine Arbeit mehr bekommen. Bei der Bahn, der Post, der Gemeinde, plötzlich war alles italienisch. Sogar die Hebammen!« Auch nach 86 Jahren schwingt noch Empörung in der Stimme der alten Dame mit. Die Hilflosigkeit der Eltern hat sie geprägt. »Sie waren wütend und traurig zugleich und konnten doch nichts dagegen tun. Deswegen ist dann die Opposition gekommen.«

Die Südtiroler Bevölkerung will die gewaltsame Italianisierung nicht einfach hinnehmen. Der Widerstand wächst. Die Schule wird zum wichtigsten Symbol des Überlebenskampfes der Südtiroler. Ab 1924 wird der geheime Notschulunterricht aufgenommen. An versteckten Orten versuchen meist junge

Lehrerinnen den Kindern die Grundbegriffe der deutschen Sprache zu vermitteln. 1924 richtet Kanonikus Michael Gamper, ein angesehener Geistlicher, einen Appell an seine Landsleute: »Jedes Haus, jede Hütte muss zum Schulhaus, jede Stube zur Schulstube werden, in der die Kinder Unterricht in ihrer Muttersprache erhalten.«

»Wir wollten nicht Italiener werden, deswegen sind die Katakomben-Schulen entstanden, damit die Kinder wenigstens ein bisschen Deutsch lernen. Die Lehrerinnen, die Katakomben-Unterricht gegeben haben, wehe, wenn sie erwischt worden sind. Da hat man sie eingesperrt. Trotzdem war es ein Glück, dass die Kinder doch Deutsch gelernt haben in der Zeit, wo in der Schule nur Italienisch war. Die Bücher haben sie von Österreich und Deutschland bekommen. Der Unterricht war heimlich, nie am gleichen Ort. Wenn die Kinder heimgegangen sind, durften sie nie mitsammen gehen. Sie durften auch nichts mitnehmen, was sie geschrieben haben. Das war ganz schlimm«, erinnert sich Berta Stimpfl. Als Unterrichtsort dienen entlegene Höfe, Heustadel oder andere schwer zugängliche Räume. Die Bücher werden über die Berge ins Land geschmuggelt. Die zumeist jungen Lehrerinnen werden eigens in Kursen dafür ausgebildet. Sowohl sie als auch die Eltern riskieren viel: Die Behörden gehen unnachgiebig gegen den verbotenen Unterricht vor. Fliegt ein Unterrichtsort auf, erhalten die Eltern hohe Geldstrafen und der Lehrperson droht die Verbannung in eine weit entfernte Provinz. Eine junge Lehrerin, Angela Nicoletti, stirbt in der Verbannung an einer schweren Krankheit, die sie sich dort zugezogen hat.

Auch Bauwerke sollen den Machtanspruch Italiens demonstrieren. An den heutigen Grenzen Südtirols zu Österreich, die niemals Frontlinie waren, entstehen, wie bereits erwähnt, Beinhäuser zum Gedenken an die angeblich dort gefallenen italienischen Soldaten. Der Sockel des Kaiserjägerdenkmals, das an die österreichischen Gefallenen erinnern soll, wird gesprengt. An dieser Stelle wird in Bozen das Siegesdenkmal errichtet. Es ist das wichtigste Symbol des faschistischen Herrschaftsanspruchs in Südtirol. Der 19 Meter lange Triumphbogen wird auf persönliche Initiative Mussolinis errichtet. Er ist mit faschistischen Liktorenbündeln geschmückt, an der Stirnseite schießt eine Siegesgöttin einen Pfeil gegen Norden ab. Eine lateinische Inschrift verkündet: »Hic patriae fines siste signa. Hinc ceteros excoluimus lingua legibus artibus.«[27] Die Wiener *Reichspost* schreibt nach der pompösen Einweihung am 21. Juli 1926: »So ist das Denkmal, das jetzt acht Jahre nach dem letzten Schuss in Bozen ersteht, kein Kriegerdenkmal schlechtweg, sondern ein politisches Denkmal und ein Kulturdenkmal: ein Zeichen des Hasses über Millionen Gräber hinweg, eine Verneinung des Gedankens der Völkerversöhnung und eine Verletzung der uralten Ritterpflicht, die Toten des Gegners genauso zu ehren wie die eigenen.«

Damals wie heute gilt der Triumphbau vielen Südtirolern als steingewordene Provokation. 2002 benennt die Stadtverwaltung den »Siegesplatz«, auf dem das Denkmal steht, in »Friedensplatz« um. Doch noch ist die Zeit nicht reif: Ein Referendum der überwiegend italienischsprachigen Bevölkerung Bozens erzwingt die Rückbenennung in »Siegesplatz«. Besucht man heute Bozen, so kann man auf Informationstafeln nachlesen, dass das Denkmal »vom faschistischen Regime errichtet wurde, um den Sieg Italiens im Ersten Weltkrieg zu feiern«. Allerdings mussten die Tafeln, aufgrund scharfer Proteste der italienischen Rechtsparteien, auf eine Größe von 25 mal 25 cm beschränkt und in 50 Meter Entfernung angebracht werden. 2008 fordert der »Südtiroler Schützenbund« in einer großen Demonstration die Schleifung aller faschistischen Denkmäler und die Wiedervereinigung Tirols. Bis heute wird das Siegesdenkmal durch Zäune geschützt und von Videokameras überwacht. Seit dem Jahr 2009 wird es aus Steuermitteln aufwendig saniert, was in einem Beschluss des Südtiroler Landtages »aufs Schärfste verurteilt« wurde.

Gegen alle Widerstände gelingt es den Südtirolern trotz der faschistischen Herrschaft Sprache und Kultur zu bewahren. Doch es folgen weitere bittere Jahre: die von Hitler und Mussolini angestrebte Aussiedlung in Form der sogenannten Option, die Schrecken des Zweiten Weltkrieges und der blutige Konflikt der Sechzigerjahre. Erst durch das Autonomie-Statut der Siebzigerjahre kommt das kleine Land südlich des Brenners zur Ruhe. Der Erste Weltkrieg hat einen langen Schatten auf Südtirol geworfen. »Ich bin so zufrieden jetzt und es geht uns nicht schlecht. Wir fühlen uns nicht als Italiener und zu Österreich wollen wir immer noch, wohl wohl. Wäre schon schön«, sagt die 102-Jährige Berta Stimpfl zum Abschied.

8. KAPITEL

»Schaut! Da könnt ihr euch jetzt gerade ein paar Semmeln kaufen!«

Fritz Propst,
Marko Feingold und
Heinrich Treichl

über Armut und Inflation

1922

Fritz Propst,
geboren 1916,
Wien

Der Bub friert, wie fast immer, wenn er im Winter im Freien unterwegs ist. Der alte, abgetragene Mantel ist einfach zu dünn, aber die Mutter kann keinen neuen kaufen. Das Geld reicht oft nicht einmal für die notwendigsten Lebensmittel. Auch die Großeltern können kaum helfen. Fritz und seine Brüder gehen oft hungrig zu Bett. Wenn der kleine Bub nicht schlafen kann, hört er die Mutter manchmal weinen. Er weiß, dass sie oft verzweifelt ist: kein Ehemann, keine eigene Wohnung, keine Arbeit und kein Geld, um ihre Kinder mit dem Notwendigsten zu versorgen. Wenn er das leise Schluchzen hört, steigt eine unbändige Wut in Fritz auf: Warum ist das Leben so ungerecht? Warum gibt es Arme und Reiche?

Fritz muss sich beeilen, um mit der Mutter Schritt halten zu können. Ungeduldig zieht sie seine jüngeren Geschwister hinter sich her. Die kleine Familie ist zu Verwandten unterwegs. »Der Onkel und die Tante sind reich«, sagt die Mutter. Bestimmt werden sie ihren Neffen helfen. Der Weg ist weit, aber die Mutter wollte das Geld für die Tram sparen. Fritz weiß, dass es der Mutter nicht leichtfällt, um Hilfe zu bitten. Endlich erreichen sie das Haus. Ein solches Stiegenhaus hat Fritz noch nie gesehen: hell, sauber, freundlich ausgemalt. Sogar die Stufen scheinen breiter und schöner als jene zu Hause. Im Gang geht eine alte Dame an der Mutter und den

Kindern vorbei. Die Buben grüßen höflich, aber die Frau schaut sie nur abschätzig an. Die Wohnungstür des Onkels ist mit einem Scherengitter verschlossen. Hoffentlich ist überhaupt jemand zu Hause. Die Mutter läutet.

»Die Tante hat aufgemacht und gesagt: ›Was wollt ihr?‹«, erinnert sich der alte Herr an den traurigen Besuch. »Meine Mama hat geweint und gesagt: ›Schau, die Kinder hungern. Kannst du uns irgendetwas geben? Ein bissl Geld borgen?‹ ›Na wartet, ich komm gleich!‹, war die Antwort. Die Tante hat uns draußen am Gang stehen lassen. Wir haben so lange gewartet, dass wir gesagt haben: ›Die kommt ja gar nicht mehr.‹ Dann ist sie doch gekommen. Die Tante hat einen Kakao gemacht und einen Kuchen geholt und hat ihn uns auf den Gang gereicht. Sie hat nicht gesagt: ›Kommt rein.‹« Die Demütigung durch die eigene Tante ist ein traumatisches Erlebnis für den Buben. »Das hat mich mit einem solchen Hass erfüllt. Die Reichen, selbst die eigene Familie, haben kein Gefühl für arme Menschen. Die müssten sich doch, wenn sie reich genug sind, verantwortlich dafür fühlen, dass kleine Kinder nicht hungern müssen. Diese Leute hatten ja genug Geld, sie waren Fabrikanten. Sie hätten uns unterstützen müssen und haben es nicht getan. Das hat meinen ganzen politischen Werdegang geprägt.«

Der kleine Fritz wächst in einem Wien heran, das mit der heutigen Metropole kaum etwas gemein hat: »Es war ja eine Zeit, die kann man sich heute gar nicht mehr vorstellen. Wien war wie ein großes Dorf. Es hat kaum Autos gegeben. Das meiste ist mit Pferdefuhrwerken abgewickelt worden. Ich bin als kleiner Bub oft mit einer Kutsche mitgefahren. Als ich etwas älter war und schon in die Schule gegangen bin, gab es in Wien eine große Fliegenplage. Es gab ja noch keine moderne Müllabfuhr wie heute, sondern der Bauer ist mit einem Pferdefuhrwerk gekommen und hat mit einer Kuhglocke geläutet und geschrien: ›Der Mistbauer ist da!‹ Daraufhin sind die Hausfrauen hinuntergelaufen mit den Kübeln mit dem Mist, den sie die letzte Woche oder zwei Wochen gesammelt hatten, und haben das in den Wagen reingeschüttet. Das hatte aber auch zur Folge, dass sich durch die Staubentwicklung Tuberkulose in Wien verbreitet hat. Viele Leute waren also tuberkulös und die Ansteckungsgefahr war sehr groß, weil die Leute waren so arm, dass sie nicht einmal Taschentücher hatten. Sie haben einfach einen Nasenflügel zugehalten und auf diese Weise das Störende entfernt. In der Straßenbahn war ein Spucknapf auf der Plattform und eine Tafel: ›Nicht ausspucken, sondern hier‹, mit einem Pfeil. Das war notwendig, weil die Leute haben alle ausgespuckt oder aufgezogen. Wir waren, wie viele Menschen damals, sehr arm. Die Eltern waren ja geschieden. Die Großeltern haben bestimmt, wen meine Mutter heiraten soll. Sie war eigentlich in einen anderen Mann verliebt, aber sie musste meinen Vater heiraten. Ihre Eltern haben gesagt, der andere sei ein armer Schlucker. So musste sie einen Mann heiraten, den sie nicht geliebt hat. So waren die Zeiten damals.«

Für Fritz Propst ist die galoppierende Inflation der Zwanzigerjahre seine erste politische Kindheitserinnerung: »Damals ist mein Onkel mit einer ganz großen Geldnote gekommen und hat gesagt: ›Schaut! Da könnt ihr euch jetzt gerade ein paar Semmeln kaufen!‹«

Ein Brot, das vor dem Krieg um 46 Heller zu haben war, kostet 1922 5700 Kronen. Ein Kilo Schweinefleisch kostet

40 000 Kronen, ein Kilo Zucker 21 000 Kronen. Selbst Straßenbahnfahrscheine müssen fast täglich neu gedruckt werden, weil der Preis ununterbrochen steigt. Bald schon tragen die Geldscheine fantastische Zahlen: 10 000 Kronen, 100 000 Kronen, 500 000 Kronen. In Deutschland lässt man schließlich sogar Milliarden- und Billiardenscheine drucken. Die Regierung kann die Gehälter der Beamten nicht mehr bezahlen. Bundeskanzler Prälat Ignaz Seipel bittet den Obersten Rat der Entente um einen dringenden Kredit von 15 Millionen Pfund Sterling. Er wird an den Völkerbund verwiesen, in dem Österreich seit 1920 Mitglied ist. Vor der Vollversammlung findet er folgende dramatische Worte: »Wenn Österreich der immer unheimlicher werdenden Entwertung seiner Währung nicht länger standhielte, wenn seine Bevölkerung, die bisher schon so viel zu leiden hatte [...], wenn diese Bevölkerung nun wirklich durch Hunger und Kälte dezimiert werden sollte, wenn dann die Aufrechterhaltung der Ruhe und der gesetzlichen Ordnung im Herzen Europas in Frage gestellt werden würde [...] Es hieße aber auch, den Friedensverträgen ans Leben greifen, wenn [sic] das durch sie geschaffene neue Österreich als lebensunfähig nicht nur für den Augenblick, sondern für alle Zukunft erweisen würde«.[28]

Seipel bekommt das Geld, aber der Preis ist hoch: ein (nochmaliges) Anschlussverbot, die Verpfändung der Staatseinnahmen und die Einsetzung eines Völkerbundkommissärs zur Kontrolle der Finanzen. Österreich steht damit praktisch unter Kuratel. Unter dem Titel »Der Hochverrat des Prälaten« kommentiert die *Arbeiter-Zeitung* am 7. Oktober 1922: »Noch nie hat man einer europäischen Nation zuzumuten gewagt, was der Völkerbundsrat unserem Volk zumutet [...]. Wären wir noch ein Volk, gäbe es in dem durch Not und Elend zermürbten Lande noch männliches Selbstbewusstsein, so müsste sich ein wilder Aufstand der Entrüstung gegen den Mann erheben, der, ohne dieses Volk, ohne seine Vertreter auch nur zu fragen [...], seine Unterschrift unter den Genfer Vertrag gesetzt hat.«

Tatsächlich kann der von Genf geforderte Sparkurs nur durch drastische Maßnahmen erreicht werden: Hunderttausende Beamte werden entlassen, Sozialleistungen radikal gekürzt, Schulgeld erhöht und sogar Heilanstalten für Kriegsversehrte und Invalidenheime geschlossen – vier Jahre nach Kriegsende. Die sozialen Errungenschaften, die durch die Sozialdemokraten eingeführt worden sind, werden wieder abgebaut. Der Grundstein für Misstrauen und späteren Hass zwischen Rot und Schwarz ist gelegt.

Marko Feingold bedauert, dass er aus den Erfahrungen, die sein Vater in den Zwanzigerjahren machen musste, nichts gelernt hat: »Ich wäre Multimillionär, wenn ich mir das zu Herzen genommen hätte, was nach dem Ersten Weltkrieg passiert ist. Mein Vater war kein Spekulant, aber ich weiß noch, dass er in Norddeutschland ein Haus und ein Kino gekauft hat. Dann hat man ihm eingeredet, er soll diese neuen Aktien kaufen. Er hat alles in die empfohlenen Aktien investiert und nachher haben wir Tapetenpapier gehabt. Damit haben wir die Wohnungen austapezieren können, die Aktien waren überhaupt nichts wert.« Rund 20 Jahre später hätte Marko Feingold Gelegenheit gehabt, durch eigene Spekulationsgeschäfte den Familienreichtum zurückzuerobern. »Es war im November 1945, man litt noch unter dem Krieg und den Kriegsschäden. Es waren ja so viele Flüchtlinge in Wien. Da ruft mich ein Amerikaner um 11 Uhr nachts an. Ich soll kommen, er hat etwas Dringendes mit mir zu besprechen. Ich dachte, sicherlich die Flüchtlingsfrage. Dann kommt der Amerikaner und sagt zu mir: ›Sie sind doch jetzt hier zu Hause. Sie müssen doch wissen, wo man billige Grundstücke bekommt.‹ Ich war empört. Der Kerl fragt mich in einer Notlage, wo man billig Grundstücke kaufen kann! Ich weiß nicht, ob ich ihn beleidigt habe oder nicht, aber ich glaube, ich bin davongerannt und habe mich wieder ins Bett gelegt. Ich habe nicht einschlafen können, weil mir das so einen Zorn bereitet hat. Aber das hätten wir tun sollen! Für ein Taschengeld haben Sie damals Grundstücke kaufen können. Es wiederholt sich alles!«

Heinrich Treichl, Spross der begüterten Bankiersfamilie, lebt in den Zwanzigerjahren in einer völlig anderen Welt als Fritz Propst und Marko Feingold. Doch auch für die Familie Treichl führen die Nachwehen des Ersten Weltkrieges zu bitteren Konsequenzen: Die Biedermann-Bank, die der Vater von Heinrich Treichl leitet, geht 1924 in Konkurs: »Der Zusammenbruch von Österreich war für meinen Vater doch auch eine existenzielle Katastrophe, auch der Zusammenbruch der Bank. Es war eine mittelgroße Privatbank, in der Plankengasse. Die Bank gibt es ja nicht mehr, aber das Gebäude besteht noch. Es war eine Aktiengesellschaft, zum Teil Publikumsgesellschaft und zum Teil ein paar in- und ausländische Aktionäre. Der Schock hat meinen Vater doch bleibend geprägt«, erinnert sich der ehemalige Generaldirektor der Creditanstalt. Er versucht das Lebensgefühl seiner Eltern zu beschreiben: »In der Weltwirtschaftskrise hat man sich hauptsächlich damit beschäftigt, halbwegs satt und erfolgreich zu leben. Ja, man hat für den Augenblick gelebt, um zu überleben. Diese Zeit muss man überleben, dann kommt wieder etwas Gescheites. So war das Gefühl nicht bei jedem, aber bei manchen.«

Die Völkerbundanleihe, verbunden mit dem Österreich auferlegten strengen Sparregime, greift relativ rasch: Wenige Monate nach der Gewährung der Anleihe ist die Währung stabilisiert, zwei Jahre später ist der Staatshaushalt ausgeglichen. 1925 wird die Krone durch den Schilling ersetzt: Für 10 000 Inflationskronen gibt es einen harten Schilling. Doch nicht alle Probleme sind gelöst: Immer mehr Betriebe gehen in Konkurs und vergrößern dadurch das Heer an Arbeitslosen. Die Kürzung von staatlichen Leistungen und die steigende Arbeitslosigkeit bilden einen gefährlichen Nährboden für soziale Spannungen.

9. KAPITEL

»Das war der erste große Krach zwischen diesen beiden Parteien.«

Theresia Grafl,
Fritz Propst,
Marko Feingold und
Fritz Molden

über die Schüsse von
Schattendorf und ihre Folgen

1927

Theresia Grafl,

geboren 1912,

Schattendorf

Heute sind mehr Menschen in Schattendorf unterwegs, als das 15-jährige Reserl je gesehen hat. Es sind lauter Männer: jüngere und ältere, sogar Kriegsinvaliden sind dabei. Manche tragen Uniformen, andere nicht. Das Mädchen weiß, dass diese Leute nach Schattendorf gekommen sind, um hier Versammlungen abzuhalten. »Hoffentlich passiert nix«, hat der Vater gesagt. Das hat die 15-Jährige erst recht neugierig gemacht. Theresia Grafl steht am Straßenrand und beobachtet die Menschenmenge, die sich vor dem Gasthof Tscharmann versammelt. Die Männer scheinen aufgebracht zu sein, sie schimpfen und gestikulieren. Einige sind bewaffnet. Der Vater hat erzählt, dass sich in dem Gasthof, in dem auch er gerne einkehrt, eine Frontkämpfervereinigung trifft. Vor dem Wirtshaus strömen immer mehr Männer zusammen. Auch entlang der Straße stehen viele Menschen. Reserl entdeckt den achtjährigen Josef, den sie aus dem Dorf kennt. Die Stimmung wird immer angespannter. Steine fliegen Richtung Wirtshaus. Langsam bekommt es das Mädchen mit der Angst zu tun. Instinktiv nimmt sie ihre beiden jüngeren Geschwister, die neben ihr stehen, an die Hand. Ein Schuss fällt, dann ein zweiter. Für Sekunden scheinen die Menschen wie gelähmt. Der Aufschrei einer Frau wirkt wie ein Signal: Die Umstehenden beginnen plötzlich zu schieben und zu drängen. Manche wollen einfach

weg, andere wollen sehen, was passiert ist. Frauen weinen, Männer schreien. Gibt es Verletzte? Tote? Theresia spürt, wie sie zu zittern beginnt. Was soll sie tun, alleine hier mit den Geschwistern? Nach Hause, sie muss die Kleinen in Sicherheit bringen. Plötzlich hört sie die Stimme des Vaters, sieht unter den vielen fremden Gesichtern das eine vertraute. »Kinder, schnell, nach Hause!«

Theresia Grafl erinnert sich an ihre Erleichterung über das Auftauchen des Vaters: »Auf der Gasse sind wir halt gestanden und haben geschaut. Da ist der Vater gekommen und hat gesagt: ›Kinder, jetzt gehen wir! Sonst kommts ihr auch noch dran.‹ Dann sind wir ins Haus gegangen.«

Tatsächlich ist am Nachmittag des 30. Jänner 1927 in dem sonst so beschaulichen Schattendorf die Stimmung nicht geeignet, Kinder auf die Straße zu lassen. Der rechtsgerichtete Frontkämpferverband, eine der zahlreichen bewaffneten politischen Gruppierungen der Ersten Republik, hält an diesem Tag eine Veranstaltung im Gasthaus Tscharmann ab. Die Sozialdemokraten kontern mit einer Gegenveranstaltung im Gasthaus Moser. Als die Schutzbündler erfahren, dass die Frontkämpfer Unterstützung aus Wien erwarten, mobilisieren sie Kameraden aus der Umgebung. Plötzlich stehen 120 Schutzbündler den zahlenmäßig unterlegenen Frontkämpfern gegenüber. Die Situation eskaliert. »Nieder mit den christlichen Hunden! Nieder mit den monarchistischen Mordbuben!« wird skandiert. Zuerst fliegen Steine gegen die Fassade, schließlich dringen 30 Schutzbündler in das Gasthaus ein. Die Wirtssöhne Josef und Hieronymus Tscharmann sowie ihr Schwager Josef

Pinter flüchten in die Privaträumlichkeiten des Wirtes. Verhängnisvollerweise werden dort geladene Gewehre aufbewahrt. Kurz darauf fallen die tödlichen Schüsse.

Theresia Grafl erzählt:»Fürchten hat man sich schon müssen, wenn die marschiert sind, die Arbeiter, und die Frontkämpfer haben rausgeschossen beim Tscharmann. Jetzt haben sie den Buben erwischt, den kleinen Josef! Das weiß ich schon noch, obwohl das ja lang her ist.« In ihrer Erinnerung werden die Auseinandersetzungen der Zwanzigerjahre zu einem Kampf zwischen den sozialen Schichten: »Alle haben miteinander gestritten, die Arbeiter mit den Bauern. Die haben sich ja recht zerkriegt alle. Ein jeder wollte recht haben, das weiß ich noch.«

Die Realität im Österreich der Zwanzigerjahre ist freilich komplex: Im Vorfeld der politischen Parteien stehen sich rechtsgerichtete Heimwehrverbände und der linke Schutzbund, der seine Anhänger aus der Arbeiterschaft rekrutiert, bewaffnet und aggressiv gegenüber. Nach dem Zerfall der Monarchie haben sich bereits 1918 verschiedene Wehrverbände gebildet, in denen sich Heimkehrer zusammenschließen. Sie sind bundesländerweit organisiert und orientieren sich an bürgerlichen und christlich-katholischen Werten. Aus den verschiedenen Bezeichnungen wie »Heimatschutz« oder »Heimwehr« entsteht schließlich der Sammelbegriff »Heimwehr«, der alle bürgerlichen Wehrverbände meint. Der Republikanische Schutzbund, der Wehrverband der Sozialdemokraten, wird am 19. Februar 1923 gegründet. Zwei Tage später schreibt die *Arbeiter-Zeitung*: »Die Waffen nieder! So mahnen sie nun alle. Der Polizeipräsident ruft es und die ganze bürgerliche Presse stimmt in seinen Ruf mit ein. Alle Parteien, alle Klassen mögen doch abrüsten [...] Wenn die Republik, wenn das Recht des

Proletariats in der Republik nicht mehr bedroht sein werden, wird es sich die Arbeiterklasse ersparen können, sich zur Verteidigung der Republik bereitzuhalten«.[29]

Fritz Propst weiß, dass gewalttätige Auseinandersetzungen auf der Straße nichts Besonderes waren: »Jede Partei hat zu dieser Zeit eine bewaffnete Armee gehabt. Nach der Verjagung der Habsburger haben die Sozialdemokraten eine bewaffnete Truppe aufgestellt, die sich Republikanischer Schutzbund genannt hat und die Aufgabe hatte, die Republik zu schützen. Sie haben natürlich die alten Waffen vom Ersten Weltkrieg gehabt. Die Christlichsoziale Partei hat dann auch eine bewaffnete Armee aufgestellt, und zwar die Heimwehr. Weil eben diese bewaffneten Organisationen existiert haben, hat es auch oft Zusammenstöße gegeben. Die Heimwehr hat provokativ ihre Aufmärsche am Wochenende in den Arbeiterbezirken gemacht, um die Arbeiter niederzuhalten und einzuschüchtern. Da hat es sehr oft Raufereien gegeben.«

Immer wieder kommt es zu Aufmärschen, Störungen von Versammlungen und Schlägereien. An jenem 30. Jänner 1927 werden im burgenländischen Schattendorf zwei Menschen getötet: Der achtjährige Volksschüler Josef Grössing und der 34-jährige Matthias Csmarits, ein Mitglied des Republikanischen Schutzbundes.

Was wirklich in der burgenländischen Gemeinde passiert ist, wird nie ganz geklärt. Die Berichterstattung über die Katastrophe heizt in beiden politischen Lagern die Emotionen an, schürt den Hass. Das Parteiblatt der burgenländischen Sozialdemokraten *Freiheit* beschreibt den tödlichen Zwischenfall von Schattendorf in der Ausgabe vom 6. Februar 1927 unter dem Titel »Der Meuchelmord von Schattendorf«: »Zwischen den eisernen Stäben der Gitter lugten ihre Mordwaffen heraus. Sie schossen, als unser Schutzbundtrupp schon vorübermarschiert und außer Sicht war, auf das kleine Häuflein Schutzbündler, das dem Haupttrupp in einiger Entfernung folgte. Mitten auf der Straße sank der achtjährige Grössing ins Herz getroffen zusammen, am Rand der Straße traf den Genossen Csmarits der tödliche Schuss am Hinterkopf. Sich an einen Baum klammernd starb er und sank in den Straßengraben.« Die christlichsoziale *Reichspost* in Wien schiebt die Verantwortung für den »blutigen Sonntag« den roten Schutzbündlern zu. Diese hätten eine Versammlung der Frontkämpfer stören wollen und eine kleine Gruppe von Frontkämpfern mit Schlagringen attackiert sowie mehrere verletzt. Aber auch die *Reichspost* muss den Fakten Rechnung tragen. Der 34-jährige Matthias Csmarits starb durch drei Schüsse in den Nacken, er wurde also von hinten ermordet, was einen Angriff auf die verschanzten Frontkämpfer wohl ausschließt. Die bürgerliche *Neue Freie Presse* urteilt schon am Montag nach der Tat: »Obwohl eine lückenlose, erschöpfende Darstellung der Vorfälle, das Ergebnis einer völlig unparteiischen Untersuchung noch nicht vorliegt, muss man annehmen, dass die Frontkämpfer ohne zwingenden Anlass, ohne unter dem Druck der Notwehr zu stehen, von den Waffen Gebrauch machten und schreckliches Unheil anrichteten.«[30]

Die Begräbnisse der Todesopfer werden zu einer Demonstration, mehr als 10 000 Menschen geben am 2. Februar den Erschossenen das letzte Geleit. In ganz Österreich wird ein 15-minütiger Generalstreik abgehalten. Theresia Grafl erinnert sich an die Menschenmassen, die an diesem Tag nach Schattendorf drängten: »Beim Begräbnis der beiden Opfer sind sehr viele Leute gewesen. In Schattendorf sind sie aus dem Zug ausgestiegen, ganz viele sind aus Wien angereist. Auch an diesem Tag sind sie marschiert. Das haben wir alles mitmachen wollen. Wir Kinder haben aber nicht aus dem Haus dürfen, der Vater hat uns nicht rausgelassen.« Die Trauernden müssen über die Felder gehen, weil die Straße die Menschenmassen nicht fassen kann. Am Grab des kleinen Buben fallen Worte, die viele nicht mehr vergessen werden: »Politische Leidenschaft, politischer Hass haben den Mördern des Kindes die Todeswaffe in die Hand gedrückt, und alles in uns schreit nach Sühne, wenn wir uns dieses furchtbare Verbrechen vor Augen halten. Gibt es einen Weg, hier überhaupt Sühne zu finden, Sühne für den Schmerz der Eltern, die ihr Liebstes der Erde übergeben mussten?«, fragt einer der Grabredner.[31] Zwei Tage später zieht die *Arbeiter-Zeitung* aus einer Parlamentsdebatte, die in gegenseitigen Schuldzuweisungen gipfelt, folgende Schlüsse: »Erstens: Da von der Regierung nichts zu erwarten ist, müssen wir uns selbst schützen [...] mit aller Kraft Ausbau des Republikanischen Schutzbundes! Zweitens: Diese Regierung muss gestürzt werden, wenn das Leben von Arbeitern vor Mörderbanden geschützt werden soll!«[32]

Tragischerweise sind der Achtjährige und der Kriegsheimkehrer nicht die einzigen, nicht die letzten Toten politischer Gewalt im Jahr 1927. Die Zeichen stehen auf Sturm. Vom 5. bis 14. Juli findet im Wiener Straflandesgericht der Prozess gegen die Schützen statt. Der Staatsanwalt erklärt den Geschworenen, dass die moralische Verantwortung für die Gewalt beim Schutzbund liege, da dieser einen Gegenaufmarsch zum Frontkämpfertreffen gestartet habe. Die strafrechtliche Schuld treffe jedoch die Angeklagten. Die Geschworenen machen es sich nicht leicht: Sie beraten dreieinhalb Stunden lang, schließlich stimmen sie mit neun zu drei Stimmen gegen eine Verurteilung. Die Angeklagten werden wegen »Notwehr« von der Mordanklage freigesprochen. Das Urteil wird um 21 Uhr 30 einer wartenden Menschenmenge vor dem Straflandesgericht bekannt gegeben. Es kommt zu Unmutsäußerungen, die Freigesprochenen benötigen Polizeischutz. Tags darauf mahnt die *Neue Freie Presse* in ihrem Morgenblatt:»Die Toten stehen nicht wieder auf und tief muss es jeden berühren, dass das Vorgehen keine Sühne gefunden hat. Aber den einen Dienst können wir diesen Opfern wilder Leidenschaft erweisen, die eine Heiligung kann dieses Unglück verklären, dass wir uns selber das Versprechen geben: Nie wieder Krieg gegen die eigene Bevölkerung!« Es ist eine Mahnung, die die empörte Arbeiterschaft nicht erreicht. Am 15. Juli entlädt sich der Zorn der Wiener Arbeiter vor dem Justizpalast, er wird in Brand gesteckt. Der Rauch ist in vielen Teilen Wiens zu sehen. Marko Feingold kehrt gerade von einem Ausflug zurück, als er die ungewöhnlichen Rauchschwaden bemerkt. »Ich war in der Donau baden. Wie ich über die Reichsbrücke hinüberkomme, sehe ich eine Rauchwolke. Ich habe dann erfahren, dass das Justizgebäude brennt.«

Auch Fritz Molden sieht den Rauch. Er ist noch zu jung, um nachzufragen: »Da muss ich knapp dreieinhalb Jahre alt gewesen sein. Auf jeden Fall kann ich mich erinnern an unsere Köchin damals, die hieß Juli, sie war sehr nett und sehr rundlich, die hat mich einmal genommen und hat mich aus dem ersten Stock hinaufgetragen über die Stiege zum Dachboden und hat mich aus dem Dachbodenfenster hinausschauen lassen. Da waren lauter Wolken. Ich habe nicht begriffen, was das ist. Sie hat dann gesagt, und später hat sie es mir wieder erzählt, das war der brennende Justizpalast.«

1927

Fritz Propst,
geboren 1916,
Wien

Der Schüler stürmt das Treppenhaus hinunter und lässt
die alte Holztüre krachend ins Schloss fallen. Fritz hat es
eilig: Es sind Ferien, es ist warm und er will schwimmen
gehen. Die Mutter hat es erlaubt, jetzt muss er nur noch
den Freund abholen und dann geht's zum Wasser. Also
rasch zur Straßenbahn. Auf halbem Weg zur Station
hält der Elfjährige plötzlich inne. Irgendetwas ist heute
anders als sonst. Es sind keine Autos auf der Straße, auch
Tramway hat er noch keine gesehen. Menschen stehen in
Gruppen beisammen und tuscheln. Alle haben ernste
Gesichter. Einige halten Zeitungen in den Händen und
lesen den Umstehenden daraus vor. Irgendetwas muss
passiert sein. »Was ist denn los?«, fragt Fritz einen Mann,
der die Arbeiter-Zeitung gerade sinken lässt. »Da steht es
schwarz auf weiß: Die Mörder sind freigesprochen
worden!«, sagt der Fremde. Obwohl er erst elf Jahre alt ist,
weiß Fritz genau, was der Mann meint. Seit Tagen erwarten die Wiener das Urteil mit Spannung. »Freigesprochen?«, wiederholt der Bub ungläubig. Eines der Opfer war
doch ein Kind, drei Jahre jünger als er selbst. »Klassenjus-
tiz«, sagt der Fremde und Fritz sieht den Hass in seinen
Augen.

»Die Mörder von Schattendorf freigesprochen« lautet der Titel des Leitartikels des Chefredakteurs der *Arbeiter-Zeitung*. Friedrich Austerlitz verfasst einen flammenden Appell: »Fluch und Schande all denen, die an dieser Verhöhnung der Gerechtigkeit, an der Vereitelung der Sühne für eine Tat, die an Mord grenzt, Anteil haben.« Der Artikel endet mit einer düsteren Prophezeiung: »Die bürgerliche Welt warnt immerzu vor dem Bürgerkrieg, aber ist diese glatte, diese aufreizende Freisprechung von Menschen, die Arbeiter getötet haben, weil sie Arbeiter getötet haben, nicht schon selbst der Bürgerkrieg? Wir warnen sie alle! Denn aus einer Aussaat von Unrecht, wie es gestern geschehen ist, kann nur schweres Unheil entstehen!«[33]

Zweifellos heizen die Zeilen des Chefredakteurs der *Arbeiter-Zeitung* die ohnehin schon gewaltbereite Stimmung weiter an. Doch auch der Gerichtsreporter der bürgerlichen *Neuen Freien Presse* findet Worte, die unter die Haut gehen. Er beschreibt den Moment der Urteilsverkündung: »Das Auditorium bleibt stumm. Niemand rührt sich, keine Hand wird bewegt, kein unterdrückter Ausruf hörbar. Lastende Stille. Ist niemand da, der darüber erschrickt, dass zwei Leute, ein armer Knabe, ein bedauernswerter Invalide, totgemacht wurden in Schattendorf und dass auch nicht eine geringe Strafe verhängt wurde über die, deren Schüsse sie getötet haben? Es ist niemand da. Die Verlesung geht weiter. Freispruch. Freispruch«.[34]

Wien und viele Wiener sind an diesem Tag im Ausnahmezustand. Fritz Propst erinnert sich daran, wie ihm nach und nach klar wurde, was passiert war: »Ich habe erfahren, dass durch diesen Freispruch die Arbeiter so empört waren, dass sie mitten in der Arbeitszeit die Werkstätten verlassen haben, von allen Bezirken in die Stadt hineingeströmt sind und dort vor dem Justizpalast protestiert haben. Diese Empörung war so groß, dass die Leute begonnen haben, den Justizpalast zu stürmen, die Papiere, die ganzen Akten hinuntergeworfen durchs Fenster und angezündet haben und da hat der Justizpalast zu brennen begonnen. Der Bürgermeister war ein Sozialdemokrat, Seitz, er ist auf dem ersten Feuerwehrauto gesessen und hat die Arbeiter gebeten, Platz zu machen. Sie wollten nicht Platz machen und haben die Feuerwehr nicht durchgelassen und der Justizpalast ist abgebrannt. Die Polizei ist aufmarschiert und es ist zu Straßenkämpfen gekommen. In die unbewaffneten Demonstranten wurde hineingeschossen. Es hat, das habe ich natürlich erst am Ende erfahren, annähernd 100 Tote gegeben. Zahlreiche sind verletzt worden. Das war der erste große Krach zwischen diesen beiden Parteien. Ja, die Christlichsozialen, haben wir gesagt, sind weder christlich noch sozial. Sie kümmern sich nicht um die Lebenserhaltung der Menschen und christlich ist es auch nicht, wenn man in eine friedliche Demonstration hineinschießt.«

Die Erzählungen des alten Herrn unterstreichen, wie geteilt die österreichische Gesellschaft damals ist. Was von einer Seite als »friedliche Demonstration« bezeichnet wird, gilt den anderen als blindwütiger Mob. Geburt und Sozialisierung entscheiden über den politischen Standpunkt. Die jeweiligen Positionen der Parteien werden, falls notwendig, auf der Straße mit Gewalt verteidigt.

Tatsächlich explodiert am 15. Juli 1927 der Hass der Wiener Arbeiter gegen die Freisprüche im Schattendorf-Prozess. Die Elektrizitätsarbeiter schalten spontan den Strom ab. In den

Fabriken stehen plötzlich die Maschinen still. Die Arbeiter fassen dies als Signal zum Generalstreik auf und strömen in die Wiener Innenstadt. Anfangs sind es Hunderte Arbeiter, die aus Ottakring und Hernals über die Alserstraße zur Universität ziehen und »Nieder mit den Arbeitermördern« und »Raus mit den Hakenkreuzlern« skandieren. Die ersten Krawalle ereignen sich gegen 9 Uhr früh bei der Universität. Ein große Menge versucht über die Hauptrampe das Gebäude zu stürmen, wird aber von der Polizeiwache abgedrängt. Der Polizeipräsident versucht von Bürgermeister Seitz die Zustimmung zum Einsatz des Heeres zu erwirken. Er bekommt sie nicht. Vormittags weist Bundeskanzler Seipel Heeresminister Vaugoin an, die schlecht ausgerüstete Polizei mit Gewehren auszustatten. Demonstranten errichten rund um den Justizpalast Barrikaden. Sie sollen die berittene Polizei abhalten. Gegen 12 Uhr mittags dringen Jugendliche in das Gerichtsgebäude ein und legen Feuer. Eine Dreiviertelstunde später werden 600 mit Gewehren bewaffnete Polizisten von der Polizeidirektion am Schottenring Richtung Schmerlingplatz in Marsch gesetzt. Sie haben die Erlaubnis zu schießen. Kurz darauf besetzen Tausende Demonstranten den Schmerlingplatz, die Feuerwehr kann nicht zum brennenden Justizpalast zufahren. Die Situation ist dramatisch: Die eingeschlossenen Personen sind in Lebensgefahr. Gegen 14 Uhr kann die Zufahrt der Feuerwehr erzwungen werden. Polizisten schießen jetzt in die Menge. Erst gegen Mitternacht können die Flammen eingedämmt werden.

Der Brand des Justizpalastes und die annähernd 100 Toten werden zum Fanal der Ersten Republik. Die steirische Zeitung der Sozialdemokraten berichtet aus der Bundeshauptstadt:

»Das war der erste große Krach zwischen diesen beiden Parteien.« | **155**

»Durch Wien tobte gestern ein Sturm der Erbitterung und elementaren Leidenschaft, wie ihn Österreich noch nicht erlebt hat. Und mit Wien erbebte die Arbeiterschaft der ganzen Republik in unsagbarem Zorn und Schmerz, denn was gestern aus Wien gemeldet wurde, ist beispiellos in der Geschichte der österreichischen Arbeiterbewegung.«

Die blutige Bilanz dieses Tages: 89 Tote, darunter vier Polizisten. Ein Verhältnis, das für sich spricht. Am 16. Juli erscheint, wie es die Parteiführung beschlossen hat, keine *Arbeiter-Zeitung*, sondern ein »Mitteilungsblatt der Sozialdemokratie in Österreich«: »Arbeiter, Arbeiterinnen, Angestellte! Genossinnen und Genossen! Ströme von Blut sind gestern in Wien geflossen. Niemals hat unsere Stadt Ähnliches erlebt«. Und in Großdruck: »Die Wiener Arbeiterschaft und die ganze österreichische Arbeiterschaft mit ihr können es nicht und werden es nicht dulden, dass die Wiener Arbeiter auf der Straße wie Hasen abgeschossen werden.« Es folgt ein Aufruf zu einem 24-stündigen Generalstreik. Am Tag des Streiks, dem 16. Juli, empfängt Bundeskanzler Seipel die Sozialdemokraten Seitz und Bauer. Ihr Ansinnen auf seinen Rücktritt und eine Amnestie der Demonstranten weist der Prälat zurück. Doch ein Vorschlag des sozialdemokratischen Bürgermeisters Seitz wird angenommen: Eine Gemeindeschutzwache, die vorwiegend aus Schutzbündlern besteht, wird aufgestellt. Sie soll vor allem in den Arbeiterbezirken die jetzt verhasste Polizei ersetzen und so zur Beruhigung der Lage beitragen.

Die Beerdigung der erschossenen Demonstranten in einer gemeinsamen Zeremonie auf dem Wiener Zentralfriedhof ist für die Sozialdemokraten ein hoch emotionaler und bitterer Tag. Wieder heizt die *Arbeiter-Zeitung* die Stimmung an.

Am 20. Juli heißt es unter dem Titel »Das Vermächtnis der Toten«: »Versöhnung? Es gibt keine Versöhnung, nichts ist uns allen in unserer Trauer um unsere gefallenen Brüder und Schwestern ferner als der Gedanke an Versöhnung. Unauslöschlich in unser Gedächtnis eingegraben ist das Bild der zerfleischten Leiber, der klaffenden Wunden, unauslöschlich in unseren Herzen brennt der Hass gegen eine Gesellschaftsordnung, die solch blutigen Wahnsinn gebiert. Wir haben den Hass des Bürgertums erlebt, den hemmungslosen, rasenden Hass, der sich in den Salven der Polizei entlud, wir erwidern stolz und ohne Rückhalt den Hass«. Und doch ruft der Schreiber nicht zu Vergeltungsmaßnahmen auf: »Aber unser Hass wird andere Methoden wählen als die des Bürgertums; wir werden die Schüsse nicht mit Schüssen erwidern [...] sie knallen einzelne Arbeiter nieder, wir werden nicht einzelne, wir werden das ganze System vernichten [...] Ihr Blut wird gesühnt sein, wenn der Sozialismus siegt.« Für viele Leser scheint diese Argumentationsweise, Hass ohne blutige Rache, zu hoch zu sein. Sie ballen die Fäuste und wollen zurückschlagen.

Der Vorfall verhärtet die Fronten weiter, auch das Bürgertum rückt enger zusammen. Die Angst vor den »Roten« schließt hier die Reihen. Der katholische Prälat und Bundeskanzler Ignaz Seipel warnt in einer Rede am 17. Oktober 1927 die rote Reichshälfte: »Wenn wir die Feinde Jesu Christi in besser organisierten und bewaffneten Gruppen marschieren sehen, dann müssen wir alles dazu tun, die Mängel in unserer eigenen Bewaffnung und Organisation zu beheben. Die wahre Liebe für das Volk muss sich darin ausdrücken, dass wir dem entscheidenden Kampf im Volk und für das Volk nicht aus dem

Weg gehen«.[35] Ein Weg, der sieben unruhige Jahre später im blutigen Februar 1934 münden wird.

Ironie der Geschichte: Die Hauptschuldigen an der Brandstiftung, deren Funke auf eine ganze Stadt übersprang, werden in zehn Geschworenenprozessen freigesprochen.

10. KAPITEL

»Da kamen an einem Tag 60 Bettler.«

Franz Saxinger,
Dorothea Haider und
Marko Feingold

über Arbeitslosigkeit,
Not und Bettler

1932

Franz Saxinger,

geboren 1926,

Oberösterreich

Der Schnee knirscht bei jedem Schritt unter seinen Füßen. Franz geht querfeldein von der Schule nach Hause, zum elterlichen Hof. Er meidet die Straße, weil sie direkt beim Armenhaus vorbeiführt. Dort gibt es einen bissigen Hund, vor dem sich der Bub fürchtet. Schon von Weitem sieht Franz eine Gestalt, die sich rasch nähert. Der Mann scheint direkt auf ihn zuzukommen. Jetzt winkt und ruft er. Franz bleibt stehen. Er hat den Mann schon öfters auf dem Hof des Vaters gesehen. Der Fremde stürmt auf den Bauern-buben zu und packt ihn grob am Oberarm. »Gehörst du dem Kasberger?«, herrscht er das Kind an. Der Mann ist groß und kräftig. Sein Griff ist eisern. »Ja«, antwortet Franz und will die Hand abschütteln. Doch der Fremde zieht ihn näher an sich heran, viel zu nahe. »Du, ich reiß dir die Loser (Ohren – Anm.) aus, wenn mich dein Vater noch einmal ablehnt und mir kein Holz gibt.« Seine Stimme klingt verzweifelt.

»Alle sind im Winter zu meinem Vater um Holz gekommen«, schildert der Altbauer. »Der Hausname ist bei uns Kasberger. ›Geh, Kasberger, bitte, ich bräuchte ein Holz daheim, dass die Frau kochen kann.‹ Der Vater hat halt nie Nein sagen können und hat ihnen was zugeschnitten im Winter. So ist das Holz auch bei uns mal knapp geworden, wenn man alles hergibt.

Dann ist wieder einer gekommen, hätte wieder ein Holz mögen. ›Ja‹, hat der Vater gesagt, ›ich kann dir keines mehr geben, das brauchen wir selbst.‹ Das war der Mann, der mich auf dem Heimweg bedroht hat. Das Geld hat überall gefehlt. Da sind die Leute auf krumme Wege gekommen. Es ist auch viel eingebrochen worden. Es war eine traurige Zeit damals, es sind so viele Bettler herumgegangen. Da sind oft am Tag drei, vier Bettler gekommen. ›Geh, Bäuerin, bitte, ein Stück Fleisch oder ein Essen.‹ Die Mutter hat nie Nein sagen können, weil sie war eine christliche Frau. Sie hat nie wen abgewiesen.«

»Wir haben sogar ein extra ›Bettler-Bett‹ gehabt,« erinnert sich Franz Saxinger weiter, »weil die Kerle haben auch Ungeziefer mitgebracht. Da haben wir nicht im Hausstock, sondern in der Rumpelkammer ein Bettler-Bett aufgestellt. Da ist alle Augenblick' einer drin gewesen und dageblieben. Wir haben dann das Bett wieder pflegen müssen. Die Mägde haben sich gar nicht mehr runtergetraut, weil sie Angst vor dem Ungeziefer hatten. Es sind auch viele Bettler über Nacht im Stall geblieben, wenn es im Winter zu kalt gewesen ist. Im Sommer haben viele gebeten, dass sie in der Scheune über Nacht bleiben können. Da hat oft der Vater gesagt: ›Ja, aber die Zündhölzer musst hergeben‹, dass nichts passiert. In der Früh haben sie ein Frühstück 'kriegt. Auf Wiedersehen und sie sind wieder gewandert. So ist es jahrein, jahraus gegangen.«

Marko Feingold hat die Arbeitslosigkeit am eigenen Leib verspürt: »Ich war fünf Jahre bei einer Textilfirma angestellt, 1932 wurde ich entlassen. Da gab es in Wien eine unheimliche Arbeitslosigkeit. Es war unter den Brücken im Sommer fast kein Nachtquartier zu finden. Ich habe ein paar Schilling pro Woche Arbeitslosenunterstützung bekommen. Die 30 Schilling

Monatsmiete haben mir gefehlt. Weil die Not so groß war und die Vermieterin sicherlich keinen Mieter mehr gefunden hätte, war sie damit einverstanden, dass ich jeden Abend einen Schilling bezahlte. Waren auch 30 Schilling im Monat. Ich weiß noch, jeden Morgen habe ich einen Tee bekommen, der 20 Groschen gekostet hat. Damals hat man noch nicht die Sackerl gehabt. Vom Tee direkt, glaub ich, habe ich nie was gehabt, der war schon drei- bis viermal verdünnt. Aber das war die Notzeit, ich habe es verstanden, mit wenig Geld auszukommen.«

Der Dichter Anton Wildgans schreibt 1929 in seiner berühmt gewordenen »Rede über Österreich«: »Man hat uns Österreicher ein Volk von Phäaken genannt, und damit als zwar liebenswürdige, aber zugleich auch als allzu unernste und genießerische Leute abfertigen wollen, die Gott einen guten Mann sein lassen und spielerisch in den Tag hineinleben [...] Der Großteil unseres Volkes war aber immer regsam, tätig und in seinen Genüssen bescheiden. Nur dass es vielleicht das Wenige, das es zu genießen hatte, seiner ganzen Art nach auskostender, mitteilsamer und heiterer zu genießen wusste, als dies anderwärts der Fall sein mag. Aber hat es deshalb jemals, wenn es aufgerufen wurde von der Geschichte, seine Pflicht verabsäumt? Oder ist unsere Erde nicht bebaut bis an die äußerste Grenze des Fruchtens? Und sind ihre Kräfte und Schätze nicht genützt und gehoben?«[36] Zweifellos will Wildgans mit diesen Worten das Selbstbewusstsein der Österreicher heben, doch die Realität sieht in diesen bitteren Jahren anders aus.

Im November 1930 werden fast 240 000 registrierte Arbeitslose gezählt, im Februar 1931 gehen in Österreich bereits über 330 000 Menschen stempeln: Sie legen ihr Arbeitsbuch vor, um nachzuweisen, dass sie noch immer ohne Arbeit sind. Sie bekommen 12,60 Schilling pro Woche, das reicht kaum für die notwendigsten Nahrungsmittel einer Familie. Die Statistik erfasst jedoch nur jene Menschen, die Arbeitslosenunterstützung erhalten. Sogenannte »Ausgesteuerte«, die nach einer gewissen Unterstützungsdauer eine kleine Abfindung erhalten haben, scheinen nicht auf. Die Gesamtzahl der Menschen ohne Arbeit und Lohn ist also weitaus höher. Die Arbeitslosigkeit betrifft alle Wirtschaftszweige, aber in der Industrie ist sie besonders hoch. In Industriestädten wie Steyr oder Donawitz ist mehr als die Hälfte der Einwohner ohne Arbeit. Das Straßenbild wird von Menschen geprägt, die um Arbeit betteln. Sie tragen Schilder mit der Aufschrift »Nehme jede Arbeit an«, oft haben sie kleine Kinder an der Hand. Arbeitslose Akademiker verdingen sich als Musikanten. Das »Bettler-Unwesen« nimmt immer mehr zu. Am 3. September 1935 berichtet die *Kronen Zeitung*: »Bei Bettler-Razzien in Oberösterreich wurden 915 Personen aufgegriffen, darunter 488 Oberösterreicher. Das Bettler-Haftlager in Schlögen an der Donau ist bereits fertiggestellt. Leute, die sich in diesem Lager brav aufführen, werden nach kurzer Zeit in den freiwilligen Arbeitsdienst, in die Privatwirtschaft, vielleicht auch in den Militärdienst überführt.« Der Staat sperrt seine ärmsten, verzweifeltsten Bürger weg. Es ist eine Bankrotterklärung. Die wenige Hilfe, die die marode Republik zu geben vermag, reicht bei Weitem nicht aus. Die Winterhilfe des Bundesheeres sammelt alte Kleider für die Armen. Wer nichts verdient, kann meist die Miete nicht mehr bezahlen und wird deloglert. An den Stadträndern entstehen Elendsquartiere, in denen die Arbeitslosen zusammengepfercht sind. Manche Gemeinden richten Wärmestuben ein, damit Obdachlose nicht erfrieren. Die Kirche und Hilfsorganisationen wie die Quäker verteilen Suppen und Brot, doch es ist nicht genug, um die Not zu lindern. Bettler ziehen von Wohnung zu Wohnung, von Haus zu Haus. Arbeitslosigkeit schafft nicht nur wirtschaftliche Not, sondern macht auch empfänglich für politische Parolen aller Art, die Abhilfe versprechen. In einer Zeit, in der der politische Extremismus blüht, erweist sie sich als gefährlicher Nährboden.

*

1933
Dorothea Haider,
geboren 1918,
Linz

Es läutet an der Wohnungstür. Das Mädchen seufzt und legt das Wörterbuch zur Seite. Sie arbeitet an einer schwierigen Latein-Hausübung und wird immer wieder aus der Konzentration gerissen. Bestimmt steht wieder ein Bettler vor der Tür. Heute Nachmittag haben schon über zehn Menschen nach einer milden Gabe gefragt. Es hat sich wohl herumgesprochen, dass man hier in der Wohnung eines angesehenen Arztes etwas bekommt. Dorothea geht zur Tür. Der Vater ist in der Ordination, die Mutter erledigt Einkäufe. Die Gymnasiastin weiß, dass die Menschen aus echter Not betteln. Sie bemüht sich, ihre Ungeduld zu verbergen. Das Mädchen nimmt zehn Groschen aus ihrem Portemonnaie und öffnet.

»Ich weiß, wir haben einmal gezählt, und da kamen an einem Tag 60 Bettler«, erinnert sich die alte Dame. »Die haben nicht um Geld gebettelt, sondern um ein Stück Brot oder um alte Schuhe. Das ist mir in Erinnerung, dass diese große Not, die geherrscht hat, sehr deprimierend war. Man hat halt geschaut, was man geben kann. Damals waren 10 Groschen eigentlich ziemlich viel. Da hat man um 10 Groschen zehn Stollwerck gekriegt. Das war, was man entbehren hat können.«

Die Tochter eines Gynäkologen betont, dass es ihr selbst gut ging. »Ich habe eine wunderschöne Jugend gehabt. Ich bin meinen Eltern, vor allem meinem Vater, immer noch dankbar. Wir haben in der Schule jedes Jahr für die armen Leute gesammelt und gestrickt und die haben sie dann beschenkt. Das war eigentlich eine schöne Zeit für uns, weil wir gesehen haben, wir können etwas Gutes tun, wo es uns so gut geht.«

Trotz der großen Not vieler Österreicher ist nicht alles grau und düster in dieser Zeit. Bürgerliche Familien, wie die Arzt-Familie Rupp in Linz oder die Journalisten-Familie Molden in Wien, können zumindest zeitweise die deprimierende politische und wirtschaftliche Situation vergessen. In den Wiener Kinos laufen bereits Tonfilme, auf der Bühne des Theaters in der Josefstadt spielen Paula Wessely und Hans Moser, die bald zu Publikumslieblingen avancieren werden. Wilhelm Furtwängler leitet die Wiener Philharmoniker. Charlie Chaplin kommt nach Wien und wird stürmisch gefeiert. Stefan Zweigs *Sternstunden der Menschheit* wird 250 000-mal verkauft. Theater, Operette und Literatur feiern Erfolge. Auch Fußballfans haben Grund zur Freude: Das rot-weiß-rote Wunderteam schlägt am 14. September 1931 Deutschland 5:0. Es ist eine Freude, die Arbeiter und Bürgerliche miteinander teilen.

11. KAPITEL

»Wir hätten bis zum letzten Mann gekämpft!«

Fritz Propst, Dorothea Haider und Fritz Molden

über die blutigen Kämpfe im Februar 1934

1933

Fritz Propst,
geboren 1916,
Wien

Fritz bemüht sich, langsam zu gehen, zu schlendern. Alles in ihm sträubt sich dagegen. Der junge Mann will marschieren, marschieren wie an jedem 1. Mai. Doch die Regierung hat den Aufmarsch der Arbeiterschaft verboten und die Parteiführung hat sich gefügt. »Wir gehen eben auf dem Gehsteig und demonstrieren auf diese Weise!«, haben die Älteren gesagt. Merkt denn niemand, dass Österreich zu einer Diktatur wird? Der Lehrling denkt an den vergangenen 1. Mai. Tausende Arbeiter waren unterwegs, Zuschauer haben ihnen begeistert zugewunken. Heute jubelt niemand. Es gibt ja auch keine offizielle Demonstration. Fritz ist ganz in seine düsteren Gedanken versunken, als er bemerkt, dass die Kameraden rund um ihn abrupt anhalten. Sie stehen vor einem Stacheldrahtverhau. Er wird von Bundesheersoldaten bewacht. Sie haben ernste, verschlossene Gesichter. Manche bringen jetzt demonstrativ ihre Gewehre in Anschlag. Flüchtig denkt Fritz daran, dass viele der Uniformierten etwa in seinem Alter sind. Aber sie stehen auf der anderen Seite. Sie schützen einen Staat, der seinen Bürgern das Demonstrieren verbietet.

»Dass der Maiaufmarsch verboten wurde, hat praktisch dem Fass den Boden ausgeschlagen. Bei den Maiaufmärschen sind bis 1933 bis zu 400 000 Menschen marschiert, das muss man sich vorstellen. Außerdem sind am Ring noch ganze Kolonnen von Menschen gestanden und haben gewunken. Also, es war wirklich eine Massenangelegenheit, und jetzt sollten wir nur Freundschaft von einer Seite auf die andere rufen? Das ist doch keine Demonstration. Keine Losungen, keine Transparente, nichts. Aber wir haben das gemacht und sind auf dem Gehsteig spazieren gegangen, marschieren durfte man ja nicht. Wir sind nur spazieren gegangen in die Stadt, und wie wir zum Ring kommen, war dort Stacheldraht und hinter dem Stacheldraht Militär mit Maschinengewehren. Wenn jemand weitergegangen wäre, hätten die glatt geschossen. Also, das war eine furchtbar deprimierende Sache für die ganze Sozialdemokratie. Meine Freunde und ich, wir waren vier Rote-Falken-Führer, haben gesagt: ›Wir sehen, der Dollfuß will auch in Österreich den Faschismus aufbauen.‹ Er war ja eng verbunden mit Mussolini und mit Horthy in Ungarn. Wir haben gesagt, wir müssen etwas tun, dass wir – wenn wir verboten werden – illegal weiterkämpfen können. Die Kommunisten haben eine illegale Organisation gehabt und da hat ein Freund Kontakt bekommen. So haben wir den kommunistischen Jugendverband in Favoriten aufgebaut und später in ganz Wien. Zu der Zeit war ich also praktisch schon Mitglied der kommunistischen Jugend, aber gleichzeitig natürlich auch Rote-Falken-Führer.«

Der junge Fritz Propst wird durch die Armut seiner Familie geprägt. Früh erfährt er, dass das Leben im Wien der Zwanziger- und Dreißigerjahre von sozialen Ungerechtigkeiten bestimmt wird, und lehnt sich dagegen auf: »Wir mussten eine neue Wohnung bekommen und sind nach Favoriten übersiedelt. Nach wenigen Tagen ist schon ein Funktionär der SPÖ gekommen, der von Tür zu Tür gegangen ist: ›Sind hier Kinder ab zwölf Jahren? Wir wollen eine Kindergruppe gründen, die Roten Falken!‹ – ›Ja! Ich möchte da hingehen!‹, hab' ich gesagt. Ich war an einer Kindergemeinschaft interessiert, und so bin ich zu den Roten Falken gekommen. Dort haben wir einen Gruppenführer bekommen, der war im Dorotheum von Favoriten beschäftigt. Wir haben Heimabende gehabt und er hat Geschichten erzählt, die mich sehr beeindruckt haben: Die Leute sind so arm und kommen zu ihm und versetzen ihren Ehering oder ihre Taschenuhr. Dann bekommen sie einen kleinen Betrag. Nach einem Jahr müssen sie das auslösen, sonst verfällt es und wird versteigert. Einmal ist am letzten Tag ein armer Arbeiter gekommen und hat ihn angeweint, er hat das Geld nicht, was soll er machen, es ist doch sein Ehering und den möchte er nicht vermissen. Er hat ihm etwas Geld geborgt, als kleiner Angestellter, damit er das auslösen kann. So habe ich die soziale Lage mitbekommen, wie es den anderen Menschen geht. Es geht nicht nur uns schlecht, es geht so vielen schlecht. Wenn man mit anderen Kindern auf der Straße spielt, erfährt man das ja. Das ist die allgemeine Situation. Das hat eigentlich mein Leben geformt, meine ganze Einstellung: Dass diese Gesellschaftsordnung eine ungleiche ist, dass es Menschen gibt, die viel haben, und andere, die sehr wenig haben.«

Dem Arbeiter Fritz Propst ist die Haltung der österreichischen Sozialdemokratie in jenen Jahren zu lasch: »Also zu dieser Zeit, muss ich sagen, waren meine Freunde und ich schon sehr enttäuscht. Wir haben oft die ganze Lage diskutiert. Das war ja schon nach der Machtergreifung Hitlers in Deutschland, der Parteivorstand hat immer nur die Parole

Beruhigung ausgegeben. Es wurde nichts unternommen, um abzuwehren, dass auch bei uns die Demokratie ausgeschaltet wird. Es gab ja Anzeichen: Zuerst wurden die Kommunistische Partei und der Schutzbund verboten, dann wurde das Parlament ausgeschaltet. Es wurden Arbeiterfunktionäre verhaftet und beschuldigt, irgendwelche Aufwiegelei zu machen und so weiter. Der Parteivorstand hat immer wieder gesagt, wenn das passiert oder wenn der Bürgermeister von Wien abgesetzt wird, dann schlagen wir los. Aber es wäre notwendig gewesen, schon bei der Auflösung des Parlaments einen Generalstreik auszulösen. Damals waren die Arbeiter noch sehr kampfbereit.«

Am 4. März 1933 führt eine Geschäftsordnungsdebatte im Parlament zum Rücktritt aller drei Nationalratspräsidenten. Dieser Umstand wird vom christlichsozialen Bundeskanzler Engelbert Dollfuß genutzt. Die Regierung missbraucht das aus Kriegszeiten stammende Notverordnungsrecht, um ohne Volksvertretung regieren zu können. »Das Parlament hat sich selbst ausgeschaltet«, heißt es im regierungstreuen Lager. Auch Deutschland erlebt im März 1933 schicksalsträchtige Tage. Am 5. März gewinnt Adolf Hitler die Wahlen. Die *Arbeiter-Zeitung* warnt: »Hitler Herr über Deutschland, das heißt, alle Freiheitsrechte aufgehoben, alle Meinungsverschiedenheit unterdrückt, alle Gefängnisse gefüllt, alle Sozialisten vogelfrei.« Es gibt in Österreich nicht wenige, die diese Vorstellung nicht abschreckend finden. 12 000 Nationalsozialisten feiern in einer Halle des Nordwestbahnhofes Hitlers Sieg und fordern den Rücktritt der Regierung Dollfuß. Diese hat freilich andere Pläne. Am 7. März können die Menschen einen Aufruf der Regierung »An Österreichs

Volk« lesen, der an Plakatwänden affichiert wird. Der Bevölkerung wird mitgeteilt, dass der Nationalrat handlungsunfähig sei, die Regierung aber ihre Pflichten erfüllen werde. Alle Aufmärsche und Versammlungen sind verboten. Aufgrund des »Kriegswirtschaftlichen Ermächtigungsgesetzes« werden staats- und volksschädliche Missbräuche bestraft. Die Presse wird unter Zensur gestellt. »Folgt uns! Helft uns! Es gilt, Österreichs braves und tüchtiges Volk aus Entbehrungen und höchsten Gefahren zu retten!«, heißt es wörtlich. Das Bundesheer wird in Bereitschaft versetzt.

Am 8. März 1933 fordert die *Neue Freie Presse* »die schleunigste Wiederherstellung der parlamentarischen Aktionsfähigkeit« und warnt: »Eine Diktatur durch das Kriegswirtschaftliche Ermächtigungsgesetz, das wäre wohl der schlechteste Weg zum sozialen Frieden, zur wirtschaftlichen Erholung und zur Vermeidung des Untergangs.« Vergeblich.

Sollen die Sozialdemokraten den Schutzbund einsetzen und zum bewaffneten Widerstand aufrufen? Die Parteiführung zögert. Es würde ein Blutbad geben. Otto Bauer meint, dies nicht verantworten zu können: Es gäbe »Opfer, die wir vor den Müttern dieses Landes nur verantworten können, wenn wir vorher alles getan haben, was eine friedliche Lösung auf dem Boden der Volksfreiheit möglich macht«.[37] Als der Nationalrat am 15. März versucht, neuerlich zu einer Sitzung zusammenzutreten, wird dies von der Regierung verhindert. Die sozialdemokratischen und großdeutschen Abgeordneten wollen die am 4. März nur unterbrochene Sitzung ordnungsgemäß schließen. Jene Abgeordneten, die sich bereits im Sitzungssaal befinden, werden von der Polizei hinauseskortiert, andere mit Waffengewalt am Betreten des Saales gehindert.

Auch die Zensur greift bereits. Am 19. März wird die *Arbeiter-Zeitung* beschlagnahmt, weil darin eine Anfrage sozialdemokratischer Abgeordneter abgedruckt worden ist. Tags darauf erinnern die Redakteure Justizminister Schuschnigg an den von ihm auf die Verfassung geleisteten Eid, heißt es doch in Artikel 33 des Bundesverfassungsgesetzes: »Wahrheitsgetreue Berichte über die Verhandlungen in den öffentlichen Sitzungen des Nationalrates und seiner Ausschüsse bleiben von jeder Verantwortung frei.« »Herr Minister!«, heißt es kämpferisch, »Sie sind unser politischer Gegner. Sie gehören einer Regierung an, gegen die wir im allerschärfsten Kampfe stehen. Deshalb bitten wir Sie um nichts, weder um Einsicht noch um Gunst. Wir erinnern Sie an das Recht.« Es ist nicht überliefert, ob Kurt von Schuschnigg den Appell der *Arbeiter-Zeitung* gelesen hat.

Über 1 Million Menschen fordern Bundespräsident Miklas in einer Petition auf, Neuwahlen anzusetzen. Er reagiert nicht. Österreich ist längst auf dem Weg zur Diktatur. Ende März 1933 lässt Engelbert Dollfuß den Republikanischen Schutzbund verbieten und entwaffnen. Streiks werden verboten, ebenso der traditionelle Maiaufmarsch der Sozialdemokraten und Kommunisten. Die Wiener Innenstadt wird mit Soldaten abgeriegelt. Schilder werden angebracht: »Bei Weitergehen wird scharf geschossen!« In alten *Wochenschau*-Aufnahmen sieht man unmittelbar hinter Stacheldrahtverhauen gefüllte Schanigärten, aus denen die Gäste scheinbar unbeteiligt das Treiben des Militärs beobachten. Die Parteiführung der Sozialdemokraten verzichtet auf eine offene Konfrontation. Ein

»Maispaziergang« wird organisiert. Kleine Flugblätter geben folgende Parole aus: »Am 1. Mai trifft sich das freiheitsliebende Volk von Wien zwischen 10 und 11 Uhr zu einem friedlichen Spaziergang auf der Ringstraße.« Auf der Rückseite steht: »Demonstrationen kann man verbieten, Spaziergänge sind erlaubt.« Es kommt zu keinen Zwischenfällen. Die Regierung hat gewonnen.

Anfang Mai werden alle Wahlen auf Bundes-, Landes- und Gemeindeebene ausgesetzt. Am 11. September verkündet Bundeskanzler Dollfuß bei einer Kundgebung am Wiener Trabrennplatz sein Programm: »Die Zeit der Parteienherrschaft ist vorbei! Wir lehnen Gleichschalterei und Terror ab, wir wollen den sozialen, christlichen, deutschen Staat Österreich auf ständischer Grundlage, unter starker, autoritärer Führung! Autorität heißt nicht Willkür, Autorität heißt geordnete Macht, heißt Führung durch verantwortungsbewusste, opferbereite Männer [...] Niemals werden wir irgendwie den Arbeitern ihre Lebens- und Grundrechte nehmen.«[38] Der letzte Satz muss Sozialdemokraten und anderen Regimegegnern, die die Kanzlerrede in der Zeitung nachlesen, als Hohn erscheinen.

Zwei Monate später wird die Todesstrafe in Verfahren vor Standgerichten eingeführt, unter anderem für das Verbrechen der öffentlichen Gewalttätigkeit. Die Voraussetzungen für den blutigen Februar 1934 sind geschaffen.

*

1934

Dorothea Haider,
geboren 1918,
Linz

Die schwarze Arzttasche schnappt zu. Der Vater hat noch
einmal kontrolliert, ob er die notwendigsten Dinge dabei-
hat. Verbandszeug, Jod, Medikamente. Als Militärarzt, der
im Ersten Weltkrieg gedient hat, weiß er nur zu gut, was bei
Schussverletzungen gebraucht wird. Dolly sieht den
entschlossenen Zug um den Mund ihres Vaters. Er wird den
Verletzten helfen, auch wenn er sich dabei selbst gefährdet.
Seit den Morgenstunden sind in der Wohnung Schüsse zu
hören. Anfangs war unklar, woher sie kommen, doch seit
einiger Zeit kann Dorli vom Fenster aus beobachten, was
vor sich geht. Polizei und bewaffnete Zivilisten sind in
einen regelrechten Kampf verwickelt. Wahrscheinlich gibt
es Verletzte, vielleicht sogar Tote. »Ihr geht heute nicht auf
die Straße!«, mahnt der Vater, dann fällt die Türe ins
Schloss.

Der 12. Februar 1934 ist ein Tag, den Dorothea Haider nicht
vergisst: »Eigentlich ist es bei uns in Linz, fast vor unserer
Haustür, losgegangen im 34er-Jahr. Wir haben in der Fadinger-
straße gewohnt, das ist ja im Stadtzentrum. Da war zuerst der
Putsch der Sozialisten, das hat sich dann bis nach Wien ausge-
breitet. Da war das Bundesheer auf der einen Seite und die
Sozialisten auf der anderen Seite. Aber mit 16 Jahren versteht
man das noch nicht so. Vielleicht empfindet man es als junger
Mensch auch nicht als so furchtbar. Jedenfalls waren die Schu-

len gesperrt. Wissen Sie, in dem Alter freut man sich, wenn man keine Schule hat. Mein Vater hat da eigentlich kaum Stellung bezogen. Er hat natürlich als Arzt wieder einen Einsatz gemacht. Es waren ja auf beiden Seiten Verwundete und Tote. An das erinnere ich mich schon. Dann kamen wieder normale Verhältnisse.«

Noch am 9. Februar, drei Tage vor Ausbruch der Gewalt, warnt der christlichsoziale Abgeordnete Leopold Kunschak: »Gott gebe, dass die Zerrissenheit von Geist und Seele in unserem Volk und in unseren Führern bald zu einem Ende kommen, bevor Volk und Land an Gräbern stehen und weinen.«[39] Kunschak weiß aus persönlicher Erfahrung, was politischer Hass anrichten kann: Sein Bruder Paul erschoss 1913 den sozialdemokratischen Reichsratsabgeordneten Franz Schuhmeier, wurde zum Tode verurteilt, zu 20 Jahren Haft begnadigt und schließlich 1918 amnestiert.

Dem Gewaltausbruch von Linz geht eine dramatische Kette von Aktion und Reaktion voraus: Am Abend des 11. Februar kommt ein älterer Herr, der pensionierte Bundesbahnbedienstete Anton Mayr, mit dem Schnellzug am Wiener Westbahnhof an. Er hat einen brisanten Brief bei sich, den er Otto Bauer und Theodor Körner überbringen soll. Darin teilt der oberösterreichische Schutzbundführer Richard Bernaschek seinen »unabänderlichen Beschluss« mit: »Wenn morgen, Montag, in einer oberösterreichischen Stadt mit einer Waffensuche begonnen wird oder wenn Vertrauensmänner der Partei bzw. des Schutzbundes verhaftet werden sollten, wird gewaltsamer Widerstand geleistet und in Fortsetzung dieses Widerstandes zum Angriff übergegangen werden.« Vizekanzler Emil Fey hat am 11. Februar bei einer Heimwehrübung eine Rede gehalten, die von den Sozialisten als Drohung aufgefasst werden muss: »Die Aussprachen von gestern und vorgestern haben uns die Gewissheit gegeben, dass Kanzler Dollfuß der Unsrige ist. Wir werden morgen an die Arbeit gehen, und wir werden ganze Arbeit leisten für unser Vaterland.« Er schließt mit dem unvermeidlichen »Heil Österreich!« Die Zeichen stehen auf Sturm. Otto Bauer, der den kämpferischen Brief erst nach einem Kinobesuch erhält, will den oberösterreichischen Hitzkopf zurückpfeifen. »Ernst und Otto schwer erkrankt. Unternehmen aufschieben«, lässt er Bernaschek in einem verschlüsselten Telefonat ausrichten. Doch der oberösterreichische Schutzbundführer hört nicht auf den Wiener: Waffen werden aus ihren Verstecken geholt und verteilt. Das Telefonat hat aber eine andere Folge: Es wird abgehört und die geplante Waffensuche der Polizei vom Linzer Parkbad ins Hotel Schiff verlegt. Dort warten 38 Schutzbündler auf ihre Ablöse um 9 Uhr. Um 7 Uhr betritt die Polizei das Gebäude. Es kommt zu Schusswechseln. Bernaschek verbarrikadiert sich in einem Zimmer und greift zum Telefon: »Generalstreik ausrufen! Sofort nach Wien weitergeben!« Die Wiener *Arbeiter-Zeitung* und die Partei-führung erfahren von den Vorgängen. Die Kämpfe breiten sich in Linz aus. Die Schutzbündler erobern den Bahnhof und die Schiffswerft, auch beim Linzer Radiosender wird gekämpft. Am Abend des 12. Februar haben 4000 Mann der Regierungstruppen 2000 Schutzbündler besiegt. Doch der Funke ist bereits auf die Hauptstadt übergesprungen.

*

1934
Fritz Molden,
geboren 1924,
Wien

Fritz, Alfons und Karli sind gut gelaunt. Für die Zehnjähri-
gen ist heute ein guter Tag. Kurz nach 9 Uhr und keine
Schule mehr. Vor ein paar Minuten ist die Direktorin in die
Klasse gekommen und hat sie nach Hause geschickt. Es sei
Bürgerkrieg, hat sie gesagt. Was immer das ist, die drei
Buben denken nicht daran, nach Hause zu gehen. Einen
geschenkten freien Tag kann man auf dem Fußballplatz viel
besser ausnützen. Aufgeregt stürmt das Trio aus der Schule.
Sie werden zur Hohen Warte gehen. Dort trainiert die Schülermannschaft der Vienna. In diesen Klub aufgenommen zu
werden, das wäre prima, darin sind sich die Volksschüler
einig. Sie sind voller Vorfreude: Vielleicht haben sie heute
Glück und dürfen mitspielen.

»Wir sind also hingegangen. Ein paar Spieler vom damaligen
Wunderteam waren auf dem Platz, die waren zum Teil bei der
Vienna. Der Schmaus Willi, der war Verteidiger und hat
nebenbei die Schülermannschaft dirigiert. Wir haben gefragt,
ob wir trainieren dürfen. ›Seid's deppat? Ab nach Hause,
verkriecht euch unter den Betten.‹ – ›Warum?‹, haben wir
gefragt. Da hat er auf die Hohe Warte gezeigt, die über dem
Fußballplatz ist, und wir haben gesehen, wie Soldaten gerade
Kanonen aufstellen. Diese Kanonen haben dann auf den Karl-
Marx-Hof, einen großen Gemeindebau in Wien-Heiligenstadt,

geschossen. Dann sind wir nach Hause gerannt. Meine Mutter hat sich schon gedacht, wir sind alle umgekommen im Bürgerkrieg, aber es war gar nichts passiert. Wir sind gut nach Hause gekommen.«

Wenig später hört der Zehnjährige im Elternhaus die Schusswechsel des Bürgerkrieges:»Um die Ecke von uns, von der Osterleitengasse, war ein Arbeiterheim. Das haben sich die Sozialisten 1934 auch ein oder zwei Tage verteidigt. Wir haben sie schießen gehört, das war nur 100 Meter von uns weg. Das waren meine ersten Schießerinnerungen, leider waren es nicht die letzten.«

Am 12. Februar schreibt Berta Zuckerkandl, die letzte große Salonnière Wiens, an ihre Schwester:»Liebste! Ein blutiger Tag! Der latente Konflikt, der zwischen Regierung und Sozialisten herrschte, wurde nun auf der Straße ausgetragen. Die irreguläre Heimwehrarmee, befehligt von einem Major Fey, der wegen seiner Brutalität berüchtigt ist, hat mit Maschinengewehren die Arbeiterhäuser beschossen, wehrlose Frauen und Kinder angegriffen. [...] Du würdest das arme Wien nicht wiedererkennen. Dem allmählich aufblühenden Österreich, dessen Fremdenverkehr sich schneeballartig entwickelt hatte, ist die allerschwerste Wunde geschlagen worden. Man meidet ein Land, in dem Blutpolitik betrieben wird.«[40]

*

1934

Fritz Propst,
geboren 1916,
Wien

Der Atem des jungen Mannes bildet kleine Wölkchen in der Februarluft. Es ist kalt, doch trotz seiner dünnen Jacke spürt Fritz die winterlichen Temperaturen nicht. Er geht schnell, fast im Laufschritt. Jede Minute zählt. Die Freunde, die Kameraden im Jugendheim, warten auf ihn. Es ist so weit: Heute schlagen die Arbeiter zurück. Fritz erinnert sich noch gut an jenen Julitag, an dem der Justizpalast brannte. Als Elfjähriger war er hilflos, als die Polizei auf demonstrierende Genossen schoss. Aus dem wütenden Kind ist ein wütender junger Mann geworden. Er ist nicht mehr wehrlos. Der Lehrling hat gelernt zu schießen und er wird es tun. Heute noch. Endlich erreicht er das Haus, in dem er mit seinen Freunden die karge Freizeit verbringt. Der Versammlungsraum liegt im Halbdunkel, doch das Wesentliche erkennt Fritz auch so: Auf einem Tisch liegen fünf Gewehre und Munition. Sie werden ihr Heim verteidigen. Die wütenden jungen Männer schlagen zurück. Endlich.

Auch nach 79 Jahren sieht der alte Herr die Waffen noch vor sich: »Wir hatten fünf Gewehre und waren 30 Mann. Wir mussten uns also einteilen: Wir sind die ersten fünf. Wenn der fällt, kommt der dran, und wenn der fällt, kommt der dran. Wir hätten alle bis zum letzten Mann gekämpft. Wir waren damals fest entschlossen. Nur ist keine Heimwehr und keine Polizei zu unserem Jugendheim gekommen, dadurch lebe ich heute noch.«

Das Signal zum Kampf geht von den Arbeitern der E-Werke aus: »Ich habe auf der Mariahilferstraße gearbeitet und auf einmal ist das Licht ausgegangen. Wir schauen raus und alle Straßenbahnen stehen. Mein Chef schickt mich fragen: ›Was ist los?‹ Die Antwort: ›Ja, Generalstreik!‹ Ich habe es meinem Chef erzählt, worauf wir auch bei uns Schluss gemacht haben. Ich bin nach Hause gegangen und später in unser Jugendheim. Die Losung war, man soll alle Gemeindebauten und Arbeiterheime besetzen und vor Angriffen der Heimwehr schützen. So haben wir eben unser Jugendheim besetzt gehalten. Ich war ja Mitglied vom Jugendschutzbund. Mein Freund Otto, auch ein Rote-Falken-Führer, und ich sind dann beauftragt worden, zum Quellenhof zu gehen und die Situation zu erkunden. Wir sind gerade hingekommen, wie die Arbeiter, die Schutzbündler, die Waffen weggeworfen haben und weggegangen sind. Das haben wir unserem Kommandanten in unserem Heim berichtet und darauf hat er gesagt: ›Wir machen Schluss!‹ Ich bin dann wieder ins Geschäft gegangen und bin von meinem Chef fristlos entlassen worden.«

Die Elektrizitätswerke beginnen um 11 Uhr 30 zu streiken, rund eine Viertelstunde später schalten die E-Werk-Arbeiter den Straßenbahnen den Strom ab. Es ist das Signalzeichen für die Schutzbündler. Sie stellen sich auf einen bevorstehenden Kampf ein. Auch der Staat macht sich bereit: Über Wien wird das Standrecht verhängt. Das Bundesheer rückt aus, der erste Bezirk wird – wie am 1. Mai 1933 geübt – mit Stacheldraht abgesperrt. Im Gemeindebau »Sandleiten« fallen gegen 13 Uhr die ersten Schüsse. Polizei und Militär wissen, was zu tun ist.

Sie sperren die einzelnen Bezirke ab und trennen so die Schutzbundabteilungen voneinander. Sie werden umzingelt, der Widerstand wird gebrochen. Otto Bauer und Julius Deutsch leiten den Kampf aufseiten der Sozialdemokraten. Sie haben ihr Quartier im George-Washington-Hof in Favoriten aufgeschlagen. Von dort aus versuchen sie die einzelnen Schutzbundabteilungen mithilfe von Meldern zu befehligen. Am späten Nachmittag besetzen Heimwehr und Polizei das Rathaus. Der sozialdemokratische Bürgermeister Seitz wird aller Ämter enthoben und gewaltsam aus dem Rathaus entfernt. Die einzelnen Schutzbundabteilungen, die sich in Gemeindebauten verschanzt haben, kämpfen ohne Verbindung zueinander.

Jene Tage im Februar 1934 prägen den jungen Fritz Propst: »Im Quellenhof, einem großen Gemeindebau im zehnten Bezirk, war eine hundertköpfige Mannschaft vom Schutzbund mit Maschinengewehren. Die sind dann von einem Parlamentarier aufgefordert worden, entweder sie legen die Waffen nieder oder es wird mit Kanonen auf das Haus geschossen. Kanonen sind bereits am Laaer Berg in Position gebracht worden und haben die Zielrichtung auf diesen Gemeindebau. Nachdem man gehört hat, dass die Arbeiter auch im Karl-Marx-Hof aufgegeben haben, nachdem dort geschossen worden ist, haben die Arbeiter beschlossen zu kapitulieren. Es war ja auch keine Revolution, es war nicht organisiert. Es war einfach ein spontaner Abwehrkampf der Arbeiter, die sich nicht dem Faschismus beugen wollten. Es wurde kein Ministerium besetzt, es wurde kein Minister angegriffen.«

Die Parteileitung ruft zum Generalstreik auf: Wenn alle Betriebe und alle Verkehrsmittel stillstehen, müsste die Regierung verhandeln. Aber der Streik bleibt aus. Entgegen der Hoffnung der Arbeiter verhalten sich auch Polizei und Bundesheer der Regierung gegenüber loyal. Am 13. Februar greift der Schutzbund an: Wachzimmer werden überfallen, die Straßenbahnremise und die Hauptfeuerwache besetzt.

Innenminister und Heimwehrkommandant Emil Fey geht mit Härte gegen die Aufständischen vor und bringt schwere Artillerie gegen Wiener Gemeindebauten in Stellung. Zwar hat Bundeskanzler Dollfuß zunächst den Einsatz von Tränengas angeordnet, doch dieses darf das österreichische Bundesheer aufgrund des Vertrages von St. Germain nicht besitzen. Der Aufstand wird mithilfe von Artillerie niedergeschlagen. Nach nur zwei Tagen, am 14. Februar, kapitulieren in Floridsdorf die letzten Schutzbündler vor der Übermacht der Kanonen. Die sozialdemokratischen Parteiführer Otto Bauer und Julius Deutsch sind schon am ersten Tag nach Tschechien geflohen.

Vor allem dass die Regierung mit Kanonen auf Gemeindebauten schießen ließ, empört den ehemaligen Kämpfer Propst noch heute: »Es hat ja viele Tote gegeben bei den Kämpfen. Auch Frauen und Kinder sind in den Wohnungen getötet worden. Allein in Wien sind mehrere Tausend verhaftet worden. Die habe ich dann später, wie ich in der illegalen Arbeit war und verhaftet wurde, im Gefängnis getroffen. Und es gab Hinrichtungen: In unserem Bezirk war zum Beispiel ein Schuster, der hatte drei kleine Kinder. Das älteste war zehn Jahre und das jüngste zwei Jahre alt. Er wurde verletzt, aus einem Polizeiauto angeschossen, und ist dann zum Tode verurteilt worden. Er wurde mit der Tragbahre zum Galgen gebracht und aufgehängt. Ein Familienvater mit drei kleinen Kindern! Nachher ist Frau Dollfuß zu seiner Witwe gegangen und hat sich für ihren Mann entschuldigt.« Nachsatz: »Ich war mit der Familie befreundet.«

Die Februarkämpfe haben mehr als 300 Tote und Hunderte Verletzte gefordert. Viele Sozialdemokraten werden in der Folge verhaftet und im Lager Wöllersdorf interniert. Die Sozialdemokratische Partei wird verboten. Der Weg ist nun frei für den austrofaschistischen Ständestaat. Dieser demonstriert tödliche Härte: Neun prominente Schutzbündler werden standrechtlich zum Tode verurteilt und hingerichtet. Darunter der mit Fritz Propst befreundete und bei den Kämpfen verletzte Schuster Karl Münichreiter.

Auch der den Österreichern als wenig martialisch in Erinnerung gebliebene Leopold Figl trägt im Februar 1934 Uniform. Als Landesführer der Niederösterreichischen Sturmscharen nimmt er auf Regierungsseite an den Kämpfen teil. Erst am 2. Februar 1934 hat in Wien eine riesige Demonstration des Bauernbundes stattgefunden. 110 000 Bauern marschieren in Wien auf und geben Bundeskanzler Dollfuß, der die Ehrentribüne vor dem Kriegsministerium errichten lassen hat, das Gefühl von Macht. »Durch die Ferne noch gedämpfte Heilrufe klingen zwischen den Klängen einer marschierenden Musikkapelle. Die Rufe verstärken sich in gewaltigem Rhythmus und schwellen zum Orkan: Die akademische Ortsgruppe des Niederösterreichischen Bauernbundes, die den Riesenzug eröffnet, huldigt unter Führung des Bauernbunddirektors Ing. Figl im Vorbeimarsch dem Bundeskanzler«, schwelgt der *Bauernbündler* im Stil der Zeit.[41] Nur zehn Tage später fließt Blut.

Bei aller Dramatik der Ereignisse gibt es auch viele Menschen, die von den Kämpfen gar nichts bemerken. Stefan

Zweig beispielsweise ist Anfang 1934 von London nach Wien gekommen. Er hat dort an seinem Roman *Maria Stuart* gearbeitet. Der Schriftsteller spürt eine allgemeine Spannung in der Luft und zitiert in seiner *Welt von Gestern* William Shakespeare: »So foul a sky clears not without a storm.« Der Sturm zieht herauf und Zweig erlebt die »Kälte des Februars« in Wien, ohne freilich von den Kämpfen irgendetwas mitzubekommen: »Wer sich vorgesetzt hat, ein möglichst ehrliches und anschauliches Bild seiner Zeit zu geben, muss auch den Mut haben, romantische Vorstellungen zu enttäuschen. Ich war an diesen historischen Februartagen 1934 in Wien und habe nichts gesehen von diesen entscheidenden Ereignissen, die sich in Wien abspielten, und nichts, auch nicht das Mindeste davon gewusst, während sie geschahen. Es wurde mit Kanonen geschossen, es wurden Häuser besetzt, es wurden Hunderte von Leichen weggetragen. Ich habe nicht eine einzige gesehen. [...] Ich kann an meinem Wiener Revolutionserlebnis beispielhaft nur das Negative darstellen: wie heutzutage ein Zeitgenosse, wenn er nicht zufällig an der entscheidenden Stelle steht, von den Ereignissen sieht, welche das Antlitz der Welt und sein eigenes Leben verändern. Alles, was ich erlebte, war: ich hatte abends eine Verabredung mit der Ballettregisseurin der Oper, Margarete Wallmann, in einem Ringstraßencafé. Ich ging also zu Fuß zur Ringstraße und wollte sie gedankenlos überschreiten. Da traten plötzlich ein paar Leute in alten, rasch zusammengerafften Uniformen mit Gewehren auf mich zu und fragten, wohin ich wollte. Als ich ihnen erklärte, ich wollte in jenes Cafe J., ließen sie mich ruhig durch. Ich wusste weder, warum plötzlich solche Gardisten auf der Straße standen, noch was sie eigentlich bezweckten. In Wirklichkeit wurde damals schon seit mehreren Stunden erbittert in den Vorstädten geschossen und gekämpft, aber in der Inneren Stadt hatte niemand eine Ahnung.«

Der große Zeuge einer versunkenen Welt ist als Zeitzeuge wenig geeignet, wie auch die Tageszeitungen nicht. Die *Neue Freie Presse* berichtet am Dienstag, dem 13. Februar, über amtliche Kommuniqués: »Die Regierung Herrin der Lage.« Und im Aufmacher auf Seite 1 heißt es eher lapidar: »Amtlich wird gemeldet: In einzelnen Orten Obersteiermarks und Oberösterreichs fanden Zusammenstöße zwischen der Exekutive und roten Aufrührern statt. Die Exekutive ist Herrin der Lage. In Wien ist die Ruhe sichergestellt. Das elektrische Licht funktioniert bereits, das Telefon soweit es die Regierung wünscht.« Das *Neue Wiener Tagblatt* berichtet über die »Auflösung der sozialdemokratischen Partei« und kommentiert: »Die politischen Spannungen haben sich plötzlich in gewaltsamer Weise entladen. Der friedliche Gang von Handel und Wandel hat eine Unterbrechung erfahren, die an die Wirren der Nachkriegszeit und an die unheilvollen Julitage des Jahres 1927 erinnert. Gleichwohl unterscheidet sich die jetzige Lage von den damaligen Verhältnissen, in denen die Staatsgewalt nicht über jenen gefestigten Apparat verfügte, der ihr heute zur Wiederherstellung geordneter Verhältnisse zur Verfügung steht.«

Der 97-jährige Fritz Propst versucht noch im hohen Alter, die blutigen Ereignisse von damals einzuordnen: »Der Bürgerkrieg war ein Kampf um die Demokratie. Die Ausschaltung der Demokratie braucht das Bürgertum ja nur dann, wenn es mit demokratischen Mitteln nicht mehr in der Lage ist, die Arbeiter niederzuhalten. Das ist eine Auseinandersetzung der Klassen. Wir waren ja praktisch bereits am Weg zum Faschismus. Das war sozusagen der letzte, verzweifelte Abwehrkampf von revolutionären Arbeitern, die von der Parteiführung enttäuscht waren und einfach losgeschlagen haben.«

Der Schriftsteller Stefan Zweig besitzt ein Haus in Salzburg »so nahe der Grenze, dass ich mit freiem Auge den Berchtesgadener Berg sehen konnte, auf dem Adolf Hitlers Haus stand, eine wenig erfreuliche und sehr beunruhigende Nachbarschaft«, wie er in *Die Welt von Gestern* beschreibt. Im Februar 1934 kommt er für kurze Zeit aus seinem Londoner Domizil auf Besuch nach Österreich. Es sei, schreibt er, »wie wenn man an einem heißen New Yorker Julitag aus einem luftgekühlten, air conditioned Raum plötzlich auf die glühende Straße tritt«. Der Dichter analysiert: »Die Regierung Dollfuß, die Österreich unabhängig halten und vor Hitler bewahren wollte, suchte immer verzweifelter nach einer letzten Stütze. Frankreich und England waren zu abgelegen und auch innerlich zu gleichgültig, die Tschechoslowakei noch von alter Ranküne und Rivalität gegen Wien erfüllt – so blieb nur Italien, das damals ein wirtschaftliches und politisches Protektorat über Österreich anstrebte, um sich die Alpenpässe und Triest zu schützen.« Die Freundschaft des »Duce« ist nicht umsonst: Mussolini nimmt direkten Einfluss auf die österreichische Innenpolitik. Bei einem Treffen am 19. und 20. August in Riccione, am Sommersitz des italienischen Diktators, fordert dieser die endgültige Beseitigung der Demokratie in Österreich und der Sozialdemokraten. Dafür verspricht er Hilfe gegen das Reich: Im Falle einer deutschen Attacke würden 5000 italienische Soldaten über den Brenner bis Kufstein vorrücken. Mit der Maiverfassung wird der Wunsch des »Duce« erfüllt werden.

Am 1. Mai, bewusst am »Tag der Arbeit«, verkündet Kanzler Dollfuß die neue, ständestaatliche Verfassung. Der Tag beginnt mit einem festlichen »Te Deum« im Stephansdom. Vormittags spricht der Kanzler zu 50 000 mit rot-weiß-roten Fähnchen ausgestatteten Kindern im Praterstadion. Es ist bis auf den letzten Platz gefüllt, als ein Chronist aus der Geschichte Österreichs liest und schließlich mit »Österreich über alles!« endet. Stehend wird »Oh du mein Österreich« gesungen, unter Marschklängen ziehen Formationen des Bundesheeres auf. Dann sind die Kinder am Wort. Zuerst verspricht ein kleiner Bub, dass die Kinder fleißig sein werden, um sich des Werkes, das die Regierung geschaffen hat, würdig zu erweisen. Ein kleines Mädchen sagt: »Wir verstehen zwar noch nicht, was diese neue Verfassung bedeutet, aber wir bitten Sie, Herr Bundeskanzler, uns zu sagen, was wir tun sollen, um gute Österreicherinnen und so tüchtige Menschen zu werden, wie es unsere Mütter sind.« Nun ergreift der solchermaßen angerufene Kanzler das Wort: »Ich kann mir kaum eine größere Freude denken als die, die ihr mir durch eure Anwesenheit heute, an diesem für Österreich so bedeutungsvollen Tag, macht.« Sie, die »Österreichs schönster Schmuck und Zier« seien, sollen ihren Eltern sagen, »wie schön es gewesen ist«. Die Rede endet mit frenetischen »Heil Österreich!«-Rufen. Die Beseitigung des letzten Restes an Demokratie der Ersten Republik wird mit einer »Kinderhuldigung« gefeiert. Wenig später informiert Dollfuß »das Volk von Österreich« per Radioansprache über die neue Verfassung. Sie beginnt mit den Worten: »Im Namen Gottes, des Allmächtigen, von dem alles Recht ausgeht, erhält das österreichische Volk für seinen christlichen, deutschen Bundesstaat auf ständischer Grundlage diese Verfassung.«[42] Der Sieg des kleinen Kanzlers über die »roten Antichristen« scheint perfekt. Engelbert Dollfuß hat noch knapp vier Monate zu leben.

12. KAPITEL

»*Manche waren eiskalte Brüder!*«

Marko Feingold, Franz Saxinger, Fritz Molden und Heinrich Treichl

über den gescheiterten Juli-Putsch der Nationalsozialisten

1934

Marko Feingold,

geboren 1913,

Wien

Der junge Mann hat es nicht eilig. Er flaniert durch die Kärntner Straße, gut gelaunt und gut gekleidet. Es ist einer der seltenen Aufenthalte des 21-Jährigen in seiner Heimatstadt und er genießt ihn in vollen Zügen. Als Handlungsreisender in »Neigungswaren« verdient er gemeinsam mit seinem Bruder in Italien gutes Geld. Dieser Umstand erlaubt es ihm, nach der neuesten italienischen Mode gekleidet zu sein. Marko Feingold fällt angenehm auf in der Masse der Wiener. Die meisten jungen Leute tragen schlecht sitzende, abgetragene Kleidung. Manche haben einen resignierten Gesichtsausdruck. Um viele Menschen steht es wirtschaftlich schlecht. Nach der Hyperinflation kam die Weltwirtschaftskrise und 1931 der Zusammenbruch der Creditanstalt, die fast die Hälfte der österreichischen Industrie kontrollierte. Für die Staatsgarantien und die Rettung der einstigen Rothschild-Bank musste die Regierung die Hälfte des damaligen Staatsbudgets aufwenden. Die ausländischen Kreditgeber haben die Republik neuerlich unter Kuratel gestellt. Kredite gibt es für diesen Staat nur nach Erfüllung strikter Auflagen: Kürzung der Beamtengehälter, neuerliche Steuererhöhungen. Zwischen 15 und 20 Prozent der Erwerbsbevölkerung sind jetzt ohne Arbeit. Der junge Vertreter Marko Feingold kann es sich dagegen leisten, eine Dame zum Tanzen auszuführen. Das verleiht ihm Selbstsicherheit. Wenn er ein Mädchen anlächelt, und das tut er häufig, lächelt es meist zurück. Es ist heiß, drückende Julischwüle lastet über der Stadt. Vielleicht sollte er in eines der Tanzcafés im Prater gehen, dort wird die Hitze erträglicher sein. Marko Feingold überlegt gerade, welchem Etablissement er heute den Vorzug geben soll, als ihn ein heranbrausender Lastwagen nötigt, auf die Seite zu springen. Verwundert sieht er, dass es sich um einen Mannschaftswagen des Bundesheeres handelt. Er ist mit Soldaten beladen, die Gewehre griffbereit halten. Sogar in Italien hat der Wiener vom gescheiterten Aufstand von Teilen der Arbeiterschaft gehört, der hier erst vor wenigen Monaten tobte. Ist es wieder so weit?

Marko Feingold erzählt über seinen Wien-Aufenthalt im Juli 1934: »Ich war gerade zu der Zeit in Österreich, als Hitler bestimmt hat, dass Rintelen den Posten von Dollfuß übernehmen soll. Er rechnete damit, dass es einen Todesfall geben wird. Im Dritten Reich hat es ja keine Rolle gespielt, wenn jemand umgebracht wurde. Adolf Hitler war mit Mord einverstanden. Aber der Putsch ist gescheitert. Man hat unter Tags nicht erfahren, was los war. Erst am Abend ist die Meldung durchgekommen, dass man Dollfuß erschossen hatte und dass das ein missglückter Umsturz der Nationalsozialisten war. Mussolini musste nicht einschreiten. Das war die Geschichte.«

Anfang der Dreißigerjahre bekommen die österreichischen Nationalsozialisten immer mehr Zulauf. Gestärkt durch ihre Erfolge in Deutschland, können sie auch in Österreich immer aggressiver auftreten. Ihr Wahlkampf ist offen antisemitisch:

»500 000 Arbeitslose, 400 000 Juden – Ausweg sehr einfach! Wählt Nationalsozialisten!« Bei den Wiener Landtagswahlen 1932 stehen die Nazis vor dem Durchbruch, sie erringen 15 Mandate. Mit der von Bundeskanzler Dollfuß genutzten sogenannten »Selbstausschaltung« des Parlaments im Jahre 1933 wird die Demokratie beendet, auch weil Wahlen eine noch stärkere Zustimmung zu den Nationalsozialisten wahrscheinlich gemacht hätten. Als Reaktion auf ein Uniformverbot für Nationalsozialisten der österreichischen Regierung tritt am 30. Mai 1933 das »Gesetz über die Beschränkung der Reisen nach der Republik Österreich« in Kraft. Für die Erteilung eines Sichtvermerks hebt das Reich nunmehr 1000 Mark ein. Die sogenannte »1000-Mark-Sperre« erfüllt ihren Zweck und ist für die österreichische Wirtschaft katastrophal. Der Tourismussektor verzeichnet einen Rückgang von 80 Prozent. Nicht nur deutsche Wirtschaftssanktionen, auch Terroranschläge sollen Österreich destabilisieren.

Am 19. Juni 1933 wird in Österreich die Nazi-Partei verboten. Rund 10 000 Nationalsozialisten flüchten nach Deutschland und werden dort in der »österreichischen Legion« ausgebildet. Der Bauer Franz Saxinger wohnt damals wie heute im oberösterreichischen Hanging, unweit der bayerischen Grenze. In den frühen Dreißigerjahren setzen sich immer wieder junge Männer aus dem Dorf über die Grenze ab. »Keine Arbeit haben sie da gehabt und auch die Propaganda hat das ausgemacht. Die war enorm bei uns. Einer ist zur Legion und hat dem anderen einen Gusto gemacht, durch Propaganda und Verführung und alles versprechen. ›Wenn du zur Legion gehst, dann hast du Chancen, dass du etwas wirst‹, hat die Propaganda behauptet. Viele junge Menschen haben sich verführen lassen.«

Im Inland verüben die sogenannten »Illegalen« weiterhin Anschläge. Aus dem Untergrund wird ein Umsturzversuch vorbereitet. Aus Sicht der Nationalsozialisten drängt im Juli 1934 die Zeit: Kanzler Dollfuß plant eine Italienreise, um sich bei seinem politischen Freund Benito Mussolini Rückendeckung gegen den zunehmenden Druck aus Berlin zu holen. Um an der Adria eine gute Figur zu machen, lernt der kleine Kanzler im letzten Monat seines Lebens sogar noch schwimmen. Geplant ist auch ein Besuch bei seiner Familie, die auf Einladung des »Duce« in Riccione urlaubt. Doch Engelbert Dollfuß wird Italien nicht mehr betreten. Am 25. Juli 1934 ist es so weit: In der Turnhalle des »Deutschen Turnerbundes« in der Wiener Siebensterngasse verkleiden sich die Männer der SS-Standarte 89 als Bundesheersoldaten. Die Scharade ist bitterer Ernst: Die Bundesregierung soll bei ihrer letzten Ministerratssitzung vor der Sommerpause gefangen genommen werden, Dr. Anton Rintelen, der österreichische Gesandte in Rom, ist bereit, Kanzler von Hitlers Gnaden zu werden. Vorerst sitzt der frühere Unterrichtsminister im Hotel Imperial und wartet. Rintelen spielt ein doppeltes Spiel. Als Botschafter in Rom soll er die Interessen der Dollfuß-Regierung beim faschistischen Führer Italiens, Benito Mussolini, vertreten, andererseits bietet er sich dem »Duce« und den deutschen Nazis als Nachfolger von Dollfuß an. Auch ein anderer Mann, mit ebenso zwielichtigem Ruf, wartet. Obwohl Innenminister und Heimwehrchef Emil Fey am Vormittag von einem Polizeirevierinspektor, der ein überzeugter »illegaler« Nationalsozialist ist, von den Plänen der Putschisten erfährt, zögert er, den Kanzler zu informieren.

Heimwehrchef Fey schickt seinen Adjutanten ins »Café Central« in der Herrengasse, wo ihm der Informant Beweise vorlegt. Erst mit stundenlanger Verzögerung handelt Fey. Im Ministerrat wird gerade der dritte Tagesordnungspunkt besprochen, als der Heimwehrführer im Ministerratssaal erscheint und dem Bundeskanzler ins Ohr flüstert. Dollfuß und Fey verlassen den Raum. Nach seiner Rückkehr sagt der Regierungschef:»Uns sind Nachrichten zugekommen, die es mir als nicht zweckmäßig erscheinen lassen, dass wir hier weiter beisammen sind. Ich unterbreche die Sitzung bis 4 Uhr nachmittags.«

Nun zögert Dollfuß. Stimmt die Information oder will sich der kämpferische Heimwehrmann nur als Retter der Heimat in Szene setzen? Schließlich siegt die Vorsicht: Dollfuß schickt die anderen Regierungsmitglieder ins ehemalige k. u. k. Kriegsministerium am Stubenring, wo sie abwarten sollen, wie sich die Situation entwickelt. Das erste Ziel der Verschwörer, die Gefangennahme der gesamten Regierung während des Ministerrates, ist damit gescheitert.

Aber das wissen die SS-Männer noch nicht. Sie fahren kurz vor 13 Uhr auf Lastwagen zum Bundeskanzleramt und haben Glück: Das Tor steht offen, weil die Wachmannschaft des Bundeskanzlers zur Mittagspause abrückt. Das Eintreffen der vermeintlichen Bundesheerangehörigen wird freudig begrüßt. Die uniformierten Eindringlinge schließen das Tor zum Ballhausplatz, entwaffnen die – ohnehin munitionslose – Ehrengarde und stürmen über die breite Treppe in den ersten Stock.

Dollfuß, Fey und Staatssekretär Carl Karwinsky erfahren im Arbeitszimmer des Bundeskanzlers vom Sturm aufs Kanzleramt. Der Türsteher Eduard Hedvicek nimmt den kleingewachsenen Bundeskanzler bei der Hand und zerrt ihn ins Eckzimmer des einstigen Palais Metternich. Von dort führt eine versteckte Wendeltreppe ins Staatsarchiv am Minoritenplatz. Doch der Fluchtweg wird blockiert. Eine kleine Gruppe Putschisten kommt über die Geheimtreppe. Ihr Anführer Otto Planetta zögert nicht. Er schießt den Bundeskanzler nieder. Dollfuß ist am Hals getroffen und sinkt zu Boden.

Während dieser dramatischen Minuten am Ballhausplatz stürmt eine zweite Gruppe von SS-Leuten die Zentrale der RAVAG in der Wiener Johannesgasse. Um 13 Uhr dringen fünf Bewaffnete in den Sender ein und zwingen den Sprecher, die Meldung zu verlesen: »Die Regierung Dollfuß ist zurückgetreten. Dr. Rintelen hat die Regierungsgeschäfte übernommen.« Die SS-Männer können das RAVAG-Gebäude aber nicht halten. Nach zwei Stunden des Schießens wird es von der Polizei gestürmt. Die Regierung hat einen Angriff auf den staatlichen Rundfunk vorausgeahnt. Eine heimliche Radioleitung führt von der Johannesgasse ins Franziskanerkloster. Dort im Refektorium ist eine Notsendezentrale versteckt. Sie kommt nicht mehr zum Einsatz.

Der nationalsozialistische Putsch ist zu diesem Zeitpunkt praktisch gescheitert, aber der angeschossene Kanzler liegt im Sterben. Dollfuß verblutet. Es ist ein langsames Sterben. Die Putschisten haben Innenminister Fey und andere Vertraute des Kanzlers gefangen genommen. Draußen, im sommerheißen Wien, weiß man noch nichts von der Tragödie, die sich im Kanzleramt abspielt. Die 154 Putschisten haben ein Unterpfand: Dollfuß und seine Mitarbeiter, die im Hof des Kanzleramts zusammengetrieben werden. Der Regierungschef, am Hals und in der Achselhöhle getroffen, erwacht aus seiner

Ohnmacht. Endlich hebt man ihn auf einen Diwan. Einen Arzt holen die SS-Männer nicht. Für den gläubigen Katholiken ist es vermutlich noch schlimmer, dass man ihm den Priester, um den er bittet, verweigert. Stattdessen überschütten die Putschisten den verhassten Kanzler mit Vorwürfen. Der blutende Dollfuß versucht, sich zu verteidigen, und wird mehrmals ohnmächtig. Auf die Wunde hat man nur einen Wattebausch gelegt. In der Zwischenzeit ist endlich die Alarmabteilung der Polizei und Heimwehr auf dem Ballhausplatz eingetroffen. Sie stehen hilflos vor dem Haus, in dem der Bundeskanzler und der Innenminister gefangen gehalten werden. Plötzlich tritt Fey auf den Balkon, einen verkleideten SS-Mann neben sich. »Die Insassen sind gefährdet – Kameraden, es wird alles wieder in Ordnung kommen!« Dann ziehen die Putschisten den Heimwehrführer wieder ins Haus. Am Nachmittag wird Fey zum Kanzler gebracht, der nur noch mit Mühe sprechen kann. Es gibt keine Zeugen für dieses letzte quälende Gespräch. »Ich will Österreich nicht denen geben, die es nicht haben wollen!«, soll Dollfuß gesagt und darum gebeten haben, dass sich der »Duce«, sein Freund, um Frau und Kinder kümmern möge. Der Sterbende regelt noch seine Nachfolge. Kurt (von) Schuschnigg soll sein Nachfolger werden, flüstert er Emil Fey zu.

Der Heimwehrführer agiert weiter höchst zwiespältig. Er ignoriert das politische Testament des Kanzlers und wechselt auf die Seite der Putschisten. In einem von Fey getexteten Aufruf nennt er Rintelen als Kanzler und fordert die Exekutive indirekt zur Duldung des Putsches auf. Doch auch Fey verkennt die Lage. Die Verhaftung von Bundespräsident Miklas in seinem Kärntner Urlaubsort misslingt den Nazis. Die drei

SS-Männer werden verraten und verhaftet. Miklas steht in telefonischem Kontakt mit Schuschnigg und ernennt ihn zum Bundeskanzler. Gegen 15 Uhr 45 stirbt Engelbert Dollfuß. Die Putschisten haben ihn fast drei Stunden lang verbluten lassen. Es ist das Todesurteil für den Schützen Otto Planetta, der später in der NS-Diktatur zum Märtyrer stilisiert werden wird. Das Pfand ist erloschen, doch das weiß der mittlerweile von Bundespräsident Miklas eingesetzte provisorische Regierungschef Kurt Schuschnigg nicht. Sein Plan: Der angesehene Zeitungsherausgeber Dr. Funder soll den Ex-Minister Rintelen, der immer noch im Hotel Imperial auf seine große Stunde wartet, zum Aufgeben überreden. Da der Journalist kein Auto besitzt, wird er von einem Mitarbeiter begleitet. Karl Rados ist ein kräftiger und vor allem tatkräftiger Mann. Als ihm die Diskussion zwischen dem Redakteur und dem präsumtiven Bundeskanzler zu lange dauert, befördert er Letzteren kurzerhand unsanft quer durch das feinste Hotel der Stadt in seinen Wagen und fährt mit ihm direkt zum Bundeskanzleramt. Der von Hitler als Bundeskanzler vorgesehene Mann ist jetzt Gefangener der Regierung Schuschnigg. Rintelen wird noch am selben Tag einen Selbstmordversuch unternehmen.

Das ist die Wende. Gegen 18 Uhr verliest ein Regierungssprecher vor dem Balkon des Kanzleramtes das von Schuschnigg eigenhändig verfasste Ultimatum: »Wenn keine Menschenleben aufseiten der widerrechtlich ihrer Freiheit beraubten Mitglieder der Regierung zu beklagen sind, erklärt die Regierung, den Aufrührern freien Abzug und Überstellung an die Grenze zu sichern.« Man kann darüber spekulieren, ob der Bundeskanzler zu diesem Zeitpunkt schon weiß, dass sein Amtsvorgänger tot ist. Um 8 Uhr abends verlassen die SS-Leute schließlich das Kanzleramt. Ihr Weg führt sie aber nicht an die deutsche Grenze, sondern ins Gefängnis; einige in die Todeszelle.

Die regimetreue Presse macht aus dem Tod des Kanzlers ein Heldenepos. So schreibt die konservative *Reichspost* am 26. Juli: »Die Mörder haben gewusst, warum sie gerade auf die Brust dieses herrlichen Mannes gezielt haben, der seiner Mission mit so heiligem Ernst sich ergab, dass er vom ersten Tage an mit Bewusstsein das Leben dafür einsetzte. Ihn erfüllte die Liebe zu seinem Volk und seiner Heimat wie verzehrendes Feuer, das nichts Selbstisches, nichts Eitles an ihm übrig ließ. Wie ein Opferaltar, auf dem diese Flamme brannte, war seine reine Seele, die bei allem irdischen Tun und Sorgen stets emporgewandt war zu dem Göttlichen, aus dem sie Glauben an den Sieg der Wahrheit und Gerechtigkeit empfing.« Die mittlerweile verbotene *Arbeiter-Zeitung* wird in Prag gedruckt und nach Österreich geschmuggelt. Es fällt schwer zu glauben, dass sie über denselben Mann schreibt: »Er ist, um sich nur an der Herrschaft zu erhalten, in Strömen von Blut gewatet. Er hat alle Eide gebrochen, alles Recht gebrochen, alle Menschenwürde mit Füßen getreten, Zehntausender Lebensmöglichkeit und Lebensglück zerstört, Zehntausende vor die Wahl gestellt, ihre Gesinnung zu verleugnen oder ihr Brot zu verlieren. Er hat unsere Besten morden, hängen, einkerkern lassen. Seine letzte Regierungstat war, dass er Josef Gerl, unseren jungen Helden, zum Galgen geschickt hat. Nun hat ihn die Rache erreicht. Nur geheuchelte Tränen fließen an dieser Bahre.«

Der Putschversuch in der Bundeshauptstadt ist noch am selben Tag gescheitert. Zuvor gelingt es den Putschisten aber noch mit der erzwungenen Radio-Falschmeldung über den

Rücktritt des Bundeskanzlers das vereinbarte Signal zum Losschlagen der Nationalsozialisten in den Bundesländern zu senden. In der Nacht vom 26. auf den 27. Juli 1934 überschreiten einige »Legionäre« bei Kollerschlag die Grenze.

*

1934

Franz Saxinger,

geboren 1926,

Hanging/Oberösterreich

Was sind das für Geräusche? Franzl sitzt im Bett und lauscht in die Dunkelheit. Da, da ist es wieder. Schritte, Gemurmel, halblaute Stimmen. Sie sind ganz nah, unmittelbar vor dem Haus. Es muss mitten in der Nacht sein. In der Kammer, in der Franz und seine Brüder schlafen, ist es stockdunkel. Durch ein dumpfes Rumpeln ist der Bauernsohn aus dem Schlaf geschreckt. Zuerst denkt Franzl an ein Tier, doch dann hört er Stimmen. Menschliche Stimmen. Obwohl er schon ein tüchtiger Schulbub ist, bekommt es der Achtjährige langsam mit der Angst zu tun. Was wollen die Leute um diese Zeit? Er wagt es nicht, aufzustehen und aus dem Fenster zu sehen. Er wartet, die Bettdecke bis zur Nasenspitze gezogen. Die Kleinen haben es gut, sie verschlafen die ganze Aufregung. Plötzlich steht der Vater im Zimmer, die Erdöllampe in der Hand. Die Brüder werden geweckt. Der Vater, besorgt wie immer, bringt sie alle zur Mutter ins Elternschlafzimmer. Draußen wird es immer lauter. Der Bauer geht zum Fenster und leuchtet hinaus.

Franz Saxinger sieht den Vater noch vor sich:»In der Nacht, nach zwölf, war ein Krawall auf der Straße. Damals hat es noch kein elektrisches Licht gegeben. Der Vater hat die Erdöllampe angezündet und wollte rausleuchten, was da los ist. Er wurde von draußen angeschrien: ›Licht aus! In den Häusern bleiben!‹ Unterdessen, derweil der Vater rausgeleuchtet hat, hat er das Hakenkreuz auf einer Uniform gesehen.«

Die nächtlichen Ruhestörer sind Mitglieder der »österreichischen Legion«. Sie sind in ihre Heimat zurückgekehrt, um ihrem »Führer« Adolf Hitler den Weg zu bereiten. Die österreichischen Nationalsozialisten werden in bayerischen Lagern ausgebildet. Im sogenannten Juli-Putsch 1934 kommen sie jedoch nur im oberösterreichischen Kollerschlag zum Einsatz. Zu diesem Zeitpunkt fürchtet der »Führer« scheinbar noch um seine Reputation. Hitler will noch keinen Krieg riskieren. Sein späterer Verbündeter Benito Mussolini hat an der österreichisch-italienischen Grenze vier Divisionen alarmiert. Der »Duce« will die Machtübernahme der Nazis in Wien verhindern. Die Drohgeste wirkt. Hitler zieht sich zurück. Der gescheiterte Putsch ist ihm peinlich. Er will vor der internationalen Öffentlichkeit nicht mit den Kanzlermördern in Verbindung gebracht werden.

Der 87-jährige Landwirt Saxinger weiß, dass damals ein wichtiges Dokument von österreichischen Beamten abgefangen wurde.»Bei uns sind seit dem Februar-Putsch Doppelposten gegangen und die haben die Grenzen bewacht und am 26. Juli ist wieder ein Doppelposten auf Streife gegangen und dabei nach Kollerschlag gekommen. Sie haben sich auf einem Holzlagerplatz ein Versteck gesucht und auf die Lauer gelegt. In den frühen Morgenstunden sehen sie einen Schatten kommen. Dann haben sie gesehen, dass da ein Mann geht. Amtshandlung. Er hat eine Pistole in der Tasche gehabt und Munition. Und der gute Kerl hat nichts gesagt. Jetzt ist ihnen nichts übrig geblieben, als dass sie ihn auf den Gendarmerie-Posten bringen. Da haben sie alles durchgesucht und nichts gefunden. Zu Mittag haben sie ihn nach Linz eskortiert. Dort wurde er dann richtig untersucht. Jetzt haben sie, in die Schuhsohle eingearbeitet oder in die Krawatte eingenäht, das berühmte Kollerschlager-Dokument gefunden. Der Mann war ein Kurier. Da sind Anweisungen für den Nazi-Putsch drin gestanden, aber der Dollfuß ist unterdessen schon ermordet worden.«

Die Papiere bestätigen der Regierung Schuschnigg, was man ohnedies vermutet: Es handelt sich um keinen »spontanen« Aufstand der österreichischen Bevölkerung, sondern um eine aus Berlin gesteuerte Aktion. Selbstverständlich soll die Rolle des Führers der Öffentlichkeit verborgen bleiben. So heißt es im Kollerschlager-Dokument: »Es kommt darauf an, dass die Bewegung scheinbar aus dem Volk kommt, sie muss rein innenpolitisch aufgezogen sein und darf keinesfalls irgendwie von außen her geleitet erscheinen.«[43] Dieser Hinweis auf die deutsche Einmischung wird neun Jahre später Bedeutung erlangen: 1943 stellen die Alliierten in der Moskauer Erklärung fest, dass Österreich das erste freie Land war, das der Angriffs-politik Hitlers zum Opfer fiel.

Die Männer, die in der Nacht vom 26. auf den 27. Juli in Koller-schlag eindringen, sind jedoch Österreicher: »Die Legionäre sind in Wegscheid in Bayern stationiert gewesen und die woll-ten nach Kollerschlag. An der Grenze ist das Zollhaus. Die Legionäre haben verlangt, dass der Inspektor den Schranken aufsperrt. Da ist der Inspektor raus und hat mit ihnen verhandelt, weil er zwei Kinder und eine Frau in der Kaserne hatte. Er wollte zuerst nicht nachgeben. Die Legionäre haben in die Luft geschossen, ihn ein wenig erschreckt und da hat er schon den Schranken aufgemacht und sie haben die Zöllner entwaffnet. Dann sind sie durchgefahren.«

Noch in der gleichen Nacht gibt es Tote. Die Legionäre überfallen den Gendarmerieposten. Richard Hölzel will seinen Kameraden zu Hilfe eilen. »Der Gendarmerieinspektor hat sich einen Karabiner geholt. Wie er aus der Wohnung zurückgekommen ist, kommt ein Legionär in Zivil auf ihn zu: ›Lieber Freund, wir sind ja Freunde‹, hat er gesagt und ihm zugleich das Messer in den Bauch gerammt. Darauf ist er zusammengebrochen und liegen geblieben.« Besonders tragisch daran ist: Am nächsten Tag hätte der Beamte versetzt werden sollen.

Gendarmerieinspektor Richard Hölzel ist eines von rund 250 Todesopfern, die der sogenannte Juli-Putsch in ganz Österreich fordert. Auch in anderen Bundesländern, vor allem in Kärnten und in der Steiermark, kommt es zu teils heftigen Kämpfen zwischen SA- und SS-Einheiten auf der einen und Gendarmerie, Bundesheer und Heimatschutz auf der anderen Seite. Alleine in Kärnten sind circa 6000 Nationalsozialisten im Einsatz. Vor allem um das Gebiet um den Pyhrnpass wird erbittert gekämpft. Auch in Oberösterreich, beispielsweise in Bad Goisern, Hinterstoder und Windischgarsten, kommt es zu Gewaltausbrüchen.

Ende Juli ist im ganzen Land die Ruhe wieder hergestellt. Österreich hat noch einmal standgehalten. Hitler muss seine erste Niederlage einstecken.

Die Frage, wer Dollfuß wirklich ermordet hat, kann auch acht Jahrzehnte nach seinem Tod nicht eindeutig beantwortet werden. Der Historiker Gerhard Jagschitz glaubt, dass der eigentlich tödliche Schuss von einem Polizisten aus nächster Nähe auf den am Boden liegenden Kanzler abgefeuert und nicht von Otto Planetta abgegeben wurde. Planettas Kugel aus einer alten Waffe war als Steckschuss nicht tödlich. Später geriet der in Braunau geborene Direktor des Kriegsarchivs Edmund Glaise-Horstenau in den Verdacht, an dem Putsch beteiligt gewesen zu sein. Fritz Miklas, der Sohn des Bundespräsidenten, identifizierte den hohen Beamten als einen der Männer, die sich in Begleitung eines deutschen Botschaftsrates an jenem Nachmittag in unmittelbarer Nähe zum Kanzleramt bewegt hätten. Immerhin war die geheime Stiege zum Kriegsarchiv nur wenigen bekannt. Edmund Glaise-Horstenau wurde 1938 in der NS-Kurzzeit-Regierung Seyß-Inquart Vizekanzler.

*

1934

Franz Saxinger,
geboren 1926,
Hanging/Oberösterreich

Die Buben laufen. Sie keuchen, nicht aus Atemnot, sondern vor Aufregung. Ob er noch lebt, der Fremde? Die Nachbarin, die alte Zeiselmai, hat es gerade dem Vater erzählt. Ein Legionär liegt beim Brunner-Bauern im Rossstall. Er ist schwer verwundet, aber noch am Leben. Franzl, der dem

Vater beim Dreschen geholfen hat, hat alles genau gehört. Als der Vater die Arbeit beendet hat, ist der Bub auf und davon. Rasch, zu den Freunden. »Den schauen wir uns an!«, hat der Mutigste unter ihnen gesagt, und die anderen haben genickt. Eifrig und doch beklommen. Jetzt laufen sie über die vertrauten Wiesen. Sie kennen hier jeden Baum und jeden Strauch, es ist ihr täglicher Schulweg. Eine Straße müssen die Buben noch überqueren, dann sind sie am Ziel. Hoffentlich sieht sie kein Erwachsener und hält sie von ihrem Vorhaben ab. Hoffentlich ist die Stalltür nicht versperrt. Ob der Fremde noch gefährlich ist? Franzl muss plötzlich an die letzte Nacht denken, an das Geschrei und an die Schüsse. Sein Herz klopft ihm bis zum Hals. Trotzdem ist er als Erster beim Tor. Es ist offen.

»Ja, jetzt sehen wir tatsächlich einen Legionär auf einer Strohmatte liegen. Auf der Brust ist ihm blutiger Schaum runtergeronnen. Wir haben gemeint, er ist schon tot, weil er sich nicht mehr gerührt hat. Auf einmal hat er einen tiefen Schnaufer gemacht, hat er Luft geschöpft. Wieder ist ihm Speichel und Blut über das Hemd runtergeronnen. Wir haben ihm zwei, drei Mal zugeschaut, dann ist uns angst und bang worden und wir sind heimgerannt. Am Abend hat es geheißen, der Legionär ist schon gestorben«, erzählt der Bauer. »Die Neugier hat halt befriedigt werden müssen. Wir haben uns nichts dabei gedacht«, setzt er, fast entschuldigend, hinzu.

Auch sonst sehen der Achtjährige und seine Freunde in diesen Tagen Dinge, die nichts für Kinderaugen sind: »Wir haben ja die Blutlacken gesehen, wo die Toten gelegen sind.

Früher war ja keine Asphaltstraße hier, sondern Schotter-straße und die ist ein Blutacker gewesen. Am nächsten Tag in der Früh bin ich mit der Mutter nach Kollerschlag gegangen, weil die Mutter war neugierig und wollte sehen, ob ihrem Elternhaus etwas passiert ist. Da kommen wir zum Kaufhaus. Das hat eine Lampe gehabt, die wollten die Legionäre kaputt-schießen, damit sie bei der Nacht in Dunkelheit besser agieren können. Sie haben aber schlecht geschossen. Das ganze Haus ist wie ein Sieb gewesen, aber die Lampe haben sie nicht erwischt.«

Schon am Morgen des 27. Juli sind die Legionäre verschwun-den: »Die sind noch in derselben Nacht zurück und dann war der Spuk vorbei. Die Grenze war dann gut besetzt, es ist ja sogar Militär raufgekommen. Aber trotzdem, wer rüber wollte, etwa Legionäre, die nach Deutschland zu den Nazis flüchten wollten, die haben wieder einen Weg gefunden.«

Immer wieder verlassen verbitterte junge Männer das Dorf, um im nahen Bayern ihr Glück zu suchen. Franz Saxinger ist überzeugt, dass nicht alle aus ideologischen Gründen gingen. »Politik ist ja nicht viel gemacht worden bei den Bauern. Nur ums Überleben haben alle gekämpft. Drüben ist es ja besser gegangen. Manche waren aber wirklich eiskalte Brüder. Denen war Österreich wurscht.« Bedächtig wiegt der alte Herr den Kopf: »Der Dollfuß hätte es ja probiert, so national, aber ich muss wieder sagen, die Leute haben mit sich selbst genug zu kämpfen gehabt. Die hat das sehr wenig interessiert, wenn du mal ums Überleben kämpfst.«

Auch Fritz Molden hat Erinnerungen an den Juli 1934: »Meine Mutter, mein Bruder und ich waren in Tirol, im Kühtai, auf einem alten Jagdschloss, das als Gasthof geführt wurde, auf

Sommerfrische. Mein Vater sollte kommen, aber dann wurde Dollfuß erschossen und mein Vater konnte uns nicht besuchen, weil er natürlich in der Zeitung beschäftigt war. Mein Bruder, der zu Besuch bei Freunden in Zell am See war, hat sich dann gleich freiwillig gemeldet zum Heimatschutz. Das war der Wehrverband gegen die Nazis.« Heinrich Treichl ist ebenfalls auf Sommerfrische, als zum zweiten Mal in diesem Jahr Österreicher auf Österreicher schießen. »In Leogang, wo wir im Sommer immer waren und viele Kinder gekannt haben, da hat man die beginnende Nazigesinnung sehr deutlich erlebt. Dort ist ein riesiges Hakenkreuz auf eine Bergwand gemalt worden.«

Nach der Niederschlagung des Aufstandes werden 4000 Nationalsozialisten von Militärgerichten verurteilt oder in Anhaltelager gebracht. 13 Putschisten werden hingerichtet. Der neue Kanzler Kurt (von) Schuschnigg setzt den autoritären Regierungskurs fort. Die Idee des Nationalsozialismus wächst trotzdem weiter. Doch manche Österreicher haben jetzt eine Vorahnung, dass den Anhängern dieser Ideologie jedes Mittel recht ist, um an die Macht zu kommen. »Alle sind verängstigt worden, selbstverständlich. Und es ist ja doch schon ein bisschen Erfahrung da gewesen, dass beim Hitler alles ein wenig brutaler wird«, zieht Franz Saxinger Bilanz.

Das Begräbnis des ermordeten Kanzlers wird zur politischen Inszenierung. 150 000 Österreicher erweisen Engelbert Dollfuß die letzte Ehre. Für andere, vor allem für Sozialdemokraten, bleibt auch der tote Kanzler der Mann, der mit Kanonen auf Gemeindebauten schießen ließ. Die Regierung des Ständestaates tut ihr Möglichstes, um Dollfuß zum Helden zu stilisieren. Schuschnigg lässt eigens ein Lied dichten, es wird in den Jahren 1936 bis 1938 unmittelbar nach der Hymne gesungen. Die erste Strophe lautet:

Ihr Jungen, schließt die Reihen gut!
Ein Toter führt uns an.
Er gab für Österreich sein Blut,
Ein wahrer deutscher Mann.
Die Mörderkugel, die ihn traf,
Die riss das Volk aus Zank und Schlaf.
Wir Jungen stehn bereit!
Mit Dollfuß in die neue Zeit!

Berta Zuckerkandl, die den Verstorbenen persönlich kannte und ihn als »Privatmann nicht unsympathisch« fand, schreibt in einem Brief aus dem Juli 1934 prophetisch: »Dieser Tod aber kündigt Europa – vielleicht der Welt – den Beginn einer Schreckensherrschaft an, ist doch dieser Mord ein politischer Akt. Dass Dollfuß unverteidigt, ja, verraten starb, dass Einverständnis oder zumindest Beiseitestehen den Überfall ermöglicht hat, erhellt blitzartig den Abgrund, der sich auftut. Der von Hitler befohlene Mord hat im eigenen Land Helfershelfer gefunden. Und jene Gesinnungslosen, die Dollfuß Treue heuchelten und ihn schmählich hintergingen, sie sind die Totengräber Österreichs.«[44]

13. KAPITEL

»Nieder mit dem Faschismus! Wir kommen wieder!«

Fritz Propst und Heinrich Treichl

über Widerstand, Verfolgung und die Regierenden im Ständestaat

1935

Fritz Propst,

geboren 1916,

Wien

Der Draht liegt kühl und glatt in seiner Hand. Zufrieden zieht der junge Mann seine Hand aus der Hosentasche. Kurz vor dem Einsatz wollte er sichergehen, dass das Gerät, von dem alles abhängt, an seinem Platz ist. Ein Kamerad hat das kleine Instrument erfunden, und Fritz und seine Freunde sind stolz darauf. Es wird ihnen helfen, ein Lebenszeichen von sich zu geben. Schuschnigg soll wissen, dass sie weiterkämpfen werden. Verbote, Verhaftungen, Anhaltelager, selbst die Hinrichtungen nach den Februarkämpfen haben ihre Ideale nicht gebrochen. Die sozialistische Idee lebt weiter, wenn es sein muss, im Verborgenen. Aber heute sollen alle wissen, dass es noch Rote gibt, die sich etwas trauen. Ja, in ein paar Minuten werden die Passanten etwas zu schauen haben. Rasch nähert er sich seinem Ziel, einer Straßenbahnkreuzung. Noch fahren die Straßenbahnen wie jeden Morgen und bringen die Werktätigen in die Betriebe. Wenn sein Vorhaben gelingt, werden viele Direktoren heute vergeblich auf ihre Arbeiter warten. Sie werden an einen Generalstreik glauben. Ein Lächeln huscht über das Gesicht des jungen Mannes. Heute ist der 1. Mai.

»Das war ein kleines Instrument, das nur aus vier Drähten bestanden hat und zusammengelegt worden ist wie eine Mausefalle«, beschreibt Fritz Propst das damalige »Kampfmittel«. »Daran ist ein eingerolltes Plakat gehängt worden und eine Schnur, die man über die Oberleitung der Straßenbahn geworfen hat. Die war, glaube ich, circa in vier Meter Höhe. An dem Plakat ist auch eine dünne Schnur. Mit einem Ruck reißt man daran und das Plakat entfaltet sich. Darauf sind Parolen gestanden wie »Nieder mit dem Faschismus! Wir kommen wieder!« Man steckt die lange Schnur ein und läuft davon. Dazu braucht man höchstens eine halbe Minute, dann hängt das Plakat. Wir haben das an allen Straßenbahnkreuzungen im 10. Bezirk aufgehängt. Die Straßenbahn konnte nicht fahren, ist mitten auf der Kreuzung stehen geblieben. Wir haben das mindestens an zwölf Stellen im 10. Bezirk gemacht, bei der 66er-, 67er-, 65er-, 6er- und 15er-Linie. Der ganze Verkehr ist gestockt. Das haben wir am 1. Mai, um 6 oder 7 Uhr früh, gemacht und die Arbeiter konnten nicht in die Betriebe fahren. Es war so, wie sonst immer am 1. Mai. Generalstreik. Es hat Stunden gedauert. Die Polizei ist gekommen und hat den Straßenbahnfahrern gesagt, sie sollen das runternehmen. Die haben geantwortet, sie können nicht auf das Dach steigen, solange sie am Strom hängen. So musste der Strom ausgeschaltet werden. Natürlich hat es gedauert, bis man E-Werk-Arbeiter bekommen hat, die den Strom ausschalten. Als der Strom dann ausgeschaltet war, musste die Feuerwehr kommen und das runternehmen. Es hat den halben Vormittag gedauert, bevor die Züge wieder fahren konnten. Das war Gesprächsstoff für ganz Wien. Später sind in der ganzen Stadt solche Aktionen gemacht worden«, berichtet der alte Mann und lächelt verschmitzt. Er erinnert sich auch an den Aufbau der illegalen Jugendarbeit der Kommunisten im Wien Mitte der Dreißigerjahre. »Nach dem Verbot der Sozialistischen Partei sind wir an alle Mitglieder der Roten Falken herangetreten, ob sie mit uns illegal kämpfen wollen. Man brauchte keine Angst haben, dass einen jemand bei der Polizei verraten wird. Wir konnten ganz offen agieren, weil ja die Mehrheit des Volkes unsere Einstellung teilte. Wir sind zum Beispiel auch in die Gemeindebauten gegangen, haben Arbeiterlieder gesungen, Gitarre gespielt und gerufen: ›Wir sind der kommunistische Jugendverband. Wir brauchen Geld für Druckmaterial.‹ Und die Leute haben das Geld runtergeworfen. Es war einfach, weil ja die Mehrheit des Volkes gegen die Herrschenden war, im Unterschied zu später bei den Nazis. Da war das nicht so einfach. Wie die Partei verboten wurde, hatten wir bereits im selben Bezirk zum Beispiel zwölf, 14 oder 15 Zellen. Also eine Gruppe, eine Zelle nannten wir das, bestand aus fünf oder sechs Leuten, maximal, und keiner durfte etwas wissen von den anderen. Es bestand ja die Gefahr, wenn jemand verhaftet wird, dass er dann plaudert und alle verhaftet werden. Ich war damals in der Leitung in Favoriten und meine Aufgabe war es, festzustellen, ob diese Aktionen gelungen sind. Dadurch bin ich verhaftet worden, weil in einer dieser Wohnungen bereits die Polizei war.«

Die Folgen der Februarkämpfe sind für die Sozialdemokratie verheerend: Die Partei wird verboten, Mandate in öffentlichen Ämtern annulliert und jede weitere Betätigung für die »Roten« bestraft. Nicht nur die Gewerkschaft, sondern auch rund 3000 gesellschaftliche Vereine werden aufgelöst und ihr Vermögen eingezogen. Ein großer Teil der Bevölkerung ist damit zur politischen Untätigkeit verdammt. Das Gefühl der Ohnmacht verbittert die Menschen und macht sie zur leichten Beute für die Propaganda des Nationalsozialismus. »Hahnenschwanzler« – Heimwehrangehörige, die als Abzeichen den

Hahnenstoß an der Kopfbedeckung tragen – und »Kerzlschlucker« – katholische Geistliche – sind bei den »Roten« verhasst. Manche, wie der junge Fritz Propst, schließen sich den Kommunisten an und kämpfen aus dem Untergrund weiter. Die Kommunisten sind, dank fanatischer Schulungen und Rückhalt aus Moskau, im Untergrund wesentlich besser organisiert als die Sozialdemokraten. Diese jungen Idealisten sind bereit, jedes Opfer zu erbringen, um für eine andere – auch nicht demokratische – Weltordnung einzutreten.

*

Fritz Propst,
geboren 1916,
Wien

Im Stiegenhaus riecht es nach Bohnerwachs und Kohl, nach Sauberkeit und Armut. »Armut schändet nicht«, mit solchen und ähnlichen Weisheiten versuchen Eltern ihren Kindern die Wirklichkeit schönzureden. Fritz hat nur Verachtung für solche Spießer übrig. Armut ist kein gottgewolltes Schicksal, sondern das Ergebnis der Ausbeutung durch die Reichen. Davon ist der 19-Jährige überzeugt. Deshalb müssen er und seine Freunde für eine bessere Zukunft kämpfen. Momentan sind es noch kleine Aktionen, aber wer weiß, was die Zukunft bringt. Endlich ist er bei der Wohnung seines Freundes angelangt. Nach kurzem Klopfen öffnet sich die Türe. Fritz erstarrt innerlich. Das ist nicht der Vater seines Kampfgenossen. Seine Gedanken rasen. Was kann es bedeuten, wenn ein Unbekannter öffnet, sich aber nicht zu erkennen gibt? Nur nicht nervös werden, sich nichts anmerken lassen. Das ist die beste Tarnung, hat er selbst den Kameraden bei den Schulungsabenden erklärt. Jetzt merkt Fritz, wie schwer es ist, Angst zu überspielen. »Grüß Sie, Herr Jirek, ist der Otto da?«, sagt er so unbefangen wie möglich. »Was willst du von ihm?«, blafft der Angesprochene zurück. »Wir waren doch gemeinsam in der Schule, Herr Jirek, und ich war schon so lang nicht mehr beim Otto!«, versucht es der Jungkommunist treuherzig. Der Unbekannte schiebt Fritz unsanft in die Wohnung. »Ein Schulfreund. So, so. Kriminalpolizei. Du kommst erst einmal mit, Freundchen!«

Fritz Propst kann seine erste Verhaftung noch lebhaft schildern: »Wissen Sie, für den Fall, dass man verhaftet wird, musste man schon im Vorhinein wissen, welche Ausrede man gebraucht. Es kommt nicht darauf an, den Helden zu spielen und zuzugeben: ›Ja, ich bin Revolutionär und Kommunist!‹ Im Gegenteil: Man muss alles abstreiten! Wenn man etwas zugibt, wird man so lange geprügelt, bis sie alles wissen. Aber wenn sie nichts erfahren, werden sie müde mit dem Hinhauen. Und wir wollten ja die anderen schützen. Der Mensch ist schwach. Wenn er gefoltert wird, besteht die Gefahr, dass er spricht. Ich bin gefoltert worden, aber ich habe nicht ausgesagt. Aber die Folter hat nicht besonders lange gedauert. Ich habe einen Faustschlag ins Gesicht und einen Fußtritt in den Bauch bekommen, dann musste ich wieder aufstehen, und dann noch mal einen Faustschlag. Dann hat der Polizist gesehen, von mir kriegt er nichts raus, und hat es aufgegeben. Man hat mich dunsten lassen, einen ganzen Tag und eine ganze Nacht. Am nächsten Tag wurde ich noch einmal verhört. Dieselbe Auskunft, dieselbe Antwort. Dann ist meine Mutter gekommen, hat dort geweint und geschrien: ›Mein Sohn ist ein braver Bursche, was wollen Sie von ihm?‹ und so weiter. Also am Schluss haben sie mir gesagt: ›Gut, kein Geständnis.‹ Ich habe sechs Wochen Arrest bekommen. Ohne Verhandlung. Ich habe keinen Rechtsanwalt gehabt. Das ist schon allein ein Zeichen einer Diktatur. Kein Gericht, keine Anklage, nichts. Ein Mann entscheidet am Kommissariat, obwohl er keine Beweise hat. Ich hätte ja tatsächlich nur einen Schulkollegen besuchen können. Es war ja nirgends geschrieben, dass ich wirklich ein Funktionär der kommunistischen Jugend war. Wegen Wieder-betätigung für die sozialdemokratische Partei, hat es geheißen. Das war ein Zeichen dafür, dass sie gar nichts gewusst haben, weil ich gar nicht für die sozialdemokratische Partei, sondern für die kommunistische Partei gewirkt habe. Dann war ich sechs Wochen im Polizeigefängnis. Die Gefängnisse waren alle überfüllt, noch vom Februar und Juli 1934. Es hat sogar Notge-fängnisse gegeben. Da waren zwei Häuser mit vergitterten Fenstern, eines war in der Hermanngasse, das andere war in der Hahngasse. Die Räume waren alle leer, bis auf Strohsäcke. In dem Zimmer, in das ich gekommen bin, waren 30 Leute. Einer ist neben dem anderen gelegen, man konnte keine Bewe-gung machen. Das Essen war natürlich furchtbar. Wir haben einen Hungerstreik gemacht, dann ist die Verpflegung ein bisschen besser geworden.«

Es ist nicht der letzte Gefängnisaufenthalt von Fritz Propst. Auch der spätere Bundeskanzler Bruno Kreisky lernt die Gefängnisse des Ständestaates kennen. Er ist im sogenannten

Sozialistenprozess gemeinsam mit 27 Genossen wegen Hochverrats angeklagt. Angeklagte und Ankläger bereiten sich ein Jahr lang auf den Prozess vor. Zeit genug für sozialdemokratische Emigranten, um zu versuchen, die Aufmerksamkeit der Weltöffentlichkeit auf den Prozess zu lenken. So sitzen prominente Journalisten aus dem Ausland, unter ihnen der Enkel von Karl Marx, unter den Zuschauern, als die Verhandlung beginnt. Das Gericht soll das Verfahren möglichst fair führen, um der Weltöffentlichkeit ein positives Bild der österreichischen Justiz zu vermitteln. Man lässt die Angeklagten also ausführlich sprechen. Der junge Bruno Kreisky nützt seine Redezeit besonders gut. Die verbotene *Arbeiter-Zeitung* berichtet über das Auftreten des späteren Bundeskanzlers: »Hier wurde der Angeklagte zum Ankläger, unter dessen wuchtigen Schlägen mehr als das Fundament der offiziellen Anklageschrift, unter denen das ganze System des Hasses und der Heuchelei, das zu dieser Anklageschrift geführt, vor der Meinung der ganzen anständigen Welt moralisch zusammenbrach.«[45] Der junge Kreisky steht zum Klassenkampf, den er »als das einzige Mittel zur Befreiung der Arbeiterschaft« sieht. Ein Putsch sei aber abzulehnen, »wir in Österreich wissen genau, dass es unsinnig wäre, einen Staat, der für seine Exekutive hundert Millionen Schilling ausgibt, mit Krampen und Spitzhacken zu bekämpfen«.[46]

In seiner Verteidigungsrede zeigt er sich weitsichtig: »Es ist möglich [...], dass die Regierung in einem ernsten Moment die breiten Massen des Landes zur Verteidigung der Grenzen aufrufen muss. Aber nur ein demokratisches Österreich wird dieses Volksaufgebot zusammenbringen. Nur freie Bürger werden gegen Knechtung kämpfen.« Kreisky erhält ein Jahr

Kerker und wird knapp dreieinhalb Jahrzehnte später zum ersten (und einzigen) wegen Hochverrats verurteilten Bundeskanzler werden. Auch die anderen »Sozialisten« schlagen sich in ihren Verteidigungsreden wacker: »Wie und wo kann der österreichische Staatsbürger für eine friedliche Änderung der Staatsform oder selbst nur der Regierungsform eintreten, ohne sofort verhaftet zu werden?«, fragt ein Mitangeklagter nicht unberechtigt.[47]

Viele Menschen sind nicht nur politisch machtlos, sie sind auch bitterarm. Das Lohnniveau sinkt dramatisch. Manche ehemaligen Arbeitnehmer erhalten nur zwölf Wochen Arbeitslosengeld, dann gehören sie zu den sogenannten »Ausgesteuerten«. Diese empfangen nur sehr geringe Zahlungen, zum Leben zu wenig, zum Sterben zu viel. »Im vergangenen Jahr haben in Wien 1157 Menschen Selbstmord begangen, 661 Männer und 496 Frauen. Die meisten gingen wegen bitterster Not, wegen Arbeitslosigkeit aus dem Leben [...] Riesengroß ist auch die Zahl jener, denen der Versuch, dieser Welt zu entrinnen, missglückte: 2825«, schreibt die *Arbeiter-Zeitung* am 17. Jänner 1934. Die Regierung versucht, den Menschen Arbeit und Brot zu geben, dabei stehen staatliche Prestigeprojekte im Vordergrund. Eines der wichtigsten Projekte dieser Zeit ist die Errichtung der Reichsbrücke. Die seit dem 12. Februar 1934 amtierende christlichsoziale Wiener Stadtregierung versucht, mit einem forcierten Brücken- und Straßenbau an die Tradition des »legendären« Christlichsozialen Karl Lueger anzuknüpfen und einen deutlich anderen Akzent als das »Rote Wien« zu setzen. Die sozialistische Stadtverwaltung hat nach dem Ersten Weltkrieg massiv in den kommunalen Wohnbau, in die Wiener »Gemeindewohnung« investiert. Gegen die hohe

Arbeitslosigkeit, die mit fast 38 Prozent in der Weltwirtschaftskrise ab 1929 einen Spitzenwert erreicht hat, setzt der Ständestaat auf staatliche Konjunktur- und Bauprogramme. Der Bau
der Großglockner-Hochalpenstraße, der Wiener Höhenstraße,
der Straße über die Pack zwischen der Steiermark und Kärnten sollte Zehntausende Menschen beschäftigen. Die österreichischen Baufirmen müssen sich verpflichten, möglichst
wenige Maschinen einzusetzen, dafür viele Arbeiter in Hand-
arbeit zu beschäftigen. Bauen gilt als Ausdruck der »Volks-
kraft«. Wer Beton mischt, Ziegel auf Ziegel setzt, der glaubt an
(s)eine Zukunft. Der Neubau der Reichsbrücke in Wien ist ein
Prestigeprojekt der neuen christlichsozialen Stadtverwaltung
und der autoritären Ständestaat-Regierung. Die alte, von
Kaiser Franz Joseph in Auftrag gegebene Kronprinz-Rudolf-
Brücke ist längst zu schmal geworden und soll ersetzt werden.

Am 26. Februar 1934 wird offiziell mit den Arbeiten begonnen – kaum zwei Wochen, nachdem in der »Kälte des Februars« Österreicher auf Österreicher geschossen haben. Der
Bund übernimmt zwei Drittel der Baukosten. In nur drei
Jahren investiert die Stadtverwaltung 175 Millionen Schilling,
nach heutigem Wert fast 750 Millionen Euro, in Straßenbau-
projekte. Die »Reichsbrücke« soll zum Symbol für den Aufbauwillen Österreichs werden. Am 10. Oktober 1937 wird die mit
1225 Metern damals drittgrößte Kettenbrücke Europas mit
einem pompösen Festzug eröffnet. Es ist ein Staatsakt. Die
gesamte Führung des austrofaschistischen Ständestaates zele-
briert das Werk. Zehntausende Schüler geben die Kulisse für
den in mittelalterlicher Zunftmanier gestalteten Festzug ab.
Die am Bau beteiligten Arbeiter marschieren über die Brücke.
Die Eröffnung wird von der »Vaterländischen Front« als

Triumph für das Regime inszeniert. Sie wird live im Radio übertragen, die Zeitungen überbieten einander mit Superlativen: Das *Neuigkeits-Welt-Blatt* schreibt von einem »stolzen Werk österreichischen Aufbauwillens«.

Das System des Ständestaates, der die Überwindung des Klassenkampfes und die Aufhebung sozialer Schranken »auf christlicher Grundlage« umsetzen wollte, feiert sich ein letztes Mal, kaum ein halbes Jahr vor dem sogenannten »Anschluss« Österreichs an Nazi-Deutschland im März 1938. Ein für dieses Ereignis komponiertes »Reichsbrückenlied« hat Premiere: »Tausend Hämmer, Räder, Feilen, tausend Hände mussten eilen, dass das große Werk entstand! Heil der Arbeit, die verbindet, Kluft und Spaltung überwindet, Heil dem Werk, Heil unserm Land!«

*

Heinrich Treichl, Sohn einer wohlhabenden und bekannten Familie, lebt in einer Gegenwelt zu jener des Jungkommunisten Fritz Probst. Anfang der Dreißigerjahre studiert er Jus. Durch seine Herkunft kennt er viele Adelige, lernt auch Otto von Habsburg persönlich kennen. Die Monarchie liegt noch nicht allzu lange zurück. Der einstige Adelsrang einer Familie im untergegangenen Habsburgerreich ist in der besseren Gesellschaft der Zwanziger- und Dreißigerjahre noch ein Thema. »Das Bürgertum hat ja damals fast ausnahmslos Adelstitel gehabt«, sagt Heinrich Treichl. »Ritter von und Freiherr von, das waren die Titel, die diese Schichten ausgezeichnet haben. Der höhere Adel hat sie ›Vonerl‹ genannt. Die alten Aristokraten haben sie nicht wirklich als Adel empfunden. Und dann gab es noch die sogenannten ›Perronisten‹. Familien, die Kaiser Karl in letzter Minute – praktisch auf dem Perron, dem Bahnsteig – vor seiner Ausreise ins Exil in den Adelsstand erhoben hat.«

Kaiser Karl bleibt nicht lange im Exil. Nach zwei gescheiterten Restaurationsversuchen stirbt er mit knapp 35 Jahren an einer Lungenentzündung. Für seinen ältesten Sohn Otto scheinen die Voraussetzungen, in Österreich wieder politische Macht zu erlangen, Mitte der Dreißigerjahre günstiger: Mit einer Rückbesinnung auf die k. u. k. Monarchie versucht Bundeskanzler Dollfuß das österreichische Selbstbewusstsein zu stärken und dem aufstrebenden Nationalsozialismus österreichische Eigenständigkeit entgegenzusetzen. »Der Monarchismus ist die letzte Karte im Spiel!«, soll Bundeskanzler Schuschnigg gesagt haben. Es ist kein Zufall, dass der deutsche Generalstab »Otto« als Codewort für einen Einmarsch in Österreich wählen wird. 1934 wird der Doppeladler, allerdings ohne Zepter und Krone, wieder zum Staatswappen erkoren und im Bundesheer werden teilweise wieder alte k. u. k. Uniformen eingeführt. 1935 hebt die Regierung Schuschnigg den Landesverweis der Habsburger und die Beschlagnahme ihres Privatvermögens gesetzlich wieder auf. Allerdings nimmt der Bundeskanzler Otto von Habsburg das Versprechen ab, nicht ohne seine ausdrückliche Zustimmung nach Österreich zu kommen. Pläne zur Restauration werden letztlich nicht umgesetzt, die letzte Karte wird nicht gespielt.

Auch der neue Bundeskanzler trägt ein »von« im Namen: Kurt von Schuschnigg. Heinrich Treichl hat ihn, ebenso wie Engelbert Dollfuß, schon als Kind kennengelernt. »Als Kind war ich als Schleppenträger bei einer Hochzeit, bei der auch Schuschnigg war. Später habe ich ihn bei einer befreundeten

Familie wieder getroffen. Zunächst habe ich ihn als eher klein-
bürgerlich und spießig empfunden. Das war aber ganz unrich-
tig. Er war ein gehemmter Mensch. Aber er war ein fabelhafter,
anständiger Mann und ein österreichischer Patriot. Die österreichischen Patrioten waren damals nicht so zahlreich und
haben es schwer gehabt.« Nachsatz:»Ich hoffe, dass ich auch
ein Patriot bin. Man muss das Land lieben. Ich weiß nicht, ob
das nicht langsam verloren geht.«

Der Rechtsanwalt Schuschnigg, der aus Tirol nach Wien
kam, ist im Gegensatz zu seinem Vorgänger Dollfuß kein Mann
der Massen. Letzterem wurde von Zeitgenossen trotz aller
Härte persönlicher Charme attestiert. Dem Intellektuellen
Schuschnigg wird seine Schüchternheit als Arroganz ausgelegt.
Trotz aller Anstrengungen gelingt es weder dem »volksnahen«
Dollfuß noch dem zurückhaltenden Schuschnigg, in der breiten Masse der Bevölkerung ein echtes Österreichbewusstsein
zu wecken. Der Ständestaat versucht, seinen Bürgern die Liebe
zu Gott und zum Vaterland aufzuzwingen. So verpflichtet eine
Verordnung des Unterrichtsministeriums katholische Schüler
zum Besuch von Exerzitien und heiligen Messen und zum
Tragen eines rot-weiß-roten Abzeichens. »Seid einig« ist
darauf zu lesen. 1936 wird außerdem das Schulgeld für Mittelschüler mit 48 Schilling pro Semester festgelegt, was für viele
Familien eine unüberwindliche Barriere darstellt.

Treichl lernt auch den Heimwehrführer Rüdiger von Starhemberg kennen. »Er war ein leidenschaftlicher junger Mann.
Ich will nicht sagen, dass Starhemberg nicht anständig war,
aber er war politisch nicht sehr seriös. Er hat doch sehr stark
faschistische Neigungen gehabt. Ein Verwandter wollte mich
zur Heimwehr bringen. Mein Vater hat Starhemberg nicht

getraut und mir abgeraten. Ich bin ein paar Mal hingegangen, aber beigetreten bin ich nicht.« Der aus Oberösterreich stammende Graf bringt es im Ständestaat, dank der Rolle der Heimwehr bei den Februarkämpfen, bis zum Vizekanzler und Sicherheitsminister. Am Grab des ermordeten Dollfuß beschwört er das »heilige Vermächtnis« des Toten, niemals einen Kompromiss mit dem Nationalsozialismus einzugehen. Das hindert Starhemberg nicht, bei einem Treffen mit dem Nationalsozialisten Seyß-Inquart die Möglichkeit einer deutschnationalen Regierung in Österreich unter Einbeziehung »gemäßigter Nationalsozialisten« zu besprechen. Als daraufhin Bundeskanzler Schuschnigg 1936 die Heimwehr aufgrund einer drohenden innenpolitischen Gefährdung auflöst, emigriert Starhemberg 1937 in die Schweiz.

Treichl senior gibt nicht nur seinen Söhnen Ratschläge, auch Ignaz Seipel lässt sich während seine Kanzlerschaft von dem Bankier beraten. »Ja, Seipel ist oft bei meinen Eltern gewesen. Mein Vater hat die Christlichsozialen unterstützt, wo er konnte. Ich weiß nicht, ob der Vater immer recht gehabt hat, aber Seipel hat auf ihn gehört.«

Welche Ratschläge der Vater von Heinrich Treichl dem zweimaligen Bundeskanzler und Prälaten gegeben hat, ist nicht überliefert. Überliefert ist hingegen, dass Seipel indirekt dazu beitrug, dass Adolf Hitler die deutsche Staatsbürgerschaft annahm. Die deutsche Fremdenpolizei wollte Hitler, der nach seinem gescheiterten Putschversuch im April 1924 seine Festungshaft abbüßte, loswerden und überlegte, ihn bei vorzeitiger Entlassung nach Österreich abzuschieben. Seipel ließ die Bayern wissen, Hitler sei durch seinen Kriegsdienst im deutschen Heer deutscher Staatsangehöriger geworden. Hitler blieb, wo er war. Der Braunauer gab 1925 die österreichische Staatsbürgerschaft auf, damit er nicht mehr abgeschoben werden konnte. Hätte sich der Lauf der Weltgeschichte geändert, wenn Seipel den inhaftierten Österreicher zurückgenommen hätte? Wäre Hitler in Österreich geblieben und hätte doch noch Karriere als Bühnenmaler gemacht?

*

1936
Fritz Propst,
geboren 1916,
Wien

»Staatspolizei, aufmachen!«, donnert eine Stimme. Gleichzeitig hämmert eine Faust gegen die Tür. Fritz Propst ist mit einem Satz aus dem Bett. Es ist so weit, denkt der Jungkommunist grimmig. Sie sind gekommen, um ihn zu holen. Er atmet tief durch und öffnet die Tür. Zwei Beamte in Zivil drängen sich in die kleine Wohnung, dann in sein winziges Schlafzimmer. Der Arbeiter verfügt über ein schmales Bett, einen Tisch und einen Sessel – mehr nicht. Die drei Männer finden kaum Platz in dem engen Raum. Fritz schiebt sich auffällig unauffällig vor den Kasten. Vielleicht gelingt es ihm, die Aufmerksamkeit der Polizisten auf den Schrank zu lenken, der lediglich Kleidung enthält. Mit einem Schritt durchquert der ältere der beiden Beamten den Raum und schiebt ihn unsanft zur Seite. »Was versteckst du da, Bürscherl?«, knurrt er und wirft den spärlichen Inhalt auf

den Fußboden. Der junge Mann kennt diese Art von Macht-
demonstration schon zur Genüge. Trotzdem steigt Wut in
ihm hoch. »Vielleicht finden Sie da etwas!«, sagt er provo-
kant und zieht die Schublade des Tisches auf. Es ist ein
kalkuliertes Risiko. Rechts und links der Lade befinden sich
Geheimfächer. Als Kurier muss der Jungkommunist immer
wieder geheime Unterlagen verstecken. Die Polizisten starren auf den Ladeninhalt: ein altes, schäbiges Essbesteck
und ein hölzernes Schneidbrett. Wortlos gibt der Ältere
Fritz eine Ohrfeige. Auch die weitere Suche verläuft ergeb-
nislos. Schließlich schaffen sie den Verhafteten ins Polizei-
präsidium, Schottenring 25. Auf einer Holzbank wartet er
auf die erste Vernehmung, links und rechts sitzen die beiden
Staatspolizisten. Obwohl er weiß, was ihm bevorsteht, ist
der junge Mann ganz ruhig. Er wird hart bleiben, wie auch
die letzten beiden Male. Dann endlich öffnet sich die Türe.
Der Kommissar nickt den Polizisten zu, sie schieben ihren
Gefangenen in das Vernehmungszimmer und verlassen den
Raum. Der Kommunist und sein Vernehmer sind allein. Der
Staatsbeamte kommt näher, ganz nahe. Er starrt dem Gefan-
genen ins Gesicht. Fritz sieht die Verachtung in seinem
Blick. Unvermittelt trifft ihn ein Faustschlag. Er spürt etwas
Feuchtes im Gesicht. Blut rinnt aus seiner Nase und tropft
auf den peinlich sauberen Linoleumboden. Ein zweiter
Schlag in den Magen wirft ihn zu Boden. »Aufstehen, du
Kommunistenschwein! Mit dir bin ich noch lange nicht
fertig«, zischt der Polizist.

»Ich bin am Boden gelegen und die Fußtritte sind auf mich eingeprasselt. Aufstehen! Noch ein Tritt, und noch einer und so ist das immer weiter gegangen. ›Was wollen Sie, was wollen Sie von mir? Fragen Sie mich doch was‹, hab ich gesagt. Dann hat er mir eine Liste von verschiedenen Funktionen, die ich gehabt habe, und die Decknamen dazu vorgelesen. Das hat alles gestimmt. Ich habe nichts zugegeben. Schließlich bin ich für sechs Monate nach Wöllersdorf gekommen«, erzählt der alte Herr ganz sachlich. »Wöllersdorf« ist das größte und daher wohl bekannteste der Anhaltelager, die im Ständestaat ab 1933 eingerichtet werden. Dort werden politisch Missliebige, ohne Gerichtsverfahren und Schuldspruch, auf beliebige Zeit weggesperrt. Die Insassen müssen mit 6 Schilling pro Tag für ihren Unterhalt aufkommen, was aber aufgrund des mangelnden Einkommens der meisten illusorisch ist. Kommunisten, Sozialisten und Nationalsozialisten teilen sich die Zellen und haben, mangels anderer Beschäftigung, Zeit und Gelegenheit, ihre radikalen politischen Ideen zu vertiefen. Einig ist man sich im Hass auf den autoritären Staat. Zwischen manchen Nationalsozialisten und Sozialdemokraten entsteht in diesen Jahren eine Kameradschaft, die sich spätestens 1938 als tödlich für die Eigenstaatlichkeit Österreichs entpuppen wird. Kurz nach dem »Anschluss«, am 2. April, wird das Lager von den Nationalsozialisten in »Wöllersdorf-Trutzburg« umbenannt und symbolisch eine Baracke niedergebrannt. Im *Völkischen Beobachter* ist nachzulesen, was Gauleiter Josef Bürckel von Anhaltelagern hält: »Die deutsche Freiheit benötigt keinen Stacheldraht und keine dumpfen Zellen.« Im April fährt allerdings der erste Gefangenentransport der Nazis mit 143 Personen vom Westbahnhof nach Dachau ab.

Auch der Kommandant von Wöllersdorf, Major Emanuel Stillfried, lernt die »deutsche Freiheit« dort kennen. Als Heinrich Himmler den »Österreicher-Transport« inspiziert, verhöhnt er Stillfried: »So, jetzt sehen Sie, wie das ist.« Der Major bewahrt Haltung: »Herr Reichsführer, ich würde mir wünschen, dass wir hier so behandelt werden, wie Ihre Leute in Wöllersdorf behandelt wurden!«

Auch die Anhaltelager des Ständestaates sind das Instrument eines autoritären Staates, der keine freie Meinungsäußerung duldet, aber sie sind nicht, wie die Konzentrationslager, auf die Vernichtung des Menschen ausgerichtet. Doch für viele Gefangene und ihre Familien reicht dieses Maß an politischer Verfolgung und Willkür aus, um sich endgültig vom Ständestaat und damit tragischerweise auch von Österreich abzuwenden.

14. KAPITEL

»Natürlich gibt es wichtigere Dinge als den Opernball. Aber er hat sehr viel Freude geschenkt!«

Christl Schönfeldt

über ihren ersten »Ball der Bälle«
in der Ersten Republik

1937

Christl Schönfeldt,
geboren 1916,
Wien

Was für eine Nacht! Christl sitzt vor der Frisierkommode in ihrem Mädchenzimmer und lächelt ihrem Spiegelbild zu. Die Wangen sind gerötet, die Frisur ein wenig zerzaust – doch sonst scheint sie sich in den letzten acht Stunden nicht verändert zu haben. Fast ist sie ein wenig erstaunt darüber. Was ist in dieser rauschenden Ballnacht nicht alles geschehen. Die Kinder des Bundespräsidenten haben sie in die Loge ihres Vaters eingeladen. Sekt und Brötchen mit dem Staatsoberhaupt, einfach unglaublich! Der alte Herr war rührend freundlich. Bundespräsident Miklas ist geübt im Umgang mit jungen Menschen, hat er doch selbst 18 Kinder. Aber das größte Erlebnis war der Walzer mit Richard Tauber. Die junge Frau kennt den Startenor von Einladungen im Hause Franz Lehárs, eines guten Freundes ihres Vaters. Christl bewundert den Sänger und liebt seine Musik. Plötzlich stand er vor ihr, verbeugte sich und bat um einen Tanz. Wie in Trance schwebte sie zum Parkett. Die 21-jährige Christl Arnold in den Armen des berühmten Tenors. Nicht in ihren kühnsten Träumen hätte sich die junge Studentin das erhofft. Zum Abschied hat ihr Richard Tauber einen kleinen Strauß Veilchen überreicht. Sie wird die Blumen trocknen und aufbewahren. Aber auch ohne diese Erinnerung wird Christl ihren ersten Opernball nicht vergessen.

»Ja«, schwelgt die langjährige Opernball-Mutter, »1937 war mein erster Opernball. Damals musste ich noch mit jedem Schilling rechnen, an dieses Gefühl kann ich mich noch lebhaft erinnern. Durch besonders gute Verbindungen konnten wir, meine Freunde und ich, Komiteekarten ergattern, obwohl wir gar nicht eröffnet haben. Was für ein Glück: Sie kosteten nur 5 statt 25 Schilling. So ist mir – nach Bezahlung der Garderobenfrau – noch genau ein Schilling für den restlichen Abend geblieben. Aber es war wunderbar. Der Zufall wollte es, dass wir von den Kindern des Bundespräsidenten Miklas zu einer kleinen Stärkung in seine Loge eingeladen wurden. Der

Bundespräsident Miklas hatte junge Kinder und die durften Freundinnen oder Freunde in die Mittelloge mitnehmen und da haben die Söhne Miklas mich eingeladen. ›Komm mit, der Papa hat uns zu einem Glas Wein und zu einem Sandwich eingeladen.‹ Ich war furchtbar aufgeregt. ›Ich darf jetzt zum Bundespräsidenten auf ein Glas Wein gehen.‹ Später, als ich älter war und schon den Opernball selbst organisiert habe, war vieles selbstverständlich für mich. Das größte Erlebnis meines ersten Opernballs war aber der Walzer mit Richard Tauber. Er war der berühmteste Mozart-Sänger seiner Zeit. Ich war im siebenten Himmel. Damit auch die jungen (und älteren) Damen von heute von ihren Kavalieren Blumen geschenkt bekommen können, habe ich als Ballorganisatorin wieder einen Blumenstand am Opernball eingeführt. Soweit ich es beobachten konnte, machen die Herren der Schöpfung gerne von dieser Einrichtung Gebrauch.«

Die studierte Musikwissenschaftlerin hat 1956 den legendären ersten Opernball nach dem Zweiten Weltkrieg organisiert. Danach war sie viele Jahre, bis 1980, für die Ausrichtung des »Balls der Bälle« verantwortlich. Ihre Wohnung am Wiener Alsergrund atmet Geschichte. »Sehen Sie«, sagt die Gräfin stolz, »dort ist meine Kaiser-Ecke!« Tatsächlich, mehrere gerahmte Fotos von Angehörigen des (ehemaligen) Herrscherhauses drängen sich auf einem Regal. »Und dort liegt meine Lieblingserinnerung!«, meint die 97-Jährige und zeigt auf eine schwere Bronzemedaille, die auf dem Flügel liegt. Sie zeigt Franz Lehár. »Er war ein guter Freund meines Vaters. Wir haben ihn oft im ›Schikaneder-Schlössl‹, später ›Lehár-Schlössl‹, besucht«, erklärt Christl Schönfeldt. »Einmal hat er mir diese Medaille geschenkt. Ich höre ihn noch heute: ›Die trägst du immer bei dir. Sie wird dich beschützen!‹, hat er gesagt, als er sie mir in die Hand drückte. Ich war selig.«

Franz Lehár ist im Wien der Zwanziger- und Dreißigerjahre ein Star. Seine Operette *Das Land des Lächelns* wird zu einem Welterfolg. Das Lied »Dein ist mein ganzes Herz« wird auf der ganzen Welt ein beliebter Schlager. Gesungen wird der Hit von Richard Tauber, der damit international bekannt wird. Als Jude wird er 1938 zur Emigration gezwungen sein und später in London und New York große Erfolge feiern.

Eine der kulturellen Höchstleistungen der Ersten Republik sind die Salzburger Festspiele. Seit 1920 inszeniert Max Reinhardt auf dem Domplatz Hugo von Hofmannsthals *Jedermann* und begründet damit die Tradition der Festspiele. Anfänglich hat die Stadt Salzburg wenig Sinn für Kultur: Vor Beginn der Saison wird ein Ausweisungsbefehl für Fremde erlassen. Der Mangel an Lebensmitteln sei so groß, dass man sich die Aufnahme von Fremden nicht erlauben könne. Nichteinheimische benötigen eine Einreisegenehmigung, um die Landesgrenzen zu überschreiten, diese wird maximal für drei Tage ausgestellt. Doch die Kultur siegt über Hunger und Not: Mitte der Dreißigerjahre ist die Stadt zum kulturellen Mekka geworden. Der Wahlsalzburger Stefan Zweig ist begeistert: »Mit einem Mal wurden die Salzburger Festspiele eine Weltattraktion, gleichsam die neuzeitlichen Olympischen Spiele der Kunst, bei denen alle Nationen wetteifern, ihre besten Leistungen zur Schau zu stellen. Niemand wollte mehr diese außerordentlichen Darstellungen missen. Könige und Fürsten, amerikanische Millionäre und Filmdivas, die Musikfreunde, die Künstler, die Dichter und Snobs gaben sich in den letzten Jahren in Salzburg Rendezvous: Nie war in Europa eine ähnliche Konzentration der schauspielerischen und künstlerischen Vollendung gelungen wie in dieser kleinen Stadt des kleinen und lange missachteten Österreich.« Auch die Wienerin Christl Schönfeldt hat Gelegenheit, Inszenierungen von Max Reinhardt zu besuchen. Er leitet von 1924 bis 1933 das Theater in der Josefstadt, auf seine Anregung wird 1929 das Wiener Max Reinhardt Seminar gegründet. Wie viele andere Künstler seiner Zeit muss auch Reinhardt vor der drohenden Verfolgung durch die Nazis in die USA fliehen.

In der Ersten Republik wird auch versucht, die ehrwürdige Opernredoute wiederzubeleben. Am 29. Jänner 1921 findet die erste »Redoute« statt, 1924 die erste »Opernredoute«. Die ersten Bälle in der Staatsoper erfreuen sich aber bei der Bevölkerung keiner besonderen Beliebtheit. Auch die *Wiener Zeitung* berichtet kritisch: »Sie spielen in der Stätte der Musikklassiker scheußliche Shimmys, noch scheußlicheren Jazz. [...] Das Bild des Abends ist beherrscht von hellen, grellen Farbtönen. Die Damen tragen flimmernde, gleißende Roben [...] viel Strass [...] Ihre Köpfe mit weißen, roten, grünen oder lila Perücken sind mehrfach bizarr, grotesk, barbarisch bunt.«

Den ersten »Opernball« gibt es 1935, Kleidung und Musik sind wieder »gesitteter«. Das blutige Jahr 1934 ist noch nicht ganz einen Monat vorbei, als die Regierung des Ständestaates versucht in der Oper den Glanz vergangener Zeiten lebendig werden zu lassen. Die *Neue Freie Presse* schreibt am 27. Jänner 1935: »Ein Abend, an dem man wieder einmal merkt, dass in Wien etwas los ist, etwas Erfreuliches, eine Sensation für die Augen. [...] Auch das gehört zum Stil und Reiz des ersten Opernballs: dieses Anknüpfen an die Kongresszeit, an altösterreichische Faschingstradition.«

Am 17. Jänner 1937, als Christl Arnold ihren ersten Opernball besucht, deutet nichts darauf hin, dass es der vorletzte in einem eigenständigen Österreich ist. »Es war wieder ein im besten Sinn wienerischer Opernball. Zum dritten Male wurde er diesmal abgehalten und in dieser kurzen Zeit hat er schon das erreicht, was so manchen heutigen Veranstaltungen oft fehlt: Tradition und Stil«, lobt die *Neue Freie Presse*. Zwei Jahre später, am 21. Februar 1939, tanzt man schon unter Hakenkreuz-Dekoration. Danach lassen Diktatur, Krieg und Nachkriegselend allein den Gedanken an einen Ball schon obszön erscheinen.

Erst 1956 wird es, nach Zerstörung und Wiederaufbau, wieder einen Opernball im Haus am Ring geben. Dieser und die bis 1984 folgenden Bälle sind das Lebenswerk von Ballmutter Christl Schönfeldt. Bis zu ihrem Tod im Jahr 2013 ist sie immer wieder Ehrengast am Ball der Bälle und kann den Wandel in Etikette und Mode beobachten: »Heute ist es zum Teil weniger elegant, sagen wir es so. Es ist auch ein anderer Stil gekommen im Laufe der Jahre, nicht? Ich will mich dazu nicht äußern. Ich find' es zwar schade, aber so ist es eben und ich bin froh, dass ich diese Sorgen nicht habe. Auch die Einstellung der Menschen hat sich geändert, glaube ich. Es ist sehr viel selbstverständlich geworden, woran in meiner Jugend überhaupt gar nicht zu denken war. Gott sei Dank, eigentlich.« Die alte Dame macht eine kurze Pause: »Wissen Sie, es ist nicht nur Schmuck und schöne Schuhe und was weiß ich was alles. Es gab ganz andere Zeiten. Und man hat sie überlebt und hat sie mit Dankbarkeit überlebt.«

Manchmal, so sagt sie, sei ihr als »Ballmutter der Nation« vorgehalten worden, dass ein Ball doch nicht so wichtig sein könne. »Natürlich kann man sagen, es gibt Wichtigeres als den Opernball, das schon. Natürlich. Oder einen Ball überhaupt. Aber es war sehr viel Freude für die Menschen. Außerdem glaube ich, dass der Opernball für Wien und für Österreich wichtig ist, weil er noch ein bisschen ein Fest der Vergangenheit ist. Es ist einfach schön, diese Tradition zu bewahren. Man sieht es ja, sonst tätens' es ja nicht überall nachmachen.«

1937 findet auch in einem anderen Haus am Ring ein großes kulturelles Ereignis statt: Theodor Csokors literarischer Abschied von Alt-Österreich, *3. November 1918*, wird uraufgeführt. Das Stück spielt am Tag des Waffenstillstandes in einem k. u. k. Rekonvaleszentenheim. Ein Soldat hackt aus einer Landkarte des Vielvölkerstaates das verbleibende Österreich, der Kommandant der Dienststelle erschießt sich. Bei seinem Begräbnis werfen Soldaten aus allen Teilen der Monarchie Erde in sein Grab. »Erde aus Ungarn«, »Erde aus Kärnten« usw. Der jüdische Regimentsarzt zögert und sagt schließlich »Erde aus Österreich«. Das Thema erschloss sich Csokor durch eine Zeitungsnotiz über ein österreichisches Kriegsgefangenenlager an der chinesischen Grenze. Erst 1928 hätten dort die Gefangenen aus allen Teilen des Vielvölkerstaates erfahren, dass das alte Reich vor zehn Jahren zerfallen sei. »Dann gab es Selbstmorde, Streit, Verzweiflung ... Was wäre das für ein Stoff! Hinter jeder Figur stehen Millionen«, lässt der Autor seinen Freund Ferdinand Bruckner brieflich wissen. Mit seiner Reminiszenz an die untergegangene Monarchie passt das Stück in den Zeitgeist und wird ein großer Erfolg. Am 28. November 1936 schreibt Csokor an Bruckner: »Und wenn ich in meinem *Dritten November 1918* im Ende des alten Österreich das Ende einer alten Welt sehe, darin sich Menschenrechte und Menschenwürde noch behaupten durften, so suche ich einen ähnlichen Weg. Die Straße, auf der man uns wieder zur Humanität zurückbringt, wird uns zuerst noch durch Meere von Blut führen müssen.«

15. KAPITEL

»Jetzt können wir uns alle auf einiges gefasst machen.«

**Fritz Molden,
Fritz Propst,
Franz Saxinger,
Walter Stern,
Dorothea Haider,
Eric Pleskow,
Marko Feingold und
Heinrich Treichl**

über den »Anschluss«
und seine Folgen

1938

Fritz Molden,
geboren 1924,
Wien

Es ist völlig still im Wohnzimmer. Selbst Juli, die rundliche Köchin, schweigt. Der 14-jährige Fritz weiß, warum die Erwachsenen so angespannt sind. Jeden Moment soll der Bundeskanzler im Radio sprechen. Was wird Kurt von Schuschnigg den Österreichern verkünden? Der Gymnasiast versteht schon, dass die politische Lage schwierig ist. Schließlich sitzt der Vater als Chefredakteur der Neuen Freien Presse direkt an einer der wichtigsten Informationsquellen des Landes. Ernst Molden nimmt seine Buben, Otto und Fritz, ernst und spricht auch über politische Themen mit ihnen. Eigentlich wird überall politisiert: in der Schule, im Gasthaus, auf dem Fußballplatz. Schulkinder schlagen sich wegen der Gesinnung ihrer Väter die Nasen blutig. Wer soll Österreich regieren? Rot? Schwarz? Oder doch der »Führer«, wie die Nazis ihn nennen? Fritz weiß, dass der Bundeskanzler die Eigenständigkeit Österreichs retten will. Es soll eine Volksabstimmung geben. Aber auch der Vater, der Schuschnigg persönlich kennt, weiß offenbar nicht, worüber der Kanzler sprechen wird. Fritz kann nicht verstehen, worüber er sich gerade mit der Mutter unterhält, aber ihre Mienen sind ernst und sorgenvoll. Die Stimme des Kanzlers reißt Fritz aus seinen Gedanken.

Die Ansprache des Kanzlers ist kurz und emotional.

»Der Herr Bundespräsident beauftragt mich, dem österreichischen Volke mitzuteilen, dass wir der Gewalt weichen. Wir haben, weil wir um keinen Preis, auch in diesen ernsten Stunden nicht, deutsches Blut zu vergießen gesonnen sind, unserer Wehrmacht den Auftrag gegeben, für den Fall, dass der Einmarsch durchgeführt wird, ohne Widerstand sich zurückzuziehen und die Entscheidung der nächsten Stunden abzuwarten [...] So verabschiede ich mich in dieser Stunde von dem österreichischen Volk mit einem deutschen Wort und einem Herzenswunsch: Gott schütze Österreich!«

In der großbürgerlichen Familie des Presse-Chefredakteurs Ernst Molden und der Dichterin Paula von Preradović löst die Rundfunkansprache des Kanzlers tiefe Betroffenheit aus. »Meine Eltern haben natürlich mit Verzweiflung reagiert«, berichtet Fritz Molden. Auch 75 Jahre danach schwingt unüberhörbare Emotion in seiner Stimme mit. »Meine Eltern waren das Gegenteil von Nazis. Meine Mutter war damals schon sehr im katholischen Lager verhaftet. Mein Vater war mehr ein Liberaler. Der Gedanke, dass Hitler nach Österreich kommt, war entsetzlich für sie. Sie haben beide gewusst, das kann nur furchtbar enden. Ich kann mich erinnern, meine Mutter hat Tränen in den Augen gehabt. Mein Vater war auch sehr unglücklich. Er hat gesagt: ›Jetzt können wir uns alle auf einiges gefasst machen.‹ Er hat dann mit einem Minister telefoniert und gesagt, Schuschnigg soll verschwinden und nach Pressburg fahren. Zuvor hatte er nämlich erfahren, dass die Grenze bald gesperrt werden wird. Aber Schuschnigg wollte nicht weg und ist dann anständigerweise sieben Jahre im KZ gesessen. Das war meine erste Erinnerung an die Nazis. Die

Presse hatte damals eine Morgenausgabe, die wurde am späten Abend produziert, und eine Abendausgabe, die erschien um 2 Uhr nachmittags. Mein Vater kam immer um 2 Uhr nach Hause und wir haben spät mittaggegessen deswegen. Dann ist er bis 5 zu Hause geblieben und wieder in die Redaktion gefahren. Dadurch waren wir alle zu Hause, außer meinem Bruder, der hat sich mit den Nazis geprügelt. Beide Eltern haben sich sehr gefürchtet wegen meinem Bruder. Am 13. März hat mein Bruder 20. Geburtstag gehabt. Es war schon ein Fest geplant. Ich höre noch meine Mutter sagen: ›Jetzt werden wir wahrscheinlich alle im Gefängnis das Fest feiern.‹«

Auch Walter Stern wird diesen Tag nicht vergessen. »Ich war damals in der 4. Hauptschulklasse, und wir haben an einem Schülerturnier teilgenommen. Wir waren schon am Feld, da hat einer von der Gegenmannschaft gesagt: ›Mit Juden spielen wir nicht.‹ Damit war ich gemeint. Worauf unsere Mannschaft gesagt hat: ›Wenn das so ist, treten wir auch nicht an‹, und das Match ist nicht zustande gekommen. Wir sind zeitig nach Hause gegangen. Meine Eltern waren zu Hause, was eher selten war. Ein Freund von meinem älteren Bruder, der Hansl, war auch zu Besuch. Da haben wir die Rede von Schuschnigg gehört. Meine Mutter hat zu weinen begonnen. Der Hansl, der war vorher in Spanien im Bürgerkrieg, hat nur drei Worte gesagt: ›Juden, Koffer packen.‹«

Nicht alle Österreicher sind von der Rede des Kanzlers beeindruckt. Marko Feingold ist kurz zuvor aus Italien zurückgekehrt: »Da war ich wegen der Passverlängerung in Wien. Ich habe das alles gehört, natürlich. Sein Umkreis hat gejubelt, aber das war alles. Viele andere waren für den Anschluss. Schuschniggs Rede strotzte vor Österreichertum. Aber man muss ihn auch verstehen: Schuschnigg war kurz vorher bei Hitler. Dass ihn Hitler weggehen ließ, war schon Glück und das hat er auch gewusst. Deshalb war er sehr vorsichtig mit den Worten, die er gebraucht hat. Sonst hätten sie ihn gleich erschossen!«

Dem Abschied des österreichischen Bundeskanzlers geht ein langer Weg der gezielten Einschüchterung voraus. Bei der Unterzeichnung des Juli-Abkommens 1936 glaubt Schuschnigg noch, Österreichs Selbstständigkeit durch Zugeständnisse an Nazi-Deutschland retten zu können. Zwar anerkennt der »Führer« die Souveränität Österreichs, doch schon in Punkt 3 heißt es: »Die österreichische Politik [...] stets auf jener grundsätzlichen Linie zu halten, die der Tatsache, dass Österreich sich als deutscher Staat bekennt, entspricht.« Weitaus deutlicher und daher aufschlussreicher ist das geheime Zusatzabkommen. Die darin genannten Punkte werden die Stabilität Österreichs weiter zermürben, was dem Plan der Reichsregierung entspricht. Die für den österreichischen Fremdenverkehr katastrophale 1000-Mark-Sperre wird aufgehoben. Dieser auf den ersten Blick erfreulichen Tatsache steht gegenüber, dass jetzt nicht nur Touristen, sondern auch Propagandisten der Nazis nach Österreich strömen. Schuschnigg verpflichtet sich, eine Amnestie für Nationalsozialisten durchzuführen und die »nationale Opposition« zur Mitwirkung an der politischen Verantwortung heranzuziehen. Von diesen Zusatzpunkten ist der Öffentlichkeit freilich nichts bekannt. So wird das Abkommen in den Medien begrüßt. Die *Neue Freie Presse* schreibt am 12. Juli 1936: »Deutschland und Österreich reichen also einander die Bruderhände bei vollständiger Wahrung der Selbstständigkeit. Dadurch kann ein

Moment der Besorgnis, der Unsicherheit aus dem internationalen Leben schwinden und der in jüngster Zeit so bedroht gewesene Friede des Kontinents eine bedeutsame Stütze erhalten.«

Die österreichischen Nationalsozialisten werden, wie vereinbart, von Bundespräsident Miklas amnestiert. Sie bedanken sich auf ihre Weise: Aus Anlass des Eintreffens des Olympischen Feuers auf dem Weg nach Berlin strömen 30 000 »Führer«-Anhänger auf den Heldenplatz und überschreien die Ansprache des Staatsoberhauptes mit Sieg-Heil-Rufen. Auch 1937 zeigen die österreichischen Nationalsozialisten in Massen Präsenz. Reichsaußenminister von Neurath wird bei seinem Staatsbesuch mit begeisterten Sieg-Heil-Rufen am Westbahnhof empfangen. Diese Demonstration kann der Kanzler nicht unbeantwortet lassen: Bei der Abreise des deutschen Ministers säumen Mittelschüler den Straßenrand und skandieren »Heil Schuschnigg« und »Heil Österreich«.

Im fernen London liest Stefan Zweig, Lord Halifax sei mit Hitler zu einem Einverständnis über Österreich gekommen, und deutet dies als Preisgabe seiner Heimat. Noch einmal will der Dichter seine alte Mutter, seine Freunde, seine Geburtsstadt besuchen. »Aber alle in Wien, die ich sprach, zeigten ehrliche Sorglosigkeit. Sie luden sich gegenseitig in Smoking und Frack zu Geselligkeiten (nicht ahnend, dass sie bald die Sträflingstracht der Konzentrationslager tragen würden), sie überliefen die Geschäfte mit Weihnachtseinkäufen für ihre schönen Häuser (nicht ahnend, dass man sie ihnen wenige Monate später nehmen und plündern würde). Und diese ewige Sorglosigkeit des alten Wien, die ich vordem so sehr geliebt und der ich eigentlich mein ganzes Leben nachträume, diese

Sorglosigkeit [...] tat mir zum ersten Male weh«, schreibt
Stefan Zweig in *Die Welt von Gestern*.

Am 12. Februar 1938 hat der Staat Österreich noch einen
Monat zu leben. Hitler empfängt Schuschnigg auf dem Obersalz-
berg. Zwei Österreicher verhandeln über das Schicksal ihrer
Heimat. Der eine versucht, ihre Eigenständigkeit und damit
seine persönliche Macht zu verteidigen, der andere will sie
vernichten. Es ist ein ungleicher Kampf. Hitler inszeniert den
Berghof als Machtzentrale kurz vor dem Beginn von Kampfhandlungen. Militärs eilen geschäftig hin und her. Sie sind eigens
gerufen worden, um den Kanzler zu beeindrucken. Der Ketten-
raucher Schuschnigg darf in Gegenwart des »Führers« nicht
rauchen. In seinem Arbeitszimmer verhöhnt Hitler seinen Gast:
»Ich brauche nur einen Befehl zu geben und über Nacht ist
dieser ganze lächerliche Spuk an der Grenze zerstoben. Sie
werden doch nicht glauben, dass Sie mich auch nur eine halbe
Stunde aufhalten können? Wer weiß – vielleicht bin ich über
Nacht auf einmal in Wien; wie der Frühlingssturm! Dann sollen
Sie etwas erleben!« Schließlich bittet Hitler den solchermaßen
eingeschüchterten Bundeskanzler zum Mittagessen und zieht
sich danach zurück. Nach zwei Stunden quälender Unsicherheit
wird Schuschnigg und seinem Begleiter vom deutschen Außenminister ein Vertrag überreicht. Der wesentliche Punkt: Die
österreichische Regierung verpflichtet sich, den Nationalsozialisten Seyß-Inquart zum Sicherheitsminister zu ernennen, im
Gegenzug bestätigt die deutsche Regierung das Abkommen vom
Juli 1936 und damit die österreichische Souveränität. Noch wagt
es der Bundeskanzler zu widersprechen. »Herr Schuschnigg«,
tobt Hitler, »verhandelt wird nicht, ich verändere keinen
Beistrich. Sie haben entweder zu unterschreiben oder alles

Weitere ist zwecklos.« Schuschnigg unterschreibt. Acht Tage später spricht Hitler im Reichstag. Die Rede ist auch im österreichischen Radio zu hören: »Ich möchte an dieser Stelle vor dem deutschen Volke dem österreichischen Bundeskanzler meinen aufrichtigen Dank aussprechen für das große Verständnis und die warmherzige Bereitwilligkeit, mit der er meine Einladung annahm und sich bemühte, gemeinsam mit mir einen Weg zu finden, der ebenso sehr im Interesse der beiden Länder wie im Interesse des gesamten deutschen Volkes liegt.«[48] Was mag dem erpressten Schuschnigg, der die Rede wohl mit großer Spannung gehört hat, bei diesen Worten durch den Kopf gegangen sein? Er gibt seine Antwort vier Tage später. »Bis hierher und nicht weiter«, sagt er vor dem Bundestag, dem höchsten Gremium des Ständestaates. Seine Rede endet mit dem dramatischen Appell, »dass unser Österreich Österreich bleiben muss. Darum, Kameraden, bis in den Tod: rot-weiß-rot! Österreich!«[49] Die Rede wird mit Lautsprechern vor das Parlament übertragen. Dort haben sich Tausende Menschen eingefunden, um für die Eigenständigkeit Österreichs zu demonstrieren. Doch viele Bürger sehen den Untergang dieses Staates bereits am Horizont. So schreibt der spätere Bundeskanzler Julius Raab am 6. März in das Gästebuch seines Freundes Leopold Figl:

»Am Anfang des März,
da geht es um Österreich.
Wir bleiben die alten fürs Heimatreich.
Mögen viele sich drehen,
mögen manche sich neigen,
mag alles vergehen,
Österreich muss bleiben.

Rot-weiß-rot bis in den Tod
ist nicht nur ein schales Wort,
ist unser Sinn, ist unser Hort.
Ist Österreich nun, für das wir stehen,
ist die Heimat, für die wir leben.«

Es ist für lange Zeit die letzte Eintragung in das Gästebuch. Nur einen Monat später ist Leopold Figl bereits »Schutzhäftling« in Dachau.

Die Regierung Schuschnigg steht mit dem Rücken zur Wand. Erst jetzt, viel zu spät, versucht der Kanzler, dem Feind aus dem blutigen Jahr 1934 die Hand zu reichen. Am 3. März empfängt er zwei ehemalige Gewerkschafter. »Jetzt geht es um unser Land [...] Geben Sie uns so viel Freiheit, dass wir kämpfen können, denn mit gebundenen Händen geht das nicht«, fordern die »Roten«. Am 7. März werden den Arbeiterführern freie Versammlungen gestattet. Auch Fritz Propst spürt den plötzlichen Sinneswandel des Ständestaates. Der junge Kommunist wurde erst vor Kurzem aus dem Gefängnis entlassen und muss sich zweimal wöchentlich bei der Polizei melden. »Ein paar Tage vor der geplanten Volksabstimmung, natürlich sehr knapp, hat Schuschnigg ein paar zentrale Leute der kommunistischen Partei, der sozialdemokratischen Partei und die Gewerkschafter vorgeladen und gesagt: ›Ihr könnt eure Organisationen wieder zurückhaben. Aber helft mir jetzt bei der Volksabstimmung.‹ Wir haben das sofort akzeptiert. Die Sozialdemokraten nicht. Sie haben gesagt, zuerst wollen sie ihre Heime haben. Dazu war ja keine Zeit! Typisch für den Karl Renner. Wir haben jedenfalls sofort akzeptiert und Lastautos bekommen. Die Partei hat Flugzettel gedruckt mit dem Aufruf: ›Österreich muss frei bleiben. Stimmt alle am Sonntag für Österreich. Es lebe die kommunistische Partei.‹ Das haben wir offiziell auf den Straßen verteilt, aus den Lastautos als Flugzettel herausgeworfen und auch eine Demonstration auf der Meidlinger Hauptstraße abgehalten. Das war für mich eine Riesengefahr, weil die Nazis mich aus der Illegalität gekannt haben. Die Polizisten waren ja alle Nazis. Also musste ich mich danach verstecken.«

Am 10. März veröffentlichen die Zeitungen einen »Aufruf des Bundeskanzlers zur Volksbefragung«: »Volk von Österreich! Zum ersten Mal in der Geschichte unseres Vaterlandes verlangt die Führung des Staates ein offenes Bekenntnis zur Heimat! [...] Die Parole lautet: für ein freies und deutsches, unabhängiges und soziales, christliches und einiges Österreich.« Der Stimmzettel trägt den Aufdruck: »Frei und Treu! Heil Schuschnigg!« sowie ein »Ja!«-Kästchen. Ein »Nein«-Kästchen gibt es nicht. Offenbar sind »Nein«-Stimmen nicht vorgesehen.

Dieselbe Regierung, die jahrelang die Ausübung demokratischer Rechte untersagt hat, möchte nun den Bestand dieses Staates durch eine Volksabstimmung retten. Dieselben Bürger, die seit Jahren nicht mehr frei wählen dürfen, sollen nun innerhalb weniger Tage über die Zukunft ihrer Heimat abstimmen. Es ist ein verzweifelter Plan und er misslingt.

Die Reaktion Hitlers auf Schuschniggs Plan lässt nicht lange auf sich warten. Ebenfalls am 10. März wird die Führerweisung Nr. 1 ausgegeben: »Ich beabsichtige, wenn andere Mittel nicht zum Ziele führen, mit bewaffneten Kräften in Österreich einzurücken und verfassungsmäßige Zustände herzustellen [...] Das Verhalten der Truppe muss dem Gesichtspunkt Rechnung tragen, dass wir keinen Krieg gegen ein Brudervolk führen wollen. Es liegt in unserem Interesse, dass das ganze Unternehmen ohne Anwendung von Gewalt in Form eines von der Bevölkerung begrüßten friedlichen Einmarsches vor sich geht. Daher ist jede Provokation zu vermeiden. Sollte es aber zu Widerstand kommen, so ist er mit größter Rücksichtslosigkeit durch Waffengewalt zu brechen.«

Der »Führer« ist entschlossen, Österreich »heimzuholen«. Zunächst begnügt er sich jedoch damit, brieflich eine Verschiebung der Volksabstimmung zu fordern. Das entsprechende Schreiben wird dem Kanzler von Innenminister Seyß-Inquart am Vormittag des 11. März überreicht. Es ist so weit. Der Tag der Entscheidung ist gekommen: Die Macht des Reiches steht gegen das kleine Österreich. Was soll Schuschnigg antworten? Er schart seine Getreuen um sich, man berät sich im Kanzlerzimmer. Unter den Herbeigerufenen sind auch zwei Männer, die in der Zweiten Republik Großes für Österreich leisten werden: Leopold Figl und Julius Raab. Doch in diesen dramatischen Stunden verschwendet vermutlich keiner der Anwesenden einen Gedanken an die langfristige Zukunft seiner Heimat. Es werden hektische Telefonate geführt. Man spricht mit London und Paris. Die Antworten sind ernüchternd. Niemand hilft. Auch Rom ist nicht bereit, die Regierung Schuschnigg zu unterstützen. Der »Duce« ist nicht erreichbar. Das kleine Land ist keinen Krieg wert. »Österreich liegt nicht auf dem Weg nach Indien!«, soll ein britischer Diplomat gesagt haben. Die Sieger des Ersten Weltkrieges, die Österreich 20 Jahre lang gezwungen haben, als eigenständiger Staat zu existieren, lassen es in der Stunde der Not alleine.

Gegen 14 Uhr 30 sagt Schuschnigg die Volksabstimmung ab. Auch zwischen Wien und Berlin wird hektisch telefoniert. Für kurze Zeit sieht es so aus, als ob der »Führer« auf den

Einmarsch verzichten würde. Doch Hermann Göring, der weiß, dass das Reich die österreichischen Bodenschätze braucht, lässt nicht locker. Telefonisch verlangt er, Bundespräsident Miklas müsse Seyß-Inquart mit der Regierungsbildung beauftragen. Doch der 66-jährige Bundespräsident zeigt in dieser Situation Charaktereigenschaften, die er in den Jahren zuvor vermissen ließ. Er verweigert die Bildung einer neuen, nationalsozialistischen Regierung. Längst weht über dem Ballhausplatz schon die Hakenkreuz-Fahne, als er sich immer noch weigert zu unterschreiben. Um 20 Uhr 45 ergeht der Führerbefehl Nr. 2: »Die Forderungen des deutschen Ultimatums an die Regierung sind nicht erfüllt worden [...] Zur Vermeidung weiteren Blutvergießens in österreichischen Städten wird der Vormarsch der deutschen Wehrmacht nach Österreich am 12. März bei Tagesanbruch nach Weisung Nr. 1 angetreten.«

Mag zu diesem Zeitpunkt der »Führer« noch gefürchtet haben, es sich mit dieser Aktion mit Italien als Österreichs Schutzmacht zu verderben, so werden ihm zwei Stunden später auch diese Sorgen genommen. Sein diplomatischer Sonderemissär in Rom, Prinz Philipp von Hessen, meldet, dass der »Duce« von Hitlers Vorgangsweise unterrichtet sei: »Dann sagte Mussolini, dass ihm Österreich unwichtig sei.« Hitler ist gerührt: »Dann sagen Sie bitte Mussolini, ich würde ihm dies nie vergessen. Nie, nie, nie, was immer geschehen mag. [...] Sobald die österreichische Angelegenheit geregelt ist, werde ich bereit sein, mit ihm durch dick und dünn zu gehen.«[50] Damit ist auch das Schicksal Südtirols besiegelt.

Kurz vor Mitternacht gibt Bundespräsident Miklas auf und genehmigt das Kabinett Seyß-Inquart. Seine Stunden sind gezählt.

1938

Franz Saxinger,
geboren 1926,
Hanging/Oberösterreich

Endlich Samstag! Für diese Woche ist die Schule vorbei.
Das Wetter ist gut und der Vater verlangt nicht, dass
Franzl bei der Arbeit hilft. Endlich einmal Zeit zum Spielen. »Nachrennen« hat einer der Älteren vorgeschlagen
und die anderen haben bereitwillig zugestimmt. Jetzt
jagen der zwölfjährige Franzl und seine Freunde in wildem
Galopp durch die Gasse. Die Buben haben rote Wangen,
blitzende Augen und zerstrubbelte Haare. Am Ende der
Straße sehen sie einen der Altbauern stehen, er winkt
ihnen zu. Widerwillig drosseln sie ihr Tempo, bleiben
schließlich stehen. »Buam, schaut's rauf auf Wegscheid!
Da kommt ein Licht nach dem anderen herunter.« Acht
Augenpaare suchen den Horizont ab. Tatsächlich, eine
lange Kette kleiner Lichter bewegt sich auf sie zu. Was
mag das sein? Ideen werden geboren und ebenso schnell
wieder verworfen. »Wenn so viele Lichter herunterkom-
men, müssen sie irgendwann unten wieder rauskommen«,
bemerkt einer der größeren Buben nicht unlogisch. Wirklich, schon nach kurzer Zeit scheinen die Lichter unmittelbar vor dem Dorf zu sein. Die Aufregung steigt. Dann sind
plötzlich Geräusche zu hören. Rhythmische Schritte. Der
Gleichschritt von Soldatenstiefeln.

»Na, jetzt sind wir schnell abgefahren. Wir sind heimgelaufen, unser Hof ist mitten im Dorf, und haben den Vater gesucht. ›Du Vater, da kommt Militär.‹ Na, er hat sich mit uns auf die Straße gestellt. Tatsächlich, auf einmal fahren die ersten Lichter vorbei. Es ist ein Fahrradtrupp gewesen. Das kleine Licht hat bei Wegscheid runtergeleuchtet und auch beim Schieben noch geleuchtet. Nach diesem Fahrradtrupp ist die Infanterie gekommen. Die sind schon schweißgebadet gewesen vom Tragen der schweren MG. Die sind da voll ausgerüstet gewesen. Da hat der Vater, der war ja im Ersten Weltkrieg Soldat, gesagt: ›Buben, holt einen Eimer Wasser und stellt den her.‹«

Franz Saxinger und seine Familie erleben den Einmarsch der deutschen Armee nicht als einen Akt der Aggression. Sie beobachten mit Interesse, was in ihrem kleinen Grenzort vor sich geht: »Dann ist der Sonntag gekommen. Da hat die Regimentsmusik über die Grenze gespielt. Fotografiert ist auch worden. Selber hat man das noch nicht gekonnt, aber das ist halt die Werbung gewesen. Das hat uns so gefallen, ganz zackig hat das Militär und die Blasmusik über die Grenze gespielt. Das war für uns ein unendliches Ereignis, so was haben wir noch nie gesehen. Am dritten Tag sind sie mit den schweren Geschützen kommen, mit der Artillerie. Also, sie hätten da eh nicht mehr mit der Artillerie kommen brauchen, weil Österreich ist ja schon besetzt gewesen. Aber er hat halt seine Macht gezeigt, der Hitler«, sagt der Landwirt.

Am 12. März 1938 überschreiten die Soldaten der deutschen Wehrmacht die Grenze. Hunderttausende Österreicher begrüßen den erzwungenen Anschluss ans Deutsche Reich und verbinden damit große Hoffnungen. »Sie sehen ja, was im Fernsehen an Begeisterungsbildern kommt. Wahrscheinlich waren wir auch begeistert. Heute sehe ich das ganz anders«, meint Dorothea Haider.

Auch Marko Feingold erinnert sich an Begeisterungsstürme. »An dem Tag, als die Nazis nach Österreich gekommen sind, war ich in Wien. Da kann ich stundenlang erzählen, was ich da erlebt habe. Heute will kein Wiener dabei gewesen sein, aber der Heldenplatz war voll! Auf den Bäumen, auf den Monumenten sind die Leute gesessen, überall. Man spricht von 200 000, ich glaube, es waren 400 000 bis 500 000 Menschen. Alles war ganz wild mit ihrem Geschrei. Ich glaube, die Leute haben Hitler gar nicht verstanden, obwohl überall Lautsprecher waren, aber der Wirbel war gleichzeitig so groß, dass man gar nicht verstehen konnte, was er sagte. Nazis sind in jüdische Wohnungen gegangen und haben die Leute geplündert, geschlagen und getreten. Viele wurden aus den Wohnungen geholt, um die Straßen von den Werbungen mit den Nägeln, mit den Zahnbürsten sauber zu machen. All diese grässlichen Sachen sind vorgekommen. Wir, durch unsere vornehme Kleidung, sind nicht als Juden erkannt worden, weder mein Bruder noch ich. Wir konnten überall sehr schön durch und so konnten wir auch alles sehen. Man fragt sich heute, woher man plötzlich so viele Hakenkreuzschleifen gehabt hat.«

Der junge Eric Pleskow, der später als amerikanischer Filmproduzent weltberühmt wird, erkennt über Nacht seine Geburtsstadt nicht mehr: »Plötzlich waren überall Hakenkreuzfahnen, das war alles vorbereitet. Ich glaube, die Österreicher und Wiener wollten dem Führer beweisen, dass sie sogar bessere Nazis sind als die Deutschen. Das ist ihnen ja auch gelungen!«

»Also ich muss sagen, es herrschte wirklich eine Aufbruchstimmung. Die Leute haben geglaubt, es wird besser. Gesehen hat man nur die fröhlichen Gesichter. Die, die geweint haben, sind zu Hause gesessen«, versucht Walter Stern die damalige Stimmung wiederzugeben.

Heinrich Treichl erfüllt der Anblick der deutschen Soldaten nicht mit Hoffnung, sondern mit großer Sorge. »Ich habe den ›Anschluss‹ als einen feindlichen Akt gegen Österreich empfunden. Ich habe es damals wie ein Sterben empfunden, es hat mich mit großem Schmerz erfüllt. Ich war verzweifelt. Aber das war nicht das allgemeine Gefühl, andere haben gejubelt. Ich habe nie deutsch, im politischen Sinne, gefühlt. Es ist meine Sprache, aber nicht mein Land. Später musste ich in der Wehrmacht dienen, das habe ich sehr widerwillig getan.« Sein älterer Bruder Wolfgang wird sich dem Widerstand anschließen. Er fällt bei einem Fallschirmeinsatz als britischer Agent. Noch im Alter von 100 Jahren ist der Tod des Bruders ein Schmerz, den Heinrich Treichl nicht überwunden hat. »Er war mein Bruder, ein Stück von mir, ein Lebensmensch.«

Insgesamt marschieren 100 000 Wehrmachtssoldaten und 16 000 Mann der Polizei in Österreich ein. Befehlsgemäß wird kein Widerstand geleistet. Im letzten Befehl des Verteidigungsministeriums heißt es unter Punkt 4: »Der Empfang der deutschen Truppen durch das österreichische Heer hat in Erinnerung an die Waffenbrüderschaft 1914/1918 zu erfolgen; zum Empfang Ehrenabteilungen bereitstellen, Begrüßung durch Offiziere.«

Als Adolf Hitler am 12. März bei seinem Geburtsort Braunau österreichischen Boden betritt, steht noch nicht endgültig fest, worin der Einmarsch der Wehrmacht münden soll. Die Juristen in Berlin arbeiten an einem Gesetz über eine Personalunion Hitlers als Reichspräsident beider Staaten. Angesichts der begeisterten Massen entlang des Weges von Braunau nach Linz überdenkt Hitler seinen ursprünglichen Plan. Wer soll ihn aufhalten? Der Westen interessiert sich nicht für Österreich, Freund Mussolini hält still und die Österreicher jubeln. Göring telegrafiert:»Warum machen wir es nicht ganz?«

In Linz bedankt sich Seyß-Inquart bei seinem»Führer«»aus dem Herzen von Millionen Österreichern« und erklärt das Anschluss-Verbot des Vertrages von St. Germain für ungültig. Hitler kann vor Rührung seine Rede nicht beenden.

Am 13. März berichtet die *Neue Freie Presse* über den begeisterten Empfang Adolf Hitlers in Linz und kommentiert:»Man kann nur hoffen, dass nicht nur für den nationalsozialistischen Teil der Bevölkerung eine Zeit des inneren Friedens anbreche, sondern auch für jene, die noch in der großen alt-österreichischen Tradition befangen sind. Wenn ein Weg gefunden werden könnte, der die unvergänglichen gefühlsmäßigen Werte des alten Österreich mit der neuen Zeit organisch verbindet, würden auch hier wertvolle Kräfte Wurzeln schlagen können.«

Bereits an diesem Tag wird der»Anschluss« durch das »Gesetz über die Wiedervereinigung Österreichs mit dem Deutschen Reich« formell abgesegnet. Bundespräsident Miklas leistet ein letztes Mal Widerstand. Er verweigert die Unterschrift unter das Gesetz mit den Worten:»Mein Eid ist dem deutschösterreichischen Volk für einen unabhängigen Staat

Österreich geleistet.« Doch auch dieser Satz ändert nichts am Untergang des Staates. Miklas tritt zurück, das Gesetz wird unterschrieben. Die Erste Republik hat nicht einmal 20 Jahre bestanden. Nur wenige ahnen, welche dramatischen Folgen der Untergang dieses wenig geliebten Staates haben wird.

16. KAPITEL

»Brauchen tut man Patriotismus in schwierigen Zeiten, damit man sich festhalten kann.«

Fritz Molden,
Walter Stern,
Eric Pleskow,
Franz Saxinger,
Fritz Propst,
Marko Feingold und
Dorothea Haider

über Terror und Propaganda
in den ersten Wochen
der Nazi-Herrschaft

1938

Fritz Molden,

geboren 1924,

Wien

»Aufmachen! Sofort aufmachen!« Die Stimme ist so laut, dass sie bis in das Bubenschlafzimmer dringt. Die Brüder werden fast gleichzeitig wach, springen aus den Betten. Sie wissen beide, was der Lärm bedeutet: Die Nazis sind gekommen, um Otto zu verhaften. Die Stimmen werden lauter, Schritte nähern sich. Sekunden später stehen zwei junge Männer im Raum. Sie tragen Gummiknüppel in der Hand und ein hämisches Grinsen im Gesicht. Dahinter stehen die Eltern, bleich vor Angst. »Los, du Systemschwein, du kommst jetzt mit!«, schreit einer der Eindringlinge und packt Otto grob am Oberarm. Instinktiv will Fritz ihn wegstoßen. Sie sollen den Bruder in Ruhe lassen. Der um sechs Jahre ältere Otto ist sein Beschützer, sein Vorbild. Der Student wendet sich schon zum Gehen, als ihn ein Fußtritt trifft. Dann geht alles ganz schnell: Die Mutter springt mit einem Schrei zwischen ihren Ältesten und die jungen Nazis, der Dicke holt wortlos aus und schlägt sie nieder. Sie fällt auf einen Sessel, der Uniformierte lässt seinen Gummiknüppel auf ihren Rücken niedersausen. Fritz sieht alles wie in Zeitlupe: Das Blut im Gesicht der Mutter, den Hass in den Augen des Bruders, die Ohnmacht des Vaters. »Lass das, wir sind gekommen, um den Sohn zu verhaften, nicht um die Frau zu schlagen!«, sagt der Kamerad des Schlägers. »Wie du willst«, knurrt der Angesprochene. Dann stoßen sie Otto aus dem Zimmer.

Es ist einer der prägenden Momente im Leben von Fritz Molden. »Am 13. März 1938 hatte Otto seinen 20. Geburtstag. Er hat sich gleich nach dem Einmarsch versteckt, weil wir schon ahnten, dass er verhaftet werden soll. Aber an diesem Tag haben wir zu viert seinen Geburtstag gefeiert. Nach Mitternacht sind sie dann gekommen. Sie haben nicht nur meinen Bruder verhaftet, sondern auch meine Mutter verprügelt. Daher war die Begeisterung in der Familie für das Dritte Reich nicht sehr groß, kann man sich vorstellen. Ich war zwar noch ein Schulbub, aber schon am Tag nach dem ›Anschluss‹ habe ich die Nazis gehasst. So ist es dann nahegelegen, dass wir versucht haben, Widerstand zu leisten.«

Schon in den ersten Tagen der Nazi-Herrschaft werden über 70 000 Menschen, vor allem Juden, Monarchisten und Kommunisten, Politiker und Intellektuelle des Ständestaates, verhaftet. Als Adolf Hitler am 15. März auf dem Wiener Heldenplatz vor der Geschichte den Eintritt seiner Heimat in das Deutsche Reich meldet, sind die Wiener Gefängnisse schon überfüllt. Die *Wochenschau*-Bilder jener Tage haben dazu beigetragen, große Teile dieser Generation als ehemalige Nationalsozialisten zu stigmatisieren. Diejenigen, die drei Tage nach dem »Anschluss« schon im Gefängnis saßen, und alle anderen, die dem neuen Regime ablehnend gegenüberstanden, waren für Propaganda-Bilder ungeeignet. Die im Dunkeln sieht man nicht, auch wenn dadurch die Begeisterten nicht weniger werden.

Viele Stunden vor der Wehrmacht treffen Heinrich Himmler, Reichsführer SS und Chef der deutschen Polizei, und Reinhard Heydrich, Leiter des Sicherheitsdienstes, per Flugzeug in Österreich ein. Sie sind gut vorbereitet. Dem Empfangskomitee der österreichischen Polizei wird eine Liste mit Personen überreicht, die umgehend verhaftet werden sollen. Auch die Österreicher haben eine Liste unliebsamer Bürger erstellt. So kann man sich rasch und effizient ans Werk machen. Noch in den frühen Morgenstunden, bevor die Wehrmacht die Grenze vollständig überschritten hat, läuft eine riesige Verhaftungswelle an.

Zu den Verhafteten der ersten Stunden gehört auch der spätere Bundeskanzler Leopold Figl, der sich den Nazis durch seine Rolle als Bauernführer im Ständestaat verhasst gemacht hat. Am letzten Sonntag im selbstständigen Österreich beschwört er die Jugend: »Den Nationalsozialisten geht es nicht um Eure blauen Augen und blonden Haare. Es geht ihnen um unsere Wälder, denn sie brauchen Holz, es geht ihnen um unseren Erzberg, denn sie brauchen Eisen. Es geht um unser Gold und um unsere Devisenschätze. Wenn ihr dem Nationalsozialismus huldigt, dann seid ihr nächstes Jahr im Krieg. Und wer von Euch noch heimkommt, weiß ich nicht!«[51] Am 12. März um 7 Uhr früh klingelt die Gestapo an seiner Wohnungstür. Gemeinsam mit anderen Größen des untergegangenen Staates wird Figl mit dem »Prominententransport«, wie die Nazis höhnisch sagen, ins KZ Dachau gebracht. Ebenfalls in diesem Transport befindet sich der bekannte Wiener Journalist Rudolf Kalmar. In seinem 1946 erschienenen Buch *Zeit ohne Gnade* beschreibt er die Fahrt ins KZ mit eindringlichen Worten: »Wir hockten, Mann an Mann gepresst, im Abteil und exerzierten nach dem Kommando der Treiber, die mit gefälltem Gewehr in der Türe lehnten. Bald mussten wir unter die Bänke kriechen, bald ins Gepäcksnetz hinaufturnen oder minutenlang ins elektrische Licht starren, wenn wir nicht eine Tracht Prügel riskieren wollten. Wir mussten 100 Kniebeugen machen, unser

Gegenüber abohrfeigen und einander ins Gesicht spucken. Nicht zeitweilig bloß, wenn es dem diensthabenden Posten gerade danach zumute war, sondern zehn Stunden lang ohne Unterlass. Während der ganzen Fahrt von Wien bis München.«[52] Als die Gefangenen in Dachau ankommen, haben sie eine Vorahnung, was es heißen wird,»Schutzhäftling« des Großdeutschen Reiches zu sein. Am 8. Mai 1943 wird Leopold Figl überraschend entlassen. Lapidar schreibt er in sein Gästebuch: »Zu Hause ist es am schönsten!« Wie hätte er Worte dafür finden sollen, was ihm in den letzten fünf Jahren widerfahren war.

Wenigen Glücklichen gelingt die Flucht. Der Kommunist Fritz Propst schafft es ins Ausland.»Wir haben uns um 5 Uhr nachmittags am Franz-Josefs-Bahnhof getroffen und sind mit dem nächsten Zug zur Grenze gefahren. Das war am 15. März, an dem Tag, als Hitler in Wien war. Das war sehr günstig, weil sehr viele Leute aus den Bundesländern nach Wien gefahren sind, um Hitler zu sehen. Am Abend waren sie alle schon besoffen und haben Nazilieder gesungen. Auf einmal haben zwei zu streiten begonnen. Plötzlich sagt der eine:›Das ist ein Jud'. Schau, der hat so eine Hakennase.‹ Worauf sich alle auf diesen Mann stürzen. Einer hat das Fenster aufgemacht:›Haut ihn beim Zug raus!‹ Er war schon mit dem Kopf draußen. Drauf schreit ein anderer:›Seid's deppat? Das ist doch unser Bürgermeister!‹ Dann haben sie den Mann zurückgerissen. So ist es damals zugegangen. Das war meine letzte Zugfahrt in Österreich!«

Der jüdische Bub Walter Stern lernt in diesem Frühjahr den Charakter von so manchem Mitmenschen kennen:»Die Wiener haben sich uns gegenüber ganz unterschiedlich verhalten. Jede

Walter Stern

Verallgemeinerung ist grundsätzlich falsch. Da gab es ein Lebensmittelgeschäft, bei dem wir immer eingekauft haben, weil es gleich in der Nähe war. Der Besitzer, bis zum ›Anschluss‹ ein braver Christlichsozialer, hat uns über die Hausbesorgerin Post geschickt. Wir sollen nicht mehr einkaufen kommen. Er legt keinen Wert auf jüdische Kundschaft. Das war unangenehm, aber es hat nicht geschmerzt. Wir waren nicht auf ihn angewiesen. Die Hausbesorgerin, die auch eine Christlichsoziale war, hat sich immer anständig uns gegenüber benommen. Einmal bin ich mit zwei Freunden von einer HJ-Streife verprügelt worden. Sie haben uns in den Innenhof unseres Hauses gezerrt und geschlagen. Wir haben nicht zurückgeschlagen, damit wir ja keinen verletzen. Wir haben uns nur geschützt, vor allem das Gesicht. Dann ist die Hausbesorgerin gekommen und hat den HJlern gesagt: ›Aufhören! Das will unser Führer nicht.‹ Dann haben sie uns in Ruhe gelassen. Die Sorge der Eltern war ja vor allem, uns Kinder rauszubringen. Zuerst meine beiden Brüder und dann im August 1939, da hat man uns die Wohnung schon weggenommen gehabt, mich. Ich bin mit einem Kindertransport nach Palästina gekommen.«

Stefan Zweig lebt 1938 im sicheren London, doch das Schicksal seiner Verwandten und Freunde quält ihn. »Und ich schäme mich nicht zu sagen – so hat die Zeit unser Herz pervertiert –, dass ich nicht erschrak, nicht klagte, als die Nachricht vom Tode meiner alten Mutter kam, die wir in Wien zurückgelassen hatten, sondern dass ich im Gegenteil sogar eine Art Beruhigung empfand, sie vor allen Leiden und Gefahren nun gesichert zu wissen«, schreibt er in *Die Welt von Gestern*.

Als die meisten seiner öffentlich bekannten Gegner weggesperrt sind, will Adolf Hitler die Machtübernahme vor den Augen der Welt nachträglich durch eine Volksabstimmung legitimieren. Eine Propagandawelle rollt über die »Ostmark«. Franz Saxinger erlebt sie als Zwölfjähriger: »Ja, da ist die Propaganda furchtbar gewesen. Da sind sie von Deutschland mit Lastwagen reingefahren und haben ›Ein Volk – ein Reich – ein Führer‹-Zettel abgeworfen. Auf der Straße ist alles rot gewesen vor lauter Hitlerfahnen. Aber man muss sagen, es ist aufwärtsgegangen. Dann hat jeder verdient. Vorher war das ja ein Trauerspiel bei uns. Die Gräuel, die danach kommen, hat ja noch niemand gewusst.«

Auch Walter Stern weiß noch, was Eindruck auf die Österreicher gemacht hat: »Woran ich mich schon erinnern kann, sind die Plakate, die von Kardinal Innitzer unterzeichnet waren, dass man für den Anschluss stimmen soll. Und dann auch das Interview von Karl Renner, dass er immer für den Anschluss gewesen ist. Das war natürlich die Rechtfertigung für viele Katholiken und viele Sozialdemokraten: ›Na ja, wenn die oben das sagen, dann können ja wir auch dafür sein.‹ Auch meine Eltern sind auf die Propaganda der Nazis teilweise hereingefallen. Mein Vater hat gesagt, er war damals 50 Jahre alt und hat sich schon zu alt gefühlt, um eine neue Sprache zu lernen und neu zu beginnen: ›Schau, in Deutschland gibt es auch noch jüdische Geschäfte. Mir wird nichts passieren. Ich habe ja niemandem etwas getan. Ich habe für die österreichische Armee an der Front gedient, wieso soll man mir etwas tun.«

Tatsächlich können die Nationalsozialisten zwei große Propagandaerfolge verbuchen: Kardinal Innitzer schreibt an Gauleiter Bürckel: »Beigeschlossene Erklärung der Bischöfe übersende ich hiermit. Sie sehen daraus, dass wir Bischöfe unsere nationale Pflicht erfüllt haben. Ich weiß, dass dieser Erklärung eine gute Zusammenarbeit folgen wird. Mit dem Ausdruck ausgezeichneter Hochachtung« – handschriftlich setzt Innitzer »und Heil Hitler« unter das Schreiben. Am 27. März wird dieser Brief von allen Kanzeln verlesen, was seine Wirkung auf viele gläubige Katholiken sicher nicht verfehlt. Außerdem wird Innitzers Brief samt Faksimile seines handschriftlichen Heil-Hitler-Zusatzes im *Völkischen Beobachter* abgedruckt. Auch um die Sozialdemokraten kümmert sich die Propaganda. »Ich stimme mit Ja« lautet die Überschrift eines Interviews mit dem ehemaligen Staatskanzler Karl Renner, das im Wiener *Tagblatt* erscheint. »Als Sozialdemokrat und somit als Verfechter des Selbstbestimmungsrechtes der Nationen, als erster Kanzler der Republik Deutsch-Österreich und als gewesener Präsident der Friedensdelegation zu St. Germain werde ich mit Ja stimmen.« Er betrachte den Anschluss als »Genugtuung für die Demütigungen von 1918 und 1919, für St. Germain und Versailles«.

Die Eltern von Walter Stern dürfen nicht abstimmen. Trotzdem erinnert sich der Wiener noch sehr gut an die Stimmzettel: »Der große Kreis war mit Ja und der kleine war mit Nein. Es hat zwar Wahlzellen gegeben, aber die Wahlbehörde war ja nur einseitig von Nationalsozialisten besetzt und die haben gesagt: ›Sie werden sich doch offen zum Führer bekennen.‹ Also, es war keine freie Abstimmung.« Auf Wahlbetrug können die Nationalsozialisten dank der übermächtigen Propaganda verzichten. Am 10. April sind 25 ausländische Journalisten in Wien unterwegs, um die Abstimmung zu beobachten. Sie sehen vollständige Wählerverzeichnisse, Wahlzettel, auf denen man auch (das kleinere) Nein ankreuzen kann, Wahlkabinen, um (theoretisch) unbeobachtet seine Stimme abzugeben. Was sie nicht sehen, sind die Gegner der Nazis, die schon in Dachau sitzen. Was sie nicht sehen, ist, dass die vierwöchige Propaganda völlig einseitig war. Was sie nicht sehen, ist die Angst: Angst vor Denunzianten, Angst vor dem Verlust des Arbeitsplatzes, Angst vor der Gestapo. Gauleiter Bürckel hat es nicht notwendig, zu betrügen.

»Als 1938 die Hakenkreuzfahnen gehisst wurden, ging mehr verloren als die politische Selbstständigkeit eines kleinen, tapferen Landes. Der Nationalsozialismus wütete gegen alles, was in seinem tiefsten Sinn Österreich war. Er griff nach den Herzen der Menschen und versuchte, sie nach den Zügen fremder Götter zu formen. Er nahm dem Land seinen Namen und den Österreichern das Recht zum Bekenntnis ihrer Geschichte. Wer sich widersetzte, hatte mit der Vernichtung zu rechnen«, schreibt Rudolf Kalmar 1946 nach sieben Jahren im KZ.[53] In jenem knappen Monat zwischen 12. März und 10. April 1938 waren den meisten Österreichern solche weitsichtigen Gedanken fremd. Viele Menschen sind von jahrelanger, demütigender Arbeitslosigkeit zermürbt. Auch Österreich ist schon seit Jahren keine Demokratie mehr. Man hat sich daran gewöhnt, dass politisch Andersdenkende weggesperrt, notfalls niedergeprügelt oder gar erschossen werden. »Und willst du nicht mein Freund sein, so schlag ich dir den Schädel ein«, gilt in der Ersten Republik nicht nur im übertragenen Sinn. Die Gewalt ist aber immer die Gewalt der anderen. Die »Sozis«, die »Schwarzen« oder die »Nazis« sind die Schuldigen, je nachdem, auf welcher Seite man steht. Nicht wenige Menschen sind im März 1938 der Meinung, dass es auch »unter Hitler« nicht schlimmer sein könne als in diesem ungeliebten Staat. Ein grausamer Irrtum.

Die am 10. April sowohl im sogenannten Altreich als auch in der »Ostmark« durchgeführte Abstimmung bringt 99,7 Prozent Zustimmung. Die Abstimmung ist eine Farce, wurde doch bereits am 13. März der »Anschluss« durch das »Gesetz über die Wiedervereinigung Österreichs mit dem Deutschen Reich« rechtswirksam.

Auch Franz Saxinger erinnert sich an das Ergebnis: »Deswegen sind diese Leute aber keine Nazis gewesen. Sie waren begeistert, dass es endlich einmal wieder anders wird. Politisches Denken, das hat es ja nicht wirklich gegeben. Es hat einige eingefleischte Nazis gegeben, die sich wirklich abgegeben haben mit dem Nazi-Programm, aber die anderen hat das nicht interessiert. Wir sind ja vor vollendete Tatsachen gestellt worden. Es hat praktisch keinen Ausweg gegeben. Der Hitler hat sich den ›Anschluss‹ nur bestätigen lassen, mehr ist es nicht gewesen.«

*

1938
Eric Pleskow,
geboren 1924,
Wien

So hat Erich seinen Vater noch nie gesehen. Der große Mann ist gerade in die Wohnung gestürzt. Er muss gelaufen sein. Die blonden Haare sind schweißverklebt, sein Atem geht stoßweise. »Die SA ist hinter mir her!«, keucht er. Erich spürt, wie sein Herz zu rasen beginnt. Einer der Schlägertrupps der Nazis jagt den Vater. Der Hausmeister wird nicht zögern, den neuen Herren zu verraten, welche Wohnung der jüdischen Familie gehört. »Rasch, leg dich ins Bett!«, ordert die Mutter, ruhig und überlegt wie immer. Kaum ist der Vater im Schlafzimmer verschwunden, sind die SA-Männer an der Wohnungstür. Es wäre sinnlos, nicht zu öffnen. Vermutlich würde es ihnen Spaß machen, die Türe einzutreten. »Wo ist Ihr Mann?«, blafft der Anführer. »Im Bett«, antwortet die Mutter ruhig, schließlich ist es schon 10 Uhr abends. »Wir müssen ihn sehen!« – »Aber er ist herzkrank!«, wendet die Mutter ein. »Das ist uns egal. Raus mit ihm!«, brüllt der SA-Mann. Die Tür des Schlafzimmers öffnet sich und der Gesuchte geht seinen Verfolgern entgegen. Wenigstens seine Frau und den Buben sollen sie in Ruhe lassen. »Da ist ein Fleck im Hof, den hast du gemacht. Das wirst du jetzt aufreiben, du Judenschwein!« Bevor der Vater reagieren kann, mischt sich die Mutter ein: »Ich gehe mit Ihnen, ich mache das!« Eine kalte Hand greift nach dem Herz des 14-Jährigen. Seine Mutter, alleine mit diesen Schlägern? Erich tritt einen Schritt vor und schreit, so laut er kann: »Nein! Weder der Vater noch die Mutter gehen. Ich gehe!«

»Die waren zu viert und schwerbewaffnet. Mir haben die Knie gescheppert, aber ich habe mir gedacht, ich bin 14, was werden die mir schon machen. Vielleicht ein bisschen hauen oder so. Die waren so verblüfft über dieses Geschrei und diesen Auftritt, dass sie weggegangen sind. Das werde ich nie vergessen. Das war das letzte Mal in meinem Leben, dass ich Angst hatte«, sagt der Filmproduzent heute.

Dabei hat der jüdische Bub in Wien im Frühjahr 1938 oft Grund genug, Angst zu haben. »Wir waren vogelfrei. Die Hitlerjugend hat jeden Tag mit zehn Leuten auf mich gewartet. Ich habe mich immer gewehrt, auch wenn ich wusste, das nützt mir nichts. Aber mich hauen und lächerlich machen lassen von solchen Leuten, das war nichts für mich. Einmal haben sie mich bei der Friedensbrücke erwischt. Sechs gegen einen. Da war ein Mistkübel und sie haben mich da reingesteckt und versucht, den Mistkübel runter in den Donaukanal zu rollen. Er ist aber steckengeblieben und irgendein ordnungsliebender Wiener hat ihn aufgerichtet und mir damit das Leben gerettet.« 1939 kann Pleskow in die USA flüchten und wird nach dem Zweiten Weltkrieg zum gefeierten Filmproduzenten. Er bleibt ein Wanderer zwischen den Welten. »Ich bin Wiener. Meine Muttersprache ist Deutsch. Eine Muttersprache kann man nicht verlernen, das ist vertrottelt. Schwimmen kann man ja auch nicht verlernen. Ich bin 73 Jahre weg von hier und ich bin nirgendwo zu Hause. Irgendwie habe ich weder Heimweh nach Wien, noch habe ich hier Heimweh nach drüben.«

Marko Feingold hat es nicht mehr ins Ausland geschafft. Sechs Jahre im KZ haben ihn und seine Meinung von den Österreichern geprägt. »Ich liebe Österreich. Das Land ist schön, das Land ist gut. Und wenn ich so gefragt werde: Na und, und, und? Naja, durch die Leute müssen wir durchschauen können. Ich habe die Österreicher so akzeptiert, wie sie sind: ein bisschen falsch, ein bisschen verkehrt, ein bisschen nirgends dabei. Man tarnt sich, dass man nirgends dabei gewesen ist.«

Dorothea Haider, die Mutter des verstorbenen Landeshauptmanns, leugnet die Geschichte ihrer Familie nicht: Sie selbst war hohe BDM-Führerin, ihr verstorbener Mann war schon 1934 als »Legionär« am Juli-Putsch beteiligt. »Wir Jungen waren voll des Idealismus und sind eigentlich betrogen worden. Wir haben an etwas geglaubt, was nicht der Wirklichkeit entsprach. Das haben wir dann nach Ende des Krieges miterlebt. Wenn ich heute zurückdenke, waren wir eine betrogene Generation. Wahrscheinlich muss man als Junger Ideale haben, aber die hat man uns gründlich genommen. Dann haben wir 1945 wieder neu anfangen müssen.«

Die alte Dame repräsentiert einen Teil der österreichischen Bevölkerung, mit dem der Emigrant Eric Pleskow nicht mehr in Berührung kommen will. Die Wunden sind zu tief. »Früher wollte ich mit Österreichern aus dieser Generation so wenig als möglich zu tun haben und habe bestimmt Leuten auch unrecht getan dadurch. Aber mittlerweile glaube ich, dass nicht alle so waren. Es gab ja auch andere, ja.«

Einer der »anderen«, einer, der sich unter größter Gefahr bedingungslos für Österreich einsetzte, ist der im Jänner 2014 verstorbene Fritz Molden. »Im Laufe des Krieges sind wir alle, mein Vater, meine Mutter, mein Bruder und ich eingesperrt gewesen. Die Eltern waren 1945 vor dem Volksgerichtshof angeklagt und der Prozesstermin war der 16. oder 17. April 1945. Damals wurden nur mehr Todesurteile gefällt. Und meine Eltern haben das Glück gehabt, dass am 8. April die Gestapo verschwunden ist und die Türen aufgemacht wurden. Dadurch haben sie es überlebt. Wenn die Russen eine Woche später gekommen wären, wären sie wahrscheinlich beide schon hingerichtet gewesen. Sind wir froh, dass sie Glück gehabt haben.«

Der Widerstandskämpfer wusste aus eigener Erfahrung, was es kosten konnte, österreichischer Patriot zu sein. »Wenn leichte Zeiten sind, braucht man kein Patriot sein. Brauchen tut man Patriotismus in schwierigen Zeiten, damit man sich festhalten kann«, sagt er in seinem letzten Interview. Auf die Frage, was man aus seinem Leben lernen könne, meint der alte Herr zögernd: »Vielleicht, sich nicht zu unterwerfen!«

Das österreichische Straßenbild hat sich im Frühjahr 1938 verwandelt. Die Städte sind ein Meer aus roten Hakenkreuzfahnen. Viele sehen sie mit Begeisterung, manche mit Angst. Doch kaum jemand ahnt, welche Katastrophe die Bewegung, für die es steht, über Österreich und die Welt bringen wird. Echte österreichische Patrioten sind in der Ersten Republik selten. Viele weinen dem Staat, der zu keinem inneren Frieden finden konnte, keine Träne nach. Erst sieben Jahre Nazi-Herrschaft und Krieg werden die Österreicher erkennen lassen, was sie verloren haben. Aus dem Aufbauwillen nach 1945 wird eine neue Generation entstehen, die »Generation Österreich«.

Die letzten Zeugen

Marko Feingold
Wurde 1913 in Neusohl, in der heutigen Slowakei, geboren und wuchs in Wien auf. In den Dreißigerjahren war er als Handlungsreisender unterwegs, 1939 wurde er verhaftet und war bis 1945 in verschiedenen Konzentrationslagern inhaftiert. Seit 1977 ist er Präsident der Israelitischen Kultusgemeinde der Stadt Salzburg.

Theresia Grafl
Wurde 1912 in Schattendorf geboren, wo sie 1927 Augenzeugin der verhängnisvollen Schüsse wurde. Sie lebt bis heute in ihrem Geburtsort.

Otto von Habsburg
Wurde 1912 als ältester Sohn des späteren Kaisers Karl geboren. Er erlebte das Begräbnis von Franz Joseph und den Weg der Kaiserfamilie ins Exil mit und wurde als Thronfolger erzogen. Er war bis 1999 Abgeordneter zum Europaparlament und lebte bis zu seinem Tod 2011 in der Villa Austria in Pöcking in Bayern.

Dorothea Haider
Wurde 1918 in Bruneck in die Arztfamilie Rupp geboren und verbrachte ihre ersten vier Lebensjahre in Südtirol. Dann übersiedelte sie nach Linz, wo sie den Bürgerkrieg miterlebte. Später lebte sie mit ihrem Mann Robert Haider und den Kindern Jörg und Ursula in Bad Goisern, wo sie auch heute noch zu Hause ist.

Frieda Jeszenkowitsch
Wurde 1909 in Rust, im damaligen Deutsch-Westungarn, als Tochter eines Lehrers geboren. Ab 1921 lebte sie im Burgenland, wo sie 2011 verstarb.

Alois Mayrhofer

Wurde 1913 in Kirchschlag geboren und beobachtete den Angriff der ungarischen Freischärler als Hüterbub von einer Weide aus. Im Zweiten Weltkrieg wurde er zur Wehrmacht eingezogen, danach führte er in Kirchschlag ein Geschäft. Bis heute erzählt er eindrucksvoll von seinen Erlebnissen im Kampf um das Burgenland.

Fritz Molden

Wurde 1924 als Sohn des *Presse*-Chefredakteurs Ernst Molden und der Dichterin Paula von Preradović geboren. Er schloss sich frühzeitig dem Widerstand gegen das NS-Regime an. Ende der Fünfzigerjahre war er der größte Zeitungsherausgeber des Landes. Er engagierte sich im Südtirol-Konflikt aufseiten des »Befreiungsausschuss Südtirol«. 1964 gründete er den erfolgreichen Fritz Molden Verlag, der jedoch Anfang der Achtzigerjahre in Konkurs ging. Bis zu seinem Tod im Jahr 2014 blieb er politisch interessiert.

Eric Pleskow

Wurde 1924 in eine jüdische Familie in Wien geboren. 1939 war er zur Emigration gezwungen. In den USA wurde er 1943 zur Armee einberufen. 1973 wurde er Präsident der Filmproduktionsfirma »United Artists« und gewann drei Jahre hintereinander den Oscar für den besten Film. 1978 gründete er Orion Pictures. Pleskow lebt in den USA, er ist Präsident der »Viennale«.

Fritz Propst

Wurde 1916 in Wien geboren. Als Sohn einer alleinerziehenden Mutter schloss er sich bald den »Roten Falken« und später den Jungkommunisten an. Er erlebte den blutigen Februar 1934 in Wien, emigrierte 1938 nach England und kämpfte in der britischen Armee. Heute lebt Fritz Propst wieder in seiner Geburtsstadt.

Franz Saxinger

Wurde 1926 als Bauernsohn in Hanging/OÖ unweit der bayerischen Grenze geboren. Als Achtjähriger erlebte er den Überfall der »österreichischen Legion« und zwei Jahre später den Einmarsch der deutschen Truppen mit. Er lebt heute als Altbauer auf seinem Hof.

Christl Schönfeldt

Wurde 1916 in Wien geboren. Nach dem Zweiten Weltkrieg wurde die studierte Musikwissenschafterin Sekretärin des langjährigen Burgtheaterdirektors Ernst Haeussermann. 1955 holte sie Operndirektor Karl Böhm in die Direktion der Staatsoper. Von 1956 bis 1980 hat sie den Wiener Opernball organisiert. Sie verstarb im Dezember 2013.

Walter Stern

Wurde 1924 in Wien als Kind jüdischer Eltern geboren. Nach dem »Anschluss« kam er mit einem Kindertransport nach Palästina, später schloss er sich der britischen Armee an. Nach Ende des Krieges kehrte er nach Österreich zurück und war im ÖGB tätig. Er lebt mit seiner Frau in Wien.

Berta Stimpfl

Wurde 1911 in Laas im Vinschgau im heutigen Südtirol als achtes Kind von zwölf Geschwistern geboren. Sie wurde selbst dreifache Mutter und lebt auch mit 102 Jahren noch selbstständig in ihrem Haus.

Heinrich Treichl

Wurde 1913 in Wien in eine wohlhabende großbürgerliche Familie geboren. Er war unter anderem Verlagsleiter von Ullstein Wien und von 1970 bis 1981 Generaldirektor der Creditanstalt.

Felizitas Wester

Wurde 1912 als Tochter einer kaisertreuen Kärntner Familie geboren. Den Abwehrkampf und die Volksabstimmung erlebte sie als Volksschülerin schon bewusst mit. Heute lebt sie in Klagenfurt in einem eigenen Haus mit vielen Pflanzen.

Wird im Buch das Alter der Zeitzeugen erwähnt, so bezieht sich die Angabe jeweils auf den Zeitpunkt des geführten Interviews.

Anmerkungen

[1] Malcolm, Noel, Bosnia: A Short History, New York, 1996. S. 153.

[2] Dedijer, Vladimir, Die Zeitbombe – Sarajewo 1914, Wien, 1967, S. 668.

[3] Hier und in der Folge zitiert aus Zweig, Stefan, Die Welt von Gestern: Erinnerungen eines Europäers, Frankfurt am Main, 2013.

[4] Rauchensteiner, Manfried, Der Erste Weltkrieg und das Ende der Habsburgermonarchie, Wien, 2013, S. 104.

[5] Kautsky, Karl, Die deutschen Dokumente zum Kriegsausbruch 1914, Band 1, Berlin, 1921, S. 32f.

[6] Feichtinger, Josef, Kämpfen für das Heiligste: Tiroler Stimmen zum Ersten Weltkrieg, Bozen, 2013. S. 16.

[7] In Südtirol gebräuchlicher Ausdruck für Babys.

[8] Der Begriff »Irredentismus« leitet sich vom italienischen »terre irredente« (unerlöste Gebiete) ab und meint das Bestreben, alle jene Gebiete, die ganz oder teilweise von einer italienischsprachigen Bevölkerung bewohnt sind, mit dem italienischen Staat zu vereinigen.

[9] Schnitzler, Arthur, Tagebuch 1913–1916, Wien, 1983.

[10] Healy, Maureen, Eine Stadt, in der sich täglich Hunderttausende anstellen, In: Alfred Pfoser (Hrsg.): Im Epizentrum des Zusammenbruches, Wien im Ersten Weltkrieg, Wien, 2013. S. 152.

[11] Zuckerkandl, Berta, Österreich intim. Erinnerungen von 1892–1942, Wien, 2013, S. 139.

[12] Wagner, Wilhelm J., Der große illustrierte Bildatlas der österreichischen Zeitgeschichte 1918–1938, Wien, 2007, S. 17.

[13] Fellner, Fritz, Corradini, Doris A. (Hrsg.), Schicksalsjahre Österreichs: Die Erinnerungen und Tagebücher Josef Redlichs, Band II, Wien/Köln/Weimar, 2011. S. 499.

[14] Wagner, Wilhelm J., Der große illustrierte Bildatlas der österreichischen Zeitgeschichte 1918–1938, Wien, 2007, S. 28.

[15] Molden, Fritz, Fepolinski & Waschlapski auf dem berstenden Stern. Bericht einer unruhigen Jugend, München, 1991.

[16] Neue Freie Presse, 3. Juni 1919.

[17] Arbeiter-Zeitung, 4. Juni 1919.

[18] Andics, Hellmut, Der Staat, den keiner wollte, Wien, 1962, S. 46.

[19] Volkszeitung, 18. Juni 1919.

[20] Reut-Nicolussi, Eduard, Tirol unterm Beil, 1928, zitiert in: Gehler, Michael, Eduard Reut-Nicolussi und die Südtirolfrage 1918–1958, Innsbruck, 2007, S. 42f.

[21] Wutte, Martin: Kärntens Freiheitskampf 1918–1920, Klagenfurt, 1985, S. 111.

[22] Arbeiter-Zeitung, 2. Dezember 1921.

[23] Arbeiter-Zeitung, 12. Oktober 1930.

[24] Schlag, Gerald, Aus Trümmern geboren … Burgenland 1918–1921, Eisenstadt, 2001, S. 283.

[25] Neue Freie Presse, 6. September 1921.

[26] zitiert in Steininger, Rolf, Südtirol. Vom Ersten Weltkrieg bis zur Gegenwart, Innsbruck, 2003, S. 22.

[27] »Hier an den Grenzen des Vaterlandes setze die (Feld-)Zeichen. Von hier aus bildeten wir die Übrigen durch Sprache, Gesetze und Künste.« (Quelle: Wikipedia).

[28] Portisch, Hugo, Österreich I, Die unterschätzte Republik, Wien, 1989, S. 214.

[29] Arbeiter-Zeitung, 21. Februar 1927.

[30] Neue Freie Presse, 31. Jänner 1927.

[31] Max Winter (Kinderfreunde), zitiert in der *Arbeiter-Zeitung* vom 3. Februar 1927.

[32] Arbeiter-Zeitung, 4. Februar 1927.

[33] Arbeiter-Zeitung, 15. Juli 1927.

[34] Neue Freie Presse, 15. Juli 1927.

[35] Andics, Hellmut, Der Staat, den keiner wollte, Wien, 1962, S. 228.

[36] zitiert in Andics, Hellmut, 50 Jahre unseres Lebens, Wien, 1968, S. 179.

[37] Portisch, Hugo, Österreich I, Die unterschätzte Republik, Wien, 1989, S. 426.

[38] Neue Freie Presse, 12. September 1933.

[39] Portisch, Hugo, Österreich I, Die unterschätzte Republik, Wien, 1989, S. 439.

[40] Zuckerkandl, Berta, Österreich intim. Erinnerungen von 1892–1942, Wien, 2013, S. 236.

[41] Der Bauernbündler, 10. Februar 1934.

[42] Neue Freie Presse, 2. Mai 1934.

[43] Kindermann, Gottfried-Karl, Österreich gegen Hitler. Europas erste Abwehrfront 1933–1938, München, 2003, S. 212ff.

[44] Zuckerkandl, Berta, Österreich intim. Erinnerungen 1892–1942, Wien, 2013, S. 238.

[45] Arbeiter-Zeitung, 22. März 1936.

[46] Arbeiter-Zeitung, 22. März 1936.

[47] Arbeiter-Zeitung, 29. März 1936.

[48] Neue Freie Presse, 21. Februar 1938.

[49] Neue Freie Presse, 25. Februar 1938.

[50] Andics, Hellmut, 50 Jahre unseres Lebens, Wien, 1968, S. 319.

[51] Trost, Ernst, Figl von Österreich, Wien, 1972, S. 113.

[52] Kalmar, Rudolf, Zeit ohne Gnade, Wien, 2009, S. 45.

[53] Kalmar, Rudolf, Zeit ohne Gnade, Wien, 2009, S. 16.

Literaturauswahl

Andics, Hellmut, Der Staat, den keiner wollte, Österreich 1918–1938, Wien, 1962.

Andics, Hellmut, 50 Jahre unseres Lebens: Österreichs Schicksal seit 1918, Wien, 1968.

Androsch, Hannes (Hrsg.), Österreich: Geschichte, Gegenwart, Zukunft, Wien, 2010.

Brix Emil, Bruckmüller Ernst, Stekl Hannes (Hrsg.), Memoria Austriae I, Wien, 2004.

Brusatti, Alois, Heindl, Gottfried (Hrsg.), Julius Raab: Eine Biographie in Einzeldarstellungen, Linz, 1987.

Chorherr, Thomas, Österreich: Hinter den Kulissen der Politik, Wien, 2011.

Dedijer, Vladimir, Die Zeitbombe – Sarajewo 1914, Wien, 1967.

Diem, Peter, Die Symbole Österreichs, Wien, 1995.

Dokumentationsarchiv des österreichischen Widerstandes (Hrsg.), »Anschluss« 1938: Eine Dokumentation, Wien, 1988.

Ermacora, Felix, Südtirol und das Vaterland Österreich, Wien, 1984.

Feichtinger, Josef, Kämpfen für das Heiligste: Tiroler Stimmen zum Ersten Weltkrieg, Bozen, 2013.

Feingold, Marko, Wer einmal gestorben ist, dem tut nichts mehr weh: Eine Überlebensgeschichte, Salzburg/Wien, 2012.

Fellner, Fritz, Corradini, Doris A. (Hrsg.), Schicksalsjahre Österreichs: Die Erinnerungen und Tagebücher Josef Redlichs, Band II, Wien/Köln/Weimar, 2011.

Fontana, Josef, Unbehagen, Südtirol unter der Militärverwaltung vom 4. November 1918 bis zum 31. Juli 1919, Innsbruck, 2009.

Gehler, Michael, Eduard Reut-Nicolussi und die Südtirolfrage 1918–1958, Innsbruck, 2007.

Hanisch, Ernst, Der große Illusionist: Otto Bauer (1881–1938), Wien, 2011.

Jelinek, Gerhard, Schöne Tage 1914. Vom Neujahrstag bis zum Ausbruch des Ersten Weltkrieges, Wien, 2013.

Jelinek, Gerhard, Mosser-Schuöcker, Birgit, Herz-Jesu-Feuernacht: Südtirol 1961, Innsbruck/Wien, 2011.

Kalmar, Rudolf, Zeit ohne Gnade, Wien, 2009.

Kautsky, Karl, Die deutschen Dokumente zum Kriegsausbruch 1914, Band 1, Berlin, 1921.

Kindermann, Dieter, Schicksalsmomente, wie Zeitzeugen sie erlebten: Österreich von der Ersten Republik bis heute, Wien, 2008.

Kindermann, Gottfried-Karl: Österreich gegen Hitler. Europas erste Abwehrfront 1933–1938, München, 2003.

Kunz, Johannes, Der Wiener Opernball, Wien, 2002.

Magenschab, Hans, Der Große Krieg: Österreich im Ersten Weltkrieg 1914–1918, Innsbruck/Wien, 2013.

Malcolm, Noel, Bosnia: A Short History, New York, 1996.

Menasse, Robert, Das war Österreich: Gesammelte Essays zum Land ohne Eigenschaften, Frankfurt am Main, 2005.

Molden, Fritz, Fepolinski & Waschlapski auf dem berstenden Stern. Bericht einer unruhigen Jugend, München, 1991.

Molden, Fritz, Vielgeprüftes Österreich: Meine politischen Erinnerungen, Wien, 2007.

Mück, Werner, Österreich: Das war unser Jahrhundert, Wien, 1999.

Olah, Franz, Erlebtes Jahrhundert. Die Erinnerungen, Wien, 2008.

Petritsch, Wolfgang, Bruno Kreisky: Die Biografie, St. Pölten/Salzburg, 2010.

Pfoser, Alfred, Weigl, Andreas (Hrsg.), Im Epizentrum des Zusammenbruches: Wien im Ersten Weltkrieg, Wien, 2013.

Portisch, Hugo, Österreich I: Die unterschätzte Republik, Ein Buch zur gleichnamigen Fernsehdokumentation von Hugo Portisch und Sepp Riff, Wien, 1989.

Rauchensteiner, Manfried: Der Erste Weltkrieg und das Ende der Habsburgermonarchie 1914–1918, Wien, 2013.

Rauscher, Hans (Hrsg.), Das Buch Österreich: Texte, die man kennen muss, Wien, 2005.

Rauscher, Hans, Die Bilder Österreichs: Ikonen unserer Identität, Wien, 2006.

Reut-Nicolussi, Eduard, Tirol unterm Beil, München, 1928.

Sandgruber, Roman, »Ständestaat« und Wirtschaft, In: Historicum. Zeitschrift für Geschichte, Linz/Salzburg, Frühling 1999.

Schlag, Gerald, Aus Trümmern geboren … Burgenland 1918–1921, Eisenstadt, 2001.

Schnitzler, Arthur, Tagebuch 1913–1916, Wien, 1983.

Schönfeldt, Christl, Der Wiener Opernball, Wien/Berlin, 1975.

Seltenreich, Susanne, Leopold Figl – ein Österreicher, Wien, 1962.

Steininger, Rolf, Südtirol. Vom Ersten Weltkrieg bis zur Gegenwart, Innsbruck, 2003.

Stern, Walter, Das Überleben hat gelohnt: Erinnerungen eines Metallarbeiters und Betriebsrates, Wien, 2008.

Ströbitzer, Hans, Leopold Figl und seine Zeit, St. Pölten/Salzburg/Wien, 2012.

Treichl, Heinrich, Fast ein Jahrhundert: Erinnerungen, Wien, 2003.

Troller, Georg Stefan, Das fidele Grab an der Donau: Mein Wien 1918–1938, Düsseldorf, 2004.

Trost, Ernst, Figl von Österreich, Wien, 1972.

Valentin, Hellwig (Hrsg.), Die Kärntner Volksabstimmung 1920 und die Geschichtsforschung: Leistungen, Defizite, Perspektiven, Klagenfurt, 2002.

Valentin, Hellwig, Der Sonderfall: Kärntner Zeitgeschichte 1918–2004, Klagenfurt, 2005.

Wagner, Wilhelm J., Bildatlas der österreichischen Zeitgeschichte. 1918–1938, Wien, 2007.

Wutte, Martin, Kärntens Freiheitskampf 1918–1920, Klagenfurt, 1985.

Zuckerkandl, Berta, Österreich intim. Erinnerungen von 1892–1942, Wien, 2013.

Zweig, Stefan, Die Welt von Gestern: Erinnerungen eines Europäers, Frankfurt am Main, 2013.

Dank

Ohne die Bereitschaft meiner Gesprächspartner, sich in stundenlangen Interviews mit ihrer Vergangenheit auseinanderzusetzen, hätte dieses Buch nicht entstehen können. Bei manchen von ihnen wurden dadurch belastende, quälende Erinnerungen geweckt. Ihnen allen sei an dieser Stelle aufrichtig gedankt.

Die in diesem Buch verwendeten Interviews sind im Rahmen verschiedener zeitgeschichtlicher ORF-Fernsehdokumentationen entstanden. Mein besonderer Dank gilt daher Produzent Wolfgang Winkler (Pammerfilm), der nie zögert, wichtige Interviews zeitnah umzusetzen.

Danke auch an meinen mehrmaligen Co-Autor Gerhard Jelinek für das Beisteuern des Interviews mit Otto von Habsburg, sein ausführliches Vorwort und den Input zu einzelnen Kapiteln.

Meine besondere Wertschätzung gilt den Mitarbeitern des Amalthea Verlages, insbesondere Carmen Sippl und Madeleine Pichler, die das Buch betreut haben.

Last but not least: Danke an meinen Mann, Christian Mosser, der durch seine Unterstützung bei der »Familienarbeit« dieses Buchprojekt überhaupt erst möglich gemacht hat.

Personenregister

Reut-Nicolussi, Eduard 79
Rintelen, Anton 193, 195, 197ff.
Rupp, Karl 124f.

Saxinger, Franz 16, 159f., 162, 191,
  194, 201ff., 239, 251f., 257, 264,
  267, 273
Schlag, Gerald 115, 117ff.
Schnitzler, Arthur 33
Schober, Johann 117
Schönfeldt, Christl (geb. Arnold)
  17f., 229ff., 274
Schuhmeier, Franz 176
Schuschnigg, Kurt von 173, 198f.,
  203, 208, 212, 222ff., 240ff.
Seipel, Ignaz 139, 155ff., 224
Seitz, Karl Joseph 15, 69, 107,
  154ff., 183
Seyß-Inquart, Arthur 205, 224, 245,
  249f., 255
Sophie, Herzogin von Hohenberg
  23
Starhemberg, Rüdiger 223f.
Stern, Walter 239, 242, 254, 257,
  261ff., 274
Stillfried, Emanuel 227f.
Stimpfl, Berta 21, 28ff., 34, 59, 71f.,
  81, 121, 126ff., 134, 274
Strutt, Edward Lisle 55, 58

Tauber, Richard 230, 232f.
Tolomei, Ettore 80
Treichl, Heinrich 11ff., 43ff., 59,
  135, 141, 191, 208, 211, 221ff.,
  239, 254, 274
Trentini, Albert von 33
Tscharmann, Hieronymus 146
Tscharmann, Josef 146

Vaugoin, Carl 155
Vittorio Emanuele II., ital. König
  73

Waldner, Viktor 51
Wallmann, Margarete 186
Wallpach, Arthur von 33
Wessely, Paula 166
Wester, Felizitas 12 , 21, 35ff., 61f.,
  66ff., 83ff., 89f., 92, 94, 97, 99,
  103, 274
Wildgans, Anton 163
Wilson, Woodrow 10, 75, 77

Zangerle, Karl 26
Zita, Kaiserin von Österreich 50,
  52f., 55f., 58
Zuckerkandl, Berta 50, 180, 209
Zweig, Stefan 11, 24, 31, 57, 78,
  101, 166, 186ff., 233, 244f., 263

Das Schicksalsjahr in
Zeitzeugenberichten und Dokumenten

Alma Mahler richtet ihr neues Haus am Semmering ein. Stefan Zweig reist an die belgische Nordseeküste. Am Abend des 28. Juni notiert Arthur Schnitzler in sein Tagebuch: »Schöner Sommertag.« Am Vormittag waren Thronfolger Franz Ferdinand und seine Gemahlin in Sarajewo erschossen worden. Doch während Europa den »Sommer des Jahrhunderts« genießt, stellen einige wenige Dutzend Diplomaten und Militärs die Weichen zum Krieg.

Ahnten die Menschen zu Beginn des Jahres 1914 wirklich nicht, dass sich ihr Leben innerhalb weniger Monate grundlegend verändern würde? Oder war der Untergang einer Epoche doch zu spüren? Gerhard Jelinek lässt aus Briefen, Tagebucheintragungen und Zeitungsberichten die Zeit zwischen 1. Jänner und dem Beginn des Weltkrieges am 3. August 1914 lebendig werden – als eine Zeit der zwei Geschwindigkeiten: zwischen unbedingtem Fortschrittsglauben und dem Festhalten an überkommener Tradition. Die entstehende Kluft sollte am Ende vier Imperien und eine ganze Welt zum Einsturz bringen.

....

Gerhard Jelinek

Schöne Tage. 1914
Vom Neujahrstag bis zum Ausbruch des Ersten Weltkrieges

320 Seiten, mit zahlreichen Abbildungen
ISBN 978-3-85002-840-0

Amalthea   www.amalthea.at

Persönliche Schicksale
im Ersten Weltkrieg

Euphorie und tiefstes Elend, Schützengraben und Granatenhagel, zerrissene Familien und verlorene Kinder, Lebensmittelkarten und Mangelwirtschaft, Arbeitsdienst und Hungerrevolten – wie erlebten österreichische Familien den Ersten Weltkrieg?

Auf der Grundlage von Originaltagebüchern, niedergeschriebenen Erinnerungen, Feldpostbriefen, Zitaten sowie zahlreichen Fotos beschreibt Martina Winkelhofer das Leben und die Schicksale hinter den großen politischen und militärischen Ereignissen des Krieges:

- Eingebettet in einen historischen Überblick, der es ermöglicht, die Schilderungen der Zeitzeugen und das Leben und Überleben von Familien mit all den Schwierigkeiten und Tragödien einzuordnen.
- Reich bebildert mit vielen bisher unveröffentlichten Fotografien und Propagandakarten.
- Eine illustrierte Geschichte des Ersten Weltkrieges, voller eindrücklicher Unmittelbarkeit.
- Mit 158 Abbildungen

....

Martina Winkelhofer

So erlebten wir den Ersten Weltkrieg

Familienschicksale 1914–1918. Eine illustrierte Geschichte

240 Seiten, mit zahlreichen Abbildungen
ISBN 978-3-85002-859-2

Amalthea   www.amalthea.at

»Er gilt als das große Rätsel, als das geheimnisvolle X, das die mathematische Gleichung der europäischen Großmächte unlösbar erscheinen läßt.« Carl M. Danzer, 18.12.1913

Der gewaltsame Tod Erzherzog Franz Ferdinands am 28. Juni 1914 in Sarajevo steht am Anfang jeder Erzählung über den Ersten Weltkrieg. Verschwörungstheorien, Mythen und Legenden ranken sich bis heute nicht nur um das Attentat, sondern auch um das Leben und Wirken dieses Mannes, den erst der plötzliche Tod des Kronprinzen Rudolf zum Thronfolger machte.

Diese neue Biografie entstand auf der Grundlage intensiver Archivrecherchen auch in bislang unzugänglichen Privatnachlässen aus der direkten Umgebung des Thronfolgers. Die Autorin zeichnet seinen Weg nach, porträtiert den glücklichen Familienvater ebenso wie den Machtpolitiker, hinterfragt Mythen und Klischees um seine Friedensidee und kommt zu überraschenden Schlussfolgerungen, die »Österreichs Sphinx«, wie der Erzherzog genannt wurde, in einem völlig neuen Licht zeigen. Mit zahlreichen Fotos und Dokumenten aus privaten Nachlässen.

....

Alma Hannig

Franz Ferdinand

Die Biografie

352 Seiten, mit zahlreichen Abbildungen
ISBN 978-3-85002-845-5

Amalthea   www.amalthea.at

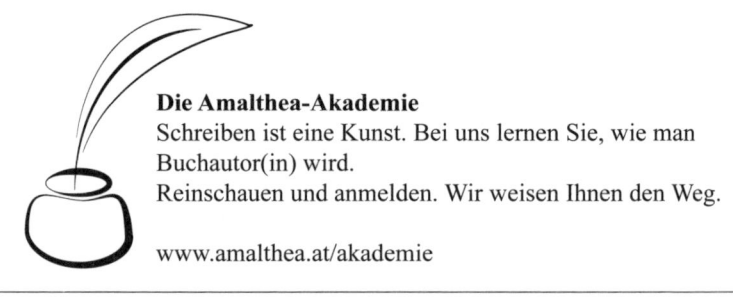

Die Amalthea-Akademie
Schreiben ist eine Kunst. Bei uns lernen Sie, wie man Buchautor(in) wird.
Reinschauen und anmelden. Wir weisen Ihnen den Weg.

www.amalthea.at/akademie